As 10 Melhores Decisões que a Mulher Deve Tomar

As 10 Melhores Decisões que a Mulher Deve Tomar

Encontrando o seu lugar no plano de Deus

Traduzido por
Daniele Pereira

PAM FARREL

4ª impressão

CPAD

Rio de Janeiro

2023

Todos os direitos reservados. Copyright © 2016 para a língua portuguesa da
Casa Publicadora das Assembleias de Deus. Aprovado pelo Conselho de Doutrina.

É proibida a duplicação ou reprodução deste volume, no todo ou em parte, sob
quaisquer formas ou meios (eletrônico, mecânico, gravação, fotocópia, distribuição na
web e outros), sem permissão expressa da Editora.

Título do original em inglês: *The 10 Best Decisions a Woman Can Make*
Harvest House Publishers, Eugene, Oregon, EUA
Primeira edição em inglês: 1999
Tradução: Daniele Pereira

CDD: 240 - Moral Cristã e Teologia Devocional
ISBN: 978-65-5968-150-1

As citações bíblicas foram extraídas da versão Almeida Revista e Corrigida, edição de
2009, da Sociedade Bíblica do Brasil, salvo indicação em contrário.

Para maiores informações sobre livros, revistas, periódicos e os últimos lançamentos
da CPAD, visite nosso site: https://www.cpad.com.br

SAC — Serviço de Atendimento ao Cliente: 0800-021-7373

Casa Publicadora das Assembleias de Deus
Av. Brasil, 34.401, Bangu, Rio de Janeiro – RJ
CEP 21.852-002

4ª impressão: 2023
Impresso no Brasil
Tiragem: 400

Dedicatória

Amizades de qualidade formam uma notável equipe de qualidade para decisões de qualidade.
Todo o meu amor àqueles que me encorajaram no ano que passou:
À equipe de palestrantes do *You Can! Ministries*, as "Irmãs Experientes",
Às mulheres que fazem parte da *Masterful Living* e a todos da Harvest House Publishers.

Porque que ação de graças poderemos dar a Deus por vós, por todo o gozo com que nos regozijamos por vossa causa diante do nosso Deus?
1 Tessalonicenses 3.9

Sumário

1. **Decida Decidir**
   Você Faz suas Escolhas e suas Escolhas Fazem Você   9

2. **Decida Ser Autêntica**
   Descobrindo e Vivendo seu Potencial Dado por Deus   23

3. **Decida Superar**
   Vencendo Obstáculos para Construir um Futuro   47

4. **Decida Revelar a Verdade**
   Deixe de Lado o Negativo e Volte-se para o Positivo   65

5. **Decida Fazer o Melhor**
   Identifique sua Singularidade e Aproveite-a ao Máximo   87

6. **Decida Ser Bem-Sucedida em cada Estação**
   Lidando com as Transições da Vida para Obter o Máximo de cada Fase   105

7. **Decida Viver por Amor**
   Priorizando as Pessoas e o Modo de Relacionar-se com elas   125

8. **Decida Cuidar do Eu**
   Cuidar de si mesma para que possa cuidar dos outros pelo resto da vida   149

9. Decida Ser Ousada
Fazendo as Escolhas Estratégicas Corajosas   171

10. Decida Deixar um Legado
Dedicando sua Vida ao que mais Importa   193

Guia de Estudo e Perguntas para Pequenos Grupos   213

Notas   229

UM

Decida Decidir
Você Faz suas Escolhas e suas Escolhas Fazem Você

Alberta Lee Cox estava no oitavo ano quando escreveu: "Não basta ser bom se você tem a capacidade de ser melhor. Não basta ser muito bom se você tem a capacidade de ser excelente".[1] Acredito que as mulheres foram designadas para a excelência. Porém, com frequência em nosso caminho rumo à excelência nos encontramos deprimidas, desesperadas, desiludidas ou desanimadas.

Eu estava em uma simples reunião de amigas. Todas nós estávamos conversando na cozinha, como as mulheres costumam fazer em uma festa. Nossa conversa girava em torno de áreas vitais de necessidade na vida das mulheres. Nesse momento, uma amiga, que é uma empresária bem-sucedida, segurou minha mão e disse: "Pam, sei de um livro que você deveria escrever. As mulheres precisam de um livro que nos mostre como ser bem-sucedidas sem sermos tão duras com nós mesmas! Tenho uma amiga que escuta CDs de autoajuda — sabe, aqueles que dizem: 'Você é mestre de seu próprio destino. Você pode alcançar qualquer coisa. Você é poderoso. Você... Você... Você'. O foco está todo errado! Ela está se alimentando desse lixo há meses, como se ela fosse o deus de seu próprio universo ou algo parecido. Ela achava que isso a ajudaria a impulsionar sua autoestima e a capacitaria, mas aconteceu exatamente o contrário. Ela continua ouvindo sobre como pode conseguir seu próprio sucesso, e quando não alcança os resultados prometidos nos CDs, sente-se mais fracassada do que antes. Acho que ela vai acabar em uma clínica psiquiátrica. Ela está à beira de um colapso nervoso!"

É onde vivemos. As ondas de materiais para capacitar mulheres estão se avolumando, mas a maior parte desse material nem nos capacita, nem nos liberta. Em vez disso, ficamos sobrecarregadas com expectativas irreais de que devemos vencer essas ondas. Muitas mulheres simplesmente desistem. Em vez de *fazer* a vida acontecer, em vez de correr atrás do sonho de seu coração, elas apenas *deixam* a vida acontecer. Dia após dia, o mesmo velho caminho, a mesma velha rotina, vivendo em desesperado silêncio.

Quando você vive por acaso, apenas vagueando, não se surpreenda se a vida se tornar um acidente. O acúmulo produz resultados depressivos. Negligencie relacionamentos, e verá pessoas se afastando de você; negligencie o crescimento pessoal, e verá os outros ultrapassando você na escada do sucesso; negligencie sua saúde, e verá sua energia e vitalidade diminuírem. *Não decidir* é decidir, mas com frequência os resultados são trágicos. Em vez disso, decida que hoje você verá a vida com novos olhos.

Ao viajar e ministrar palestras sobre questões do universo feminino, cheguei a algumas conclusões surpreendentes. Descobri a primeira anos atrás: Mulheres podem fazer algumas coisas incríveis com um pouco de preparo, encorajamento e inspiração. Mas fiquei surpresa com a conclusão seguinte. Eu falo a algumas das mulheres mais unidas, bondosas, amáveis e motivadas no mundo. Essas mulheres são responsáveis e dedicadas. Algumas são mães maravilhosas, outras são empresárias ou líderes ministeriais notáveis, e todas são grandes amigas e valiosas para suas comunidades, embora com frequência se sintam fragmentadas, inseguras e desencorajadas. Acho que muitas de nós podemos nos identificar com elas. Essas mulheres precisam decidir verem a si mesmas e à sua vida com novos olhos.

Muitas de nós hoje também lutamos com sentimentos como se fôssemos um grande desapontamento para todo o mundo. Para a maioria, estamos exaustas enquanto tentamos freneticamente agradar a todos em nosso mundo: maridos, filhos, pais, chefes, clientes, amigos e colegas de trabalho ou serviço voluntário — tudo isso ao mesmo tempo em que tentamos agradar a Deus também. Às vezes podemos até estar tentando agradar a nós mesmas, todavia, geralmente estamos bem embaixo em nossa lista de prioridades.

Em uma pesquisa, perguntei a mulheres que sentiam causar desapontamentos com frequência, e as escolhas incluíam pais, maridos, filhos, amigos, colegas de trabalho, chefes, voluntários ou líderes de igreja, elas mesmas e Deus. A maioria marcou que acreditava desapontar a Deus com mais frequência. Essa resposta apareceu em uma proporção de três para um em relação à resposta que ficou em segundo lugar. Como é possível? Se Deus nos criou, se Deus deseja que estejamos em comunhão com Ele, se de fato Ele é autossuficiente e autoexistente, então pode mesmo ser tão fácil desapontá-lo? Ou poderia ser que temos uma visão distorcida do que Deus espera de nossa vida, relacionamentos e de nós? Você quer ser uma mulher que Deus pode usar, mas não quer se sentir esgotada no processo?

A mulher comum sente-se como se a vida fosse um enorme quebra-cabeça. Há uma porção de peças importantes — ela está até convicta de que seja uma bela figura —, mas está olhando a tampa da caixa porque não tem certeza de por onde começar ou de qual é sua verdadeira meta.

O assustador é que nossa vida está repleta de atividades enquanto tentamos freneticamente equilibrar todas as demandas da vida. Estamos tentando agradar as pessoas ao nosso redor, porém na maior parte do tempo nos sentimos como se sempre deixássemos alguém decepcionado. Você é uma dessas mulheres? Você sente que está desapontando alguém mesmo enquanto está lendo as palavras nesta página? Você quer saber se Deus se agrada de sua vida? Você está satisfeita com sua vida? Você está se perguntando: "Isto é tudo que temos para viver?" Você está se esforçou ao máximo e agora se pergunta: "Por quê?" ou "Valeu a pena?" Ou talvez foi levada pela correnteza, fazendo a próxima coisa que apareceu, e agora se encontra longe demais ou fora do curso em relação ao lugar em que achava que deveria estar nessa idade ou fase da vida. Decisão número um: Decida *decidir* fazer as coisas diferentes!

Espelho, Espelho meu

No conto de fadas *Branca de Neve*, a rainha regularmente consultava um espelho para determinar sua posição na comunidade. *Espelho, Espe-*

lho meu, existe alguém mais bela do que eu? Quando eu era uma menininha, sempre desprezava a rainha. Ela era sombria, sinistra e egoísta. Mas agora acho que é o que acontece com mulheres que olham para um falso padrão a fim de conferir sua significância. Toda mulher está se olhando em um espelho. A questão é: Que espelho estamos usando? Podemos não estar diante do espelho em nosso banheiro perguntando: "Espelho, Espelho meu...", mas olhamos em volta e nos comparamos com outras pessoas: mulheres em livros, revistas, filmes ou na televisão; amigas mais talentosas em áreas nas quais nos sentimos inseguras; mentoras e líderes públicas a quem designamos os atributos de "a mulher perfeita". Às vezes nos comparamos até a nós mesmas há 10, 20 anos, ou mais. Será que não precisamos de um espelho novo?

Eu precisei de um espelho novo porque minhas expectativas, as expectativas dos outros em relação a mim e as expectativas de Deus pareciam estar todas misturadas. Eu não conseguiria dizer quando as expectativas realistas cessaram e as irreais começaram. Meu espelho estava tão distorcido que quando me sentava para pensar e planejar, minha lista aumentava; quando outras pessoas conversavam comigo, minha lista aumentava. Às vezes era como se Deus estivesse tornando minha lista de afazeres mais e mais extensa. Por minha perspectiva estar tão distorcida, eu achava que as expectativas de Deus em relação a mim eram impossíveis de serem alcançadas. Eu me encontrava regularmente com raiva dEle, mesmo sabendo que me amava.

E não só eu. Frequentemente converso com mulheres que parecem chateadas ou deprimidas porque a vida não é como elas pensaram ou sonharam que seria, e elas não têm certeza do que fazer. Elas precisam *decidir* que as coisas serão diferentes. Nós fazemos nossas escolhas, e nossas escolhas nos fazem. Quais são algumas escolhas que você precisa fazer? Oro para que suas decisões a levem à vida que Deus planejou para você — uma vida cheia de futuro e esperança que Deus prometeu (veja Jr 29.11).

Uma das experiências mais libertadoras em minha vida foi um conjunto de devocionais que tive muitos anos atrás. Eu tentava deixar Deus ser meu espelho enquanto lia passagens em que Ele descrevia pessoas. Eu procurava todos os lugares na Bíblia em que as palavras "Tu és..." apareciam. Descobri centenas de passagens que declaram quem Deus diz que nós somos. Então fiz uma lista daquelas que pareciam ser revelações diretas do que Ele espera de nós. Os resultados me deram uma nova perspectiva de vida! Uma amiga íntima até perguntou: "Pam, o que aconteceu com você? Parece mais feliz, menos estressada... é quase como se você não estivesse tão agitada como de costume. Sei lá, parecia que você estava tentando deixar todo o mundo feliz o tempo todo. Não me leve a mal. Todos ao seu redor ainda estão bem e se sentindo ótimos em relação a você — não, talvez estejamos até nos sentindo melhores. É como se Deus tivesse feito algo em sua vida que a deixou mais livre e nos permitiu ser mais livres também".

Achei aquela observação maravilhosa, porque Pam não sabia o que eu estava estudando em meus devocionais naquele ano. Ela não estava dizendo que eu era legalista, crítica ou ríspida antes, porque nunca considerei essas características produtivas. O que ela estava dizendo é que eu descobri um chamado gracioso e um senso renovado de realização, e isso provocou um impacto na vida dela também. É o que espero para você. Minha esperança é que você obtenha uma nova visão de si mesma ao considerar a visão de Deus para você e tenha uma perspectiva celestial da vida. Tenho plena convicção de que as mulheres são mais bem-sucedidas em seus objetivos e sonhos se têm uma visão precisa e um reflexo claro de como Ele as vê.

O subproduto dessa conexão vital com Deus é que podemos, então, verdadeiramente descobrir, manter o foco e cumprir seu chamado significativo em nossa vida porque saberemos o que é significativo para Ele. Seremos mulheres que podem ser usadas por Deus de formas maravilhosas.

Podemos Ter tudo mesmo?

Às vezes somos nosso pior inimigo. Nossas expectativas em relação a nós mesmas podem facilmente pender para um extremo ou outro. Enquanto algumas mulheres estão se sentindo bem com drogas, dormindo com homens que não são bons para elas, ignorando os filhos e realmente não se importando com o que esperam delas, muitas mulheres estão no outro extremo — elas se importam demais. Patsy Clairmont, autora e conferencista da organização Women of Faith [Mulheres de Fé], diz: "Não nos importaríamos tanto com o que as pessoas pensam de nós se percebêssemos quão pouco elas fazem!"[2] Essa preocupação com o modo como as outras pessoas nos veem alimenta o fato de que somos nossas próprias críticas mais severas. Pedi que algumas mulheres descrevessem uma mulher que "tem tudo". Estas são as minhas favoritas, porque me fizeram sorrir:

Ela nunca está atrasada ou perdendo coisas. Bem, eu nunca poderia ser uma mulher que tem tudo, porque existem dias em que eu caço a chave do carro, meias perdidas, o telefone sem fio e às vezes meus filhos ou meu marido.

Ela não tem rugas. Esta descrição tira da corrida todas nós que temos mais de 40 anos.

Ela tem um corpo perfeito. Tudo bem, esta é difícil porque muda constantemente! Marilyn Monroe vestia tamanho M, e acho que as *top models* de hoje compram na seção infantil. A beleza não deveria estar nos olhos de quem vê? Talvez seja isso — todo o mundo precisa de óculos 3D especiais, e pode ser que então eu tenha aquela ilusória "forma perfeita".

Ela é talentosa, deslumbrante e rica, com uma vida de facilidades, sem precisar trabalhar, e é mãe de três filhos bem-ajustados. Esta descrição é um clássico exemplo do que fazemos com nós mesmas o tempo todo — contradiz nossos valores. Se eu fosse talentosa e deslumbrante, com riquezas que não precisei trabalhar para ter, seria mesmo mãe de três filhos bem-ajustados? (E por que três filhos?) E se eu fosse tão talentosa, não gostaria de usar meus dons de alguma forma? Eu seria bem-ajustada se tivesse "uma vida de facilidades"? Tenho visto exatamente o contrário. Mulheres que enfrentaram privações e superaram são algumas das mais fáceis de ter por perto porque não são muito exigentes. As expectativas dessas mulheres baseiam-se no mundo real.

Ela está no topo do mundo. Tudo sempre está a seu favor. Ela nunca fracassa. Nunca? A vida de algumas mulheres que conheci, entrevistei ou li a respeito na história era cheia de fracassos e contratempos. Com frequência, alguns desses fracassos se tornaram parte da fibra que as transformaram em uma mulher que poderia ser usada por Deus de modo significativo. Helen Keller ficou cega, surda e muda por causa de uma doença na infância. Ela definitivamente não tinha tudo — ela tinha quase nada —, mas se tornou uma das mulheres mais famosas do século XX porque superou o que parecia ser obstáculos intransponíveis. Ela nos dá este vislumbre do seu sucesso: "Quando uma porta de felicidade se fecha, outra se abre: mas com frequência olhamos tanto para a porta fechada que não vemos a outra que se abriu para nós". Em minha própria vida, descobri que quando me deparei com obstáculos, fracassos e pedras no caminho, foi então que estive na sala de aula celestial e aprendi muito mais sobre quem Deus é e quem Ele diz que eu sou.

Ela é alguém que tem uma empregada cujo salário é pago por outra pessoa! (Essa é a melhor de todas as descrições de uma mulher que tem tudo, e acho que ouvi um caloroso *Amém!* vindo de mulheres do mundo todo!)

Essa descrição foi seguida de perto por: *Ela é uma mulher que pode contar com várias babás.* Mas a descrição que resume a "mulher que tem tudo" é: *June Cleaver.*[1] *Você sabe o resto!* Oh, sim, toda geração de telespectadores tem seus ícones de mulher ideal. O problema é que algumas das pessoas que colocamos em um pedestal nem são mulheres reais, e na verdade queremos manter ali aquelas que são reais. As mulheres reais, como Martha Stewart, Oprah Winfrey e Dr. Laura Schlessinger, nos são apenas um vislumbre de sua vida cotidiana.

Não estamos no lugar delas, logo não sabemos de verdade todas as escolhas, desapontamentos e emoções que podem estar vivenciando. Oprah Winfrey, que está no topo do circuito norte-americano de *talk shows* e está à frente de um império multimilionário, declarou certa vez: "As pessoas acham que, por estarmos na TV, temos o mundo em uma corda.

No entanto, estive em conflito com minha autoestima por muitos e muitos anos".[3] Muitas vezes, simplesmente glamorizamos essas mulheres, e isso coloca a barra que devemos superar em um nível ainda mais elevado.

A Síndrome de "Martha Stewart"

Por termos amigas que parecem ter uma aptidão para criar uma atmosfera maravilhosa ao seu redor, às vezes achamos que também devemos ter a mesma habilidade ou que fracassamos. Uma amiga com dois filhos pequenos em casa me enviou um e-mail com esta carta para nos ajudar a amenizar um pouco nossas próprias expectativas:

Uma Carta de Martha Stewart!

Segunda-feira, 9:00

---
[1] **N. do T.:** Personagem da séria norte-americana *Leave it to Beaver* que representa o ideal de mãe em tempo integral dos anos 50.

Olá, Sandy.

Esta carta encantadora está sendo enviada em um papel que eu mesma fiz para lhe contar o que tem acontecido. Como nevou na noite passada, acordei cedo e fiz um trenó com madeira de um velho celeiro e pistola de cola. Pintei com folhas de ouro, e confeccionei em meu tear um cobertor nas cores pêssego e lilás. Então, para que o trenó ficasse completo, fiz um cavalo branco para puxá-lo, usando algum DNA que estava disponível em meu ateliê. Até que chegou a hora de começar a fazer os jogos americanos e guardanapos para meus 20 convidados para o café da manhã. Vou servir o antigo padrão Stewart de café da manhã com 12 itens, mas tenho que lhe contar um segredo: não tive tempo de faze a mesa e as cadeiras esta manhã; usei as que já estavam disponíveis. Antes de colocar a mesa na sala de jantar, decidi dar um toque festivo. Então repintei a sala de rosa e colei estrelas douradas no teto.

Em seguida, enquanto o pão caseiro estava crescendo, peguei moldes de velas antigos e fiz os pratos (exatamente no mesmo tom de rosa) para usar no café da manhã. Eles foram feitos com argila húngara, que você pode comprar em qualquer loja de artesanato húngaro. Bem, preciso me apressar. Tenho que terminar de pregar os botões no vestido que vou usar no café da manhã. Vou de trenó ao correio para postar esta carta assim que a cola secar no envelope feito por mim. Espero que meus convidados não fiquem por muito tempo — tenho uma série de tarefas para concluir antes de um compromisso como palestrante ao meio-dia. Mas isso é bom.

Com carinho, Martha.

P.S.: Quando fiz a fita para datilografar esta carta, usei gaze de três centímetros. Eu a mergulhei em uma mistura de uvas brancas e amoras que cultivei, colhi e espremi semana passada, só por diversão!

Não sei quem escreveu essa caricatura original de Martha, mas o autor ou autora entendia a "síndrome de Martha Stewart", com suas expectativas elevadas que com frequência experimentamos. Com toda justiça à verdadeira Martha Stewart, ela realiza um trabalho maravilhoso de libertar mulheres para serem criativas (e em anos recentes ela teve que lidar com uma série de problemas — logo, a realidade nos lembra de que não se trata de ter uma vida que tem o brilho das páginas de revistas). A grande questão é: Por que nós, sendo mulheres, nos sentimos mal em relação a nós mesmas quando vemos uma mulher usando bem os talentos e dons que Deus lhes concedeu? Por que às vezes achamos que seremos fracassadas se não estivermos fazendo a mesma coisa, do mesmo jeito? Por que algumas de nós adotamos um padrão de inveja, ou pior, apatia, se a nossa vida não for o que vemos na vida dos outros? Decida decidir que você não vai se tornar uma presa do negativo, e sim escolher fazer mudanças positivas para conseguir ter a vida com a qual sempre sonhou, ou melhor, a vida que Deus sonhou para você!

O que Consideramos Significativo?

Para começar, precisamos tomar algumas decisões. Pergunte a si mesma: O que realmente é significativo para mim, no sentido pessoal? Qual é a minha contribuição singular na vida dos outros? Quais são os relacionamentos mais significativos em minha vida e como posso protegê-los?

Fiz uma pesquisa com centenas de mulheres em vários estados e lhes pedi que respondessem a algumas perguntas. Uma das perguntas foi: "Qual é a sua definição de significativo?" Mais da metade das respostas incluía as palavras "fazer a diferença", "impactar outras pessoas" ou "realização de mudança". Metade das mulheres achava que se algo é significativo beneficiará a outros. Cerca de uma em cada seis declarou que algo significativo era importante ou notável. Cerca de 10% acrescentou que algo fosse realmente significativo, teria que ter valor eterno ou teria que agradar a Deus de alguma forma. As palavras "positivo", "especial" e "sentido" também foram bastante usadas nas definições. Cerca de um quarto das participantes definiu significativo de uma forma que era pessoal para elas. A seguir, veja algumas definições. Com quais delas você se identifica?

Importante, algo realmente grandioso
Ser diferente
Ter um propósito

100%
Significativo é relacional
Algo que motiva, que enche de entusiasmo
Excepcional, extraordinário
Quando termino algo em que me esforcei muito (dar à luz foi significativo!)
Um acontecimento que vale a pena relembrar
Edificante
Um "Uau!"

Uma das participantes foi um pouco mais longe em sua resposta:

Significativo é uma influência ou uma experiência que muda a vida, como:
Conforto quando é necessário conforto
Apoio quando é necessário apoio
Encorajamento quando é necessário encorajamento
Riso quando é necessário riso
Lágrimas quando é necessário lágrimas
Estar presente quando necessário

Esse belo poema expressa um sentimento maravilhoso, como a maioria das definições que recebi. Algumas de vocês leram as palavras acima e souberam por instinto como aplicá-las à vida. Muitas de vocês, porém, podem ter achado as definições intangíveis. Por exemplo, como uma mulher *saberia* quando e o que é necessário? Acredito que esta seja uma das questões mais confusas na vida de uma mulher. Há tantas necessidades — como uma pessoa pode satisfazê-las? Qual é a média, sem mencionar acima da média ou superior? O que exatamente constitui um "Uau!" (Às vezes isso é mais fácil, porque as pessoas vão dizer "Uau!" quando ouvem acerca de algo maravilhoso, especial ou significativo.)
Gostei especialmente destas duas:

Acho que tudo que faço por muito tempo, deixando Deus me conduzir, é significativo.

Significativo deve ser definido por quem nós somos e não pelo que fazemos. (E para isso eu digo "Idem!" A premissa deste livro é nos ajudar a obter uma perspectiva mais celestial a fim de que possamos ver as coisas de um ponto de vista melhor e mais amplo, e tomar decisões que causarão um impacto positivo em nós e nas pessoas que amamos.)

Somos mais que um Currículo

O problema de nos vermos como um resumo do nosso trabalho, porém, é epidêmico. John Robinson e Geoffrey Godbey, autores de *A Time for Life* [Um Tempo para a Vida], observam que "Muitos norte-americanos se tornaram currículos virtuais ambulantes, definindo-se apenas pela que fazem".[4] Somos mais do que a soma total do nosso dossiê. Os Guinness nos conclama a substituir "Você é o que você faz" por "Faça o que você é".[5] O objetivo deste livro é ajudá-la a descobrir quem e o que você é, e então você poderá tomar decisões com base no seu chamado. Esta abordagem leva a escolhas mais sábias e a uma vida em que sentimos a satisfação de Deus — e isso é significativo.

Você está percebendo por que nossas mentes estão confusas? Por que nossas agendas estão repletas de listas de afazeres? Por que podemos estar nos sentindo ocupadas demais e, ao mesmo tempo, querendo saber se estamos realizando algo que valha a pena? Significância é algo tão subjetivo. O que é significativo para uns pode não ser para outros.

Quando eu participava de competições de ginástica e mergulho, era julgada por um júri de homens e mulheres e então recebia uma nota. Era comum receber pontuações diferentes para o mesmo mergulho, para o mesmo salto ou para a mesma rotina de exercícios. Cada juiz estava recebendo a mesma informação, mas um erro maior ou menor estava sujeito à sua visão, gosto ou prioridades. Ser significativo também é assim. Com frequência temos a sensação de que nossa vida está sendo julgada por um júri — marido, filhos, amigos, líderes, membros da igreja, colegas de trabalho, chefe — e todas essas pessoas olham para nós de seu próprio ponto de vista. Pelo fato de o juízo ser subjetivo, cada um nos dá uma pontuação diferente.

As muitas vozes em nossa vida às vezes pode ser uma distração que nos impede de perceber o verdadeiro sentido. Quando você ouve vozes demais, a significância começa a se tornar difícil de compreender. Você não sabe a quem agradar. Mas a visão de Deus em relação a você é concreta. A verdadeira significância está enraizada e firmada nEle.

Uma mulher significativa baseia sua identidade em quem Deus diz que ela é, e se compromete a não fazer nada mais e nada menos do que sua identidade requer. Em outras palavras, ao alinhar meus pensamentos com os pensamentos de Deus sobre mim, torno-me uma mulher que pode ser usada por Ele. Quando me vejo pelos olhos de Deus, compreendo o meu valor. Não sou nada mais que uma mulher salva por sua graça, e nada menos que uma nova criatura. Quando me vejo pelos olhos de Deus, entendo que seu plano para mim se encontra na obediência. Não sou nada mais que uma serva, e nada menos que uma embaixadora. Não sou o mestre, não estabeleço as regras. Há somente um Deus, e não sou eu! Tudo que Ele requer de um servo é obediência — não há nada mais que eu possa apresentar. Ser uma embaixadora abre oportunidades.

Quanto mais Deus puder confiar em mim, mais responsabilidades me serão confiadas por Ele. Assim, qualquer coisa menos que obediência significa correr o risco de perder trechos preciosos do plano de Deus para mim.

Quando me vejo pelos olhos de Deus, entendo o meu chamado e que Ele tem um lugar exclusivo para mim. Se sou impulsionada a fazer mais do que o meu chamado, então não estou sendo quem Deus designou que eu fosse. Se estou tão ocupada tentando ser alguém mais, então quem sou eu? Se tenho medo de fazer menos que o meu chamado, perco a aventura de ser "eu". Nada mais e nada menos conseguirá o aplauso de Deus para mim. Decida tomar a decisão: *Deus, eu serei quem o Senhor me criou para ser. Nada mais, nada menos, que ser o melhor eu singular possível! Estou decidindo alinhar a minha vida com sua visão de mim. Eu escolho uma conexão com o Senhor a fim de que possa me conectar com o que o Senhor tem para mim.*

Hoje, decida que *você irá decidir*. Não deixe a vida acontecer — faça a vida acontecer! Decisões a impulsionam para a frente por uma série de escolhas sábias. Decida escolher. A escritora vitoriana George Eliot estava à frente do seu tempo quando escreveu: "Nunca é tarde demais para ser quem você deveria ter sido". Decida ser diferente. Decida tornar as coisas diferentes.

Conecte-se e Permaneça

Ao alimentar minha conexão com Deus, obtenho desejo, habilidade e motivação para obedecer. A partir da obediência, vou sentir e experimentar uma vida significativa. Quando concordo com a visão de Deus em relação a mim, obtenho a habilidade para compreender quais oportunidades são significativas do ponto de vista celestial. Vejo quais conexões relacionais são significativas a partir de seu camarote no alto. Vejo até quais ações e decisões cotidianas aparentemente insignificantes podem causar um impacto significativo de uma perspectiva eterna. Ao me ver a partir do ponto de vista de Deus, as peças de encaixam com mais facilidade, porque Deus está com a tampa da caixa do quebra--cabeça. Ele já viu a figura completa para mim e para a minha vida. Meu relacionamento com Ele é o segredo para solucionar o quebra-cabeça. Cada decisão colocará uma peça no lugar. Decida que você irá decidir juntar as peças de sua vida. Agora, vamos arrumar as peças — e descobrir o quadro para a sua vida.

Pontos de Decisão

Como você descreveria uma mulher "que tem tudo"? Como essa descrição é diferente de sua vida neste momento?

Reflita neste pensamento: Nós fazemos nossas escolhas e nossas escolhas nos fazem. Quais são algumas escolhas sábias que você fez? Quais são algumas escolhas que você deveria ter feito ao olhar para trás? Que escolhas você quer fazer para seguir adiante?

Você É...

Às vezes nos esquecemos de nos ver pelos olhos de Deus. Coloque esta lista em um lugar onde você possa ver com frequência. Você é...

O sal da terra	
A luz do mundo	Mateus 5.13,14
Mais valiosa que passarinhos	Lucas 12.24
Alguém que está em mim e Eu estou em você	João 14.20; 17.21
Uma pessoa que já está limpa	João 15.3
A vara	João 15.5
Minha amiga	João 15.14
Filha dos profetas e do concerto	Atos 3.25
Serva do Deus Altíssimo	Atos 16.17
Alguém que foi chamada	Romanos 1.6,7
Fraca pela sua carne	Romanos 6.19
Ainda carnal	1 Coríntios 3.2-4
Cooperadora de Deus, lavoura de Deus e edifício de Deus	1 Coríntios 3.9
Templo de Deus	1 Coríntios 3.16,17
Forte, ilustre	1 Coríntios 4.10
Templo do Espírito Santo	1 Coríntios 6.19
Alguém que está firme	1 Coríntios 10.12,13
Parte do corpo de Cristo	1 Coríntios 12.27
Uma carta de Cristo	2 Coríntios 3.1-3
Embaixadora de Cristo	2 Coríntios 5.20
Filha de Deus	Gálatas 3.26
Descendência de Abraão	Gálatas 3.28,29
Filhas e herdeiras	Gálatas 4.6-10
Filha da promessa	Gálatas 4.27,28
Concidadãs dos Santos e da família de Deus	Efésios 2.19
Filhas da luz	Efésios 5.8
Firme no Senhor	1 Tessalonicenses 3.8
Filhas da luz e filhas do dia	1 Tessalonicenses 5.4,5
De difícil interpretação	Hebreus 5.11
Vapor	Tiago 4.14
Pedra viva	1 Pedro 2.5
Geração eleita, sacerdócio real e nação santa	1 Pedro 2.9,10
Filha de Sara	1 Pedro 3.6

DOIS

Decida Ser Autêntica
Descobrindo e Vivendo seu Potencial Dado por Deus

A apresentadora de um programa de TV Chris Chubbuck escreveu o roteiro de sua própria morte e o executou, colocando uma arma na cabeça e disparando o gatilho diante de telespectadores horrorizados. A apresentadora de 29 anos morreu em um hospital 14 horas depois em Sarasota, Flórida.

No texto manuscrito salpicado de sangue estava escrito: "Hoje Chris Chubbuck atirou em si mesma durante uma transmissão ao vivo". Logo após o incidente, a delegacia de polícia de Sarasota e a emissora WXLT receberam diversas ligações de telespectadores que não conseguiam acreditar que o tiro fora real. Foi real. Uma mulher real, que parecia estar no topo do mundo, não se sentia assim. Mulheres em todos os lugares diariamente fazem semelhantes escolhas autodestrutivas, que mudam a vida, porque têm a sensação de que suas vidas estão se fragmentando. Talvez você nunca tenha colocado uma arma na cabeça, mas enganou a si mesma porque estava com medo, insegura ou sem confiança? Você já disse a si mesma que finais felizes são para as outras mulheres, não para você? Já pensou que seus só se tornariam realidade se você fosse mais elegante, mais alta, mais magra ou mais rica?

Como o Descontentamento Começa

O descontentamento começa com uma mulher conhecendo o plano, mas não acreditando que ele era a verdadeira chave para a felicidade. Uma mulher ouvindo mentiras e acreditando que fossem a verdade. Uma mulher rejeitando a visão de significado de Deus e abraçando uma falsa promessa. Parecia bom, mas foi ruim — muito ruim. Essa mulher era Eva.

Um dia depois de ter andado com Deus e desfrutado do perfeito jardim que Ele criara para ela e Adão, Eva parou para conversar com uma serpente astuciosa. A serpente devia ser agradável, intrigante, envolvente. Ela disse a Eva: "É verdade que Deus disse: 'Vocês não devem comer de nenhuma árvore do jardim'?" Primeiro ponto.

Então Eva repetiu as instruções que conhecia muito bem. "Não devo comer o fruto desta árvore, ou morrerei". Logo a serpente proferiu sua mentira mais convincente. "Certamente você não morrerá", disse à mulher. "Pois Deus sabe que quando você comer esse fruto seus olhos se abrirão, e você será como Deus, conhecendo o bem e o mal." Segundo ponto.

Em seguida, Eva agiu segundo essa informação errada. Ela sabia que era o oposto do que Deus dissera. Ela estava totalmente ciente de sua escolha, mas não das consequências. "Quando a mulher viu que o fruto daquela árvore era bom para comer e agradável aos olhos, e também desejando obter sabedoria, pegou um e comeu. Deu também ao seu marido, que estava com ela, e ele comeu." Terceiro ponto. Perdemos!

Não demorou para que a realidade viesse à tona. "Naquele momento os olhos de ambos se abriram, e eles perceberam que estavam nus; então coseram folhas de figueira para se cobrirem. À tarde, o homem e a mulher ouviram a voz de Deus, que estava passeando no jardim, e se esconderam do Senhor entre as árvores.

"Mas o Senhor chamou o homem: 'Onde estás?'." Depois disse a Eva: "'Que é isso que fizeste?'"

Eva respondeu: "A serpente me enganou, e eu comi". As consequências de seu envolvimento com falso significado estabeleceram a base para todas nós sermos predispostas aos mesmos enganos. (Veja Gn 3.1-13.)

Não podemos culpá-la totalmente. Todas nós temos a tendência de cuidar dos nossos próprios interesses — e foi isso que colocou Eva em meio a problemas, em primeiro lugar. Em 1 João 2.15,16, encontramos três formas semelhantes de cairmos por causa de falso significado: "Não ameis o mundo, nem o que no mundo há. Se alguém ama o mundo, o amor do Pai não está nele. Porque tudo o que há no mundo, [1] a concupiscência da carne, [2] a concupiscência dos olhos e [3] a soberba da vida, não é do Pai, mas do mundo". Nossa carne quer se satisfazer, e nossos olhos querem o que vemos e então queremos algo para nos gabar. Eva caiu por esses mesmos motivos. *Sinto-me tão bem:* Sua carne desejou o fruto. *Parece tão bom:* Seus olhos viram o novo plano apresentado por Satanás — e ela o desejou. *Soa tão agradável:* Então ela caiu pelo grande motivo. "Você será como Deus." Agora seria algo para se gabar — mas era tudo mentira. E podemos cair pelas mesmas mentiras hoje. A vida ainda vira do lado avesso quando adotamos falsos princípios de significado.

Você quer mesmo uma vida como nos contos de fadas? Há tantos lugares falsos de significado pelos quais podemos ser atraídas ou convencidas de que estamos alcançando algum significado verdadeiro. Afinal, mulheres são quase treinadas para olhar para os lugares errados. Por exemplo, vamos analisar algumas das personagens mais conhecidas dos contos de fadas que fizeram parte da nossa infância. Há a doce e ingênua Bela Adormecida, que precisava esperar que um príncipe chegasse para lhe dar um beijo a fim de despertá-la e libertá-la para viver. Chapeuzinho Vermelho, coitadinha, não conseguia seguir direções para não atravessar a floresta, e por isso foi comida por um lobo, até que um caçador matou o lobo e libertou Chapeuzinho Vermelho e a Vovozinha. Rapunzel pelo menos tomou as rédeas de seu próprio futuro e decidiu que não ficaria mais trancada em uma torre, mas teve que usar sua aparência deslumbrante (o cabelo) para ganhar uma nova vida. E então temos Cachinhos Dourados. Ela é um retrato de muitas mulheres hoje, passando de uma coisa a outra em busca do que tornará sua vida "excelente". Como Cachinhos Dourados, estamos procurando significado nos lugares errados.

Para sermos mulheres autênticas, capazes de *decidir* alcançar nosso potencial dado por Deus, temos que estar dispostas a dar uma olhada demorada no espelho e perguntar: "Em que falso senso de significado sou vulnerável a acreditar?"

Pelo fato de meu marido, Bill, e eu também escrevermos livros sobre casamento, trabalho com muitas mulheres que buscam seu significado em um homem. Às vezes essas mulheres vão ao meu escritório porque se cansaram de apanhar, às vezes por temerem pela vida dos filhos, às vezes porque foram trocadas por uma mulher mais jovem ou foram abandonadas por um marido irresponsável que sai de sua vida em busca de uma aventura. O que me surpreende é que todas as mulheres que me procuram têm a mesma oportunidade de mudar de vida, de recomeçar. Explico o processo que deve ser percorrido a fim de reconstruírem a vida, mas apenas a metade decide percorrer essa distância e permitir que Deus refaça seu senso de significado. As outras simplesmente encontram outro homem, geralmente quando saem para dançar ou enquanto estão em um bar, e elas passam a noite com eles e começam o mesmo ciclo nocivo outra vez.

Sem uma ajuda estruturada, o ciclo não para. Só uma intervenção divina direta alcançará e romperá o padrão destrutivo. Só o amor incondicional do Pai cuidará do seu coração maltratado, tratará das feridas e lhe dará uma nova identidade. Pode ser difícil permitir que Deus reconstrua seu senso de significado, porém é mais difícil não permitir que Ele reconstrua sua vida!

Se você é solteira, complete o quadro na página 27 como um dispositivo de segurança para manter seu significado vindo de seu relacionamento com Deus, e não de algum homem. Na primeira coluna, faça uma lista de características que gostaria de encontrar em seu futuro cônjuge (é como Deus a trataria!) e então escreva como você saberá que o homem tem as características e, por fim, escreva dicas de como você saberá se ele não tiver as características. Isso servirá como uma grade para que você possa pensar de forma lógica em qualquer relacionamento futuro. Por exemplo, na coluna de atributos escrevi: *Respeita mulheres.* Na coluna "Sinal Verde": *Ele me escuta quando falo, respeita meus limites pessoais e padrões físicos, e é educado, comporta-se como um cavalheiro.* Na coluna "Sinal Vermelho" (que significa ficar atenta caso essas características apareçam e seguir por outro caminho se houver pouca mudança ou sinais vermelhos demais): *Pode ser o modo como ele fala da mãe. Ele não cumpre suas promessas.*

Como Posso Decidir?		
Atributos	**Sinal Verde**	**Sinal Vermelho**
Características que desejo encontrar na pessoa com quem vou me casar um dia.	Como posso afirmar que a característica existe?	Como posso afirmar que a característica NÃO existe?

Poder

O poder é muito sutil ao tecer uma teia em torno do seu coração. O poder pode começar com boas intenções. Uma promoção no trabalho, uma nova oportunidade na carreira, um novo desafio nos negócios, a emoção de fundar sua própria empresa — tudo isso são coisas boas que podem se tornar armadilhas de falso significado. Acostumar-se com recompensas externas pode fazer com que recompensas internas percam a importância. A placa identificadora na porta, prêmios empresariais, as vantagens da empresa podem se tornar mais importantes do que a doce e suave voz de Deus chamando-a para perto dEle.

Muitas mulheres nunca planejaram colocar uma carreira à frente do marido, dos filhos, de um ministério ou do relacionamento com Deus. Isso acontece de modo tão gradual que seria como observar o crescimento da grama ou água fervendo em uma chaleira. Pode ser difícil perceber a mudança. Coisas que antes não seriam aceitas por você agora são consideradas "ok", "necessárias" ou até "boas".

Alguns anos atrás, uma mulher chamada Gina me procurou. Ela estava preocupada com suas três filhas. Uma havia saído de casa para morar com o namorado, as outras duas estavam com 15 e 13 anos, e suas notas na escola, amizades, etc. eram motivo de preocupação. Perguntei sobre a vida das filhas, e então sobre a sua própria. Descobri que ela saía de casa às 6 da manhã e só voltava às 19 ou 20 horas, todos os dias, assim como o marido. As duas filhas mais novas ficavam sem supervisão das 14h15 às 19 ou 20 horas. Falei que ela ou o marido poderiam pensar em uma mudança de carreira, e sugeri que um colaborasse com o outro na criação das filhas, divisão de tarefas e meia jornada de trabalho como possíveis soluções a fim de que as meninas pudessem ter um tempo mais direto como os pais. Eu poderia afirmar que Gina ficou em conflito com essas sugestões.

Para resumir a história: com o passar dos anos, vi as duas filhas mais velhas engravidarem ainda bem jovens e sem se casarem. A caçula acabou em um centro de detenção por um tempo. Gina continuou trabalhando, e também teve um caso extraconjugal; ela abandonou o marido e as filhas por causa de outro homem. Eu a vi recentemente. Ela está tão em um casamento infeliz, em um emprego que ainda consome todo o seu tempo e parece ter o dobro da idade. Sim, Gina subiu alguns degraus na carreira, mas pagou um alto preço por isso. Ela ganhou significado externo de modo temporal, mas nunca encontrou o significado duradouro, o tipo que traz esperança, paz e alegria.

Quando comecei a escrever em casa, pedi a Deus que me mostrasse uma bandeira vermelha em cada um de meus filhos para que eu pudesse ver se eles estavam acumulando um estresse que não era deles. Depois que orei, percebi a bandeira vermelha em Brock quando ele se tornou mais distante emocionalmente. A bandeira vermelha de Zach era fácil de identificar; ele ficava mal-humorado e desleixado. Caleb demonstrava cansaço e reclamava de tudo.

E você? Seu trabalho está interferindo em algumas outras coisas que têm valor em sua vida? Se está, como? Faça uma lista de como manter sua carreira sob controle. Como você saberá se seu trabalho estiver se tornando importante demais? Peça a Deus que sonde o seu coração para ver se uma parte grande demais de sua identidade e significado vem de sua carreira. Quando estamos trabalhando na área dos talentos que Deus nos deu — nossa singularidade — ficamos satisfeitas, mas quando nosso significado deriva das glórias, elogios e relações de poder que o trabalho traz, estamos à beira de uma ladeira escorregadia que leva à destruição. *Decida* como você vai manter um "controle do coração" em sua vida a fim de que o trabalho continue lhe trazendo satisfação, sem consumi-la.

Título

E se todos os seus títulos de repente lhe fossem tirados? A maioria de nós acha que os títulos não são importantes, mas temos dificuldade para nos descrever sem eles. Esta é uma boa maneira de manter o coração sob controle por garantir que você está agindo pelos motivos certos. Estou casada há mais de 24 anos, dos quais 22 sendo esposa de pastor. Então meu marido teve um problema de saúde, e precisamos tomar algumas decisões difíceis quanto à carreira. Decidimos que nosso diferencial está na área da escrita e da ministração de palestras, principalmente sobre relacionamentos; por isso, Bill se afastou das atividades como pastor. Um grande título foi tirado de mim naquele dia. E foi um golpe duplo porque, no ano anterior, eu havia pedido demissão de meu emprego como diretora de mulheres, uma posição que mantive por 13 anos. Eu me encontrava fazendo uma pergunta muito importante quase todos os dias: "Pam, você vai continuar cumprindo o chamado de Deus mesmo sem os títulos?" Foi uma forma excelente de manter o coração sob controle. Autenticidade é fazer o que é certo apesar das circunstâncias.

Não Tem a Ver com Prestígio

Recomendo-vos, pois, Febe, nossa irmã, a qual serve na igreja que está em Cencreia, para que a recebais no Senhor, como convém aos santos, e a ajudeis em qualquer coisa que de vós necessitar; porque tem hospedado a muitos, como também a mim mesmo. (Rm 16.1,2)

Febe é chamada de irmã, uma serva. Ela não tinha um cartão de visita ou uma placa dourada com seu nome na porta. Não possuía riquezas. Seu nome não aparece na lista de maiores empresárias do mundo. Ela não tinha um título, bens materiais, uma casa na praia ou cartão de sócia do country clube. Não, ela tinha algo melhor — a recomendação pessoal de Paulo. Febe tinha um bom nome. Provérbios nos diz: "Mais digno de ser escolhido é o bom nome do que as muitas riquezas; e a graça é melhor do que a riqueza e o ouro" (Pv 22.1). Um bom nome é melhor até do que uma reportagem na *Business Weekly* ou nas colunas sociais. Febe ganhou influência.

Dinheiro

Ganhar dinheiro não é ruim. O problema começa quando o dinheiro prende seu coração e a afasta de Deus. Um domingo de manhã eu senti dificuldade para me envolver com a música durante o período de louvor no culto, para me concentrar na pregação e para orar. Eu tentava manter o foco em Jesus, mas minha mente continuava girando em torno de um negócio arriscado em que eu havia me comprometido. Não era uma preocupação passageira. Eu estava imersa em profunda contemplação acerca de quanto iria lucrar! E eu estava detestando aquela sensação. Decidi que se aquela nova oportunidade de negócio fosse me afastar de Jesus, não era mais uma oportunidade, e sim um obstáculo. Preferi me afastar daquela forma de ganhar dinheiro porque o preço era alto demais. Se você perdesse todo o seu dinheiro, como se sentiria a respeito de si mesma? Quanto dinheiro seria necessário para que se sentisse segura ou completa? Ter dinheiro muda a sua forma de tratar as pessoas? Ter dinheiro a faz sentir-se superior? Ganhar dinheiro ou pensar em finanças está a afastando de outras prioridades vitais (casamento, filhos, amigos)? Ganhar dinheiro é um instrumento. Não deve ser nada mais do que isso.

Aparência

Um estudo de psicologia realizado em 1995 descobriu que três minutos olhando modelos em uma revista de moda fazia com que 70% das mulheres se sentissem deprimidas, culpadas e envergonhadas. Há três bilhões de mulheres que não se parecem com supermodelos; apenas 8% se parecem.

A típica mulher americana pesa 64 quilos, tem 1,62 de altura e veste tamanho 42 ou 44.[1] As modelos que 20 anos atrás pesavam 8% menos que a mulher no padrão atual hoje pesam 23% menos. O padrão entre as modelos é 1,75 de altura e 50 quilos.[2] Não surpreende que a mulher comum se sinta inadequada, e que uma em cada quatro jovens universitárias tenha um distúrbio alimentar. Quando cuidamos bem de nós mesmas, estamos honrando a Deus e somos saudáveis. Mas quando nossas características, tamanho e conhecimento sobre moda se tornam uma obsessão, deixamos a saúde de lado e passamos a depender de nossa aparência para termos significado.

Você acha que seria uma pessoa melhor se vestisse um manequim menor? Seria mais valorizada se tivesse mais dinheiro para comprar roupas da moda? A ideia de sair sem maquiagem lhe causa um frio na espinha? Sim, é muito, muito importante para sua saúde em longo prazo manter seu peso recomendado pelo médico, mas você está mesmo tentando ser saudável ou está tentando sentir-se satisfeita por desejar que todos olhem para você quando entra em uma sala? Seu foco está em usar o exterior para enganar seu crescimento interior? Essa falsa fonte de significado entra sorrateiramente em nosso coração. Todas nós queremos parecer e nos sentir bem. Queremos causar uma boa primeira impressão. Mas se não tomarmos cuidado, nossas prioridades sobre nossa aparência podem assumir o primeiro lugar. Dietas movimentam uma indústria de muitos milhões de dólares. Finalmente encontrei uma dieta cujas regras consigo seguir. Veja quais são as regras dessa dieta:

1. Se você come algo e ninguém vê, não tem calorias.

2. Se você toma refrigerante *diet* com uma barra de chocolate, as calorias no chocolate são canceladas pelo refrigerante *diet*.

3. Quando você come com outra pessoa, as calorias não são consideradas se você não comer mais do que a outra pessoa.

4. Alimentos usados com fins medicinais *nunca* são considerados, tais como chocolate quente, torrada e cheesecake.

5. Se você engordar todos ao seu redor, parecerá mais magra.

6. Comidas relacionadas a cinema não têm calorias adicionais porque fazem parte do pacote de entretenimento e não do consumo pessoal. Por exemplo: balas, chocolates e pipoca amanteigada.

7. Pedaços de cookies não contêm calorias. O processo de quebrar os cookies faz as calorias se dissiparem.

8. Aquilo que se aproveita de facas e colheres não tem calorias se você estiver no processo de preparar uma receita.

9. Alimentos que têm a mesma cor têm a mesma quantidade de calorias. Por exemplo: espinafre e sorvete de pistache, cogumelos e purê de batata. Observação: Chocolate é uma cor universal e pode substituir alimentos de qualquer outra cor.

10. Qualquer alimento consumido em pé não tem calorias. Isso se deve à gravidade e à densidade da massa calórica.

11. Qualquer alimento consumido do prato de outra pessoa não tem calorias, visto que as calorias pertencem à outra pessoa e se apegarão ao prato dela. (Todas nós sabemos como as calorias gostam de se apegar!)

Tudo bem, estou apenas brincando! Mas você riu, porque todas nós nos identificamos. Nós sentimos a pressão se não nos enquadramos nas medidas das modelos escovadas nas páginas das revistas — e o humor é uma forma de combater a dor. Costumo me fazer uma pergunta diariamente, desde que estava no Ensino Médio: "Pam, você está passando tanto tempo lendo a Bíblia quanto passa diante do espelho?" Deus destacou essa prioridade em 1 Pedro 3.3,4: "O enfeite delas não seja o exterior, no frisado dos cabelos, no uso de joias de ouro, na compostura das vestes, mas o homem encoberto no coração, no incorruptível trajo de um espírito manso e quieto, que é precioso diante de Deus".

Em cada capítulo, observaremos a Palavra de Deus e deixaremos que Ele nos diga quem somos. Alguns versículo poderosos vêm logo após as palavras encorajadoras de Pedro sobre cultivar a beleza interior: "Porque assim se adornavam também antigamente as santas mulheres que esperavam em Deus e estavam sujeitas ao seu próprio marido, como Sara obedecia a Abraão, chamando-lhe senhor, da qual sois filhas, fazendo o bem e não temendo nenhum espanto" (1 Pe 3.5,6). "... *da qual sois filhas.*" A ênfase no que causou a mudança em vez da mudança em si mesma. Literalmente, o original diz "vocês se tornaram suas filhas". O modo como nos tornamos filhas de Sara é por meio de um compromisso, uma *decisão*, de desenvolver o hábito de fazer o que é certo e não ceder ao medo. Quando obedecemos a Deus e mantemos o foco no interior da vida, e não do exterior, conquistamos uma vida menos complicada. Nós nos tornamos mulheres "de baixa manutenção".

Você sabe a diferença entre mulheres de baixa manutenção e de alta manutenção? Aqui estão alguns princípios que ensinei aos meus filhos para que possam se afastar de mulheres de alta manutenção.

Quanto menos roupas uma jovem tem é diretamente proporcional à quantidade de bagagem emocional que carrega. Pouca roupa significa muitas bolsas. Ela é uma mulher de alta manutenção. Uma mulher de alta manutenção coloca as pessoas em situações difíceis. Ela perguntará, por exemplo: "Eu pareço fora de forma?" Se você responder "sim", ela vai irromper em lágrimas. Se responder "não", ela diz: "Oh, você tem que me dizer isso — você se casou comigo" ou "Você só está dizendo isso porque sou sua amiga". Também estou dando aos meus filhos alguns indicadores de mulheres de alta manutenção porque sei que o casamento com uma mulher de baixa manutenção é menos complicado e menos estressante. Eu as chamo de mulheres BM:

Uma mulher BM não pede elogios, mas recebe-os graciosamente quando lhes são dados.

Uma mulher BM sabe que *conquistar* e *choramingar* são totalmente diferentes, e nunca são intercambiáveis.

Uma mulher BM não tenta desgastá-lo. Em vez disso, ela procura edificá-lo.

Uma mulher BM é seguidora tanto quanto lidera.

Uma mulher BM está mais interessada no *trabalho de equipe* do que no *trabalho*.

Uma mulher BM sabe usar maquiagem, mas não se esconde atrás dela.

Uma mulher BM acredita que a felicidade pessoal é um benefício, não um objetivo ou um direito.

Uma mulher BM aceita a contribuição de um homem sem precisar de sua atenção.

Uma mulher BM aprecia a contribuição de sua amiga, mas não precisa da aprovação dela.

Uma mulher BM percebe que o dia em que o cabelo está ruim, uma unha quebrada, o fio puxado na meia-calça ou uma mudança de planos são parte natural do fluxo e refluxo da vida, e não o resultado de uma tragédia épica digna de uma minissérie de TV.

Lar e Família

Provavelmente, as áreas que são mais fáceis de racionalizar como verdadeiras fontes de significado são seus filhos e seu lar. A sociedade nos honra e nos valoriza quando nossos filhos se saírem bem. Em ambientes cristãos, a maternidade é valorizada, como deve ser, mas algumas mulheres valorizam *demais* seus filhos e seu papel de mãe. Várias esposas de pastor e líderes de departamento de mulheres partilharam comigo um dilema que vivenciam: Mães não estão querendo frequentar reuniões de estudo bíblico, Escola Dominical e outras reuniões programações para mulheres porque alegam que seus filhos estão em primeiro lugar. O problema é que a justificativa parece tão bíblica, tão legítima. Porém ocorrem resultados trágicos na adolescência quando mães, não tendo investido em seu relacionamento com Deus ou em interesses ou ministérios fora da família, sente falta da força emocional, espiritual, e às vezes até intelectual, e informação para orientar os filhos em meio aos difíceis anos de transição.

Às vezes o casamento até fica em risco por causa desse padrão, já que o pai ficava de fora, crescendo e se desenvolvendo como pessoa, e a mãe se dedicou aos filhos. Se achamos que não podemos viver sem nossos filhos, consideremos Ana. Ela ansiou por um filho, esperou por um filho, orou e clamou a Deus por um filho. Ana fez um voto de que devolveria o filho a Deus se o Senhor miraculosamente permitisse que um bebê fosse gerado em seu ventre estéril. Deus aceitou sua oferta. Ana concebeu e deu à luz um filho, Samuel, que, quando estava na idade da pré-escola, foi devolvido a Deus. Samuel cresceu sob os cuidados de Eli e tornou-se um dos mais notórios sacerdotes de Israel.

Acho que é o próprio ato de devolver nossos filhos a Deus que permite que sejamos um instrumento que Deus pode usar para o crescimento deles. Quando nos apegamos demais, nossos filhos podem se tornar posses em nosso coração em vez de criações preciosas nas mãos de Deus.

Pergunte-se a si mesma: "Eu uso meus filhos como um escudo, uma forma de escapar de atividades de crescimento pessoal como estudos bíblicos, ministérios ou trabalhos voluntários que me ajudariam a descobrir Deus ou os dons e talentos que Ele confiou a mim? Estou me escondendo atrás de meus filhos porque existem áreas em que me sinto insegura, como relacionamentos interpessoais ou liderança?"

Seu lar se tornou uma vitrine em vez de uma fonte de ministério? Nossos lares devem ser lugares de ordem, limpos o bastante para viver uma vida organizada, mas também devem ser lugares onde qualquer pessoa seria bem-vinda. Quão bem-vinda uma criança se sente em sua casa? E um adolescente?

Isso é verdade para todas nós. O significado não pode ser encontrado nos aspectos exteriores da vida — carreira, lar perfeito ou aqueles filhos maravilhosos. O significado só pode ser encontrado em uma pessoa: Cristo. Não temos que nos enganar dependendo de um título, bens materiais, poder ou posição. Você não tem que lutar ou se ferir para se apegar a um símbolo de prestígio. Este é um livro sobre atitudes — mais importante, a atitude de Deus em relação a você. À medida que acreditar nas opiniões de Deus sobre você, elas mudarão suas atitudes sobre si mesma. Sua base é segura. Você não precisa ficar procurando significado — você já faz parte dos planos de Deus!

Encontrando as Peças Perdidas

Às vezes Deus traz alguém à sua vida para lhe dar um vislumbre de como servi-lo é significativo do ponto de vista dEle. Quanto mais encorajo mulheres a permitir que Deus trabalhe o modo como elas se veem, mais empolgada fico com os resultados. Ao passo que a perspectiva dessas mulheres se alinha à de Deus, nasce a esperança — e com a esperança, uma nova vida. É como se elas encontrassem peças perdidas do quebra-cabeça de suas vidas.

Pedi a Lisa, uma das mulheres que Deus colocou em minha esfera de influência, que compartilhasse com suas próprias palavras as mudanças ocorridas em seu coração quando ela permitiu que Deus remodelasse sua visão de si mesma a partir do ponto de vista celestial. Quando encontrei Lisa pela primeira vez, ela parecia uma modelo que acabara de sair das páginas de uma revista de moda. Seu marido estava dirigindo um carro luxuoso, seu filhinho estava vestido como um pequeno ícone de moda e estilo. Eu me perguntava por que sua amiga JoAnna me dissera em um sussurro ao me abraçar: "Encontre-se com minha amiga Lisa. Ela realmente está ferida e precisa de ajuda". Enquanto estava com Lisa, pensei nas palavras de Mary Kay Ash: "Tantas mulheres simplesmente não sabem o quanto são grandes. Elas vêm a nós na moda por fora e confusas por dentro". Tive o privilégio de ajudar Lisa a visualizar a imagem que Deus tinha a seu respeito. Estas são as palavras que fluíram do seu coração:

> Era uma vez uma menininha que costumava ficar acordada em sua cama à noite ouvindo o som de sua mãe e seu pai gritando, discutindo e às vezes agredindo um ao outro. A menininha diria a si mesma: *Um dia meu príncipe chegará. Ele vai me levar para um castelo distante, e seremos felizes para sempre.* Aquela menininha era eu. Cresci em uma família completamente disfuncional. Eu queria uma vida de contos de fadas, e achava que um príncipe era a única forma de realizar meu sonho. Um príncipe viria, me resgataria e teríamos uma vida maravilhosa juntos. Bem, meu príncipe chegou, ou pelo menos eu achava que era um príncipe, à primeira vista, mas ele se transformou em um sapo. Eu achava que era uma princesa que tinha tudo de que precisava em seu príncipe. Imagine a minha surpresa e desapontamento quando meu conto de fadas foi destruído.
>
> Meu príncipe não era um príncipe. Eu me recusava a aceitar a verdade. Eu estava vivendo uma mentira em

um relacionamento doentio, lutando pela perfeição, só para receber mais abuso de uma pessoa que não estava ligada a Deus. Toda a minha vida eu lutei com meus sentimentos de não ser bonita, boa ou inteligente o bastante. Eu me esforçava para me sentir querida, amada e aceita, e agindo assim levei ao fracasso o meu relacionamento com meu marido. Eu realmente queria que o nosso relacionamento funcionasse porque, antes de tudo, eu tinha um compromisso com Deus. No entanto, meu marido não estava disposto a participar. Em vez de buscar ajuda, ele escolheu abandonar o relacionamento e procurar conforto físico em qualquer outro lugar.

Minha vida de contos de fadas se desfez em pedacinhos em torno dos meus pés, como os sapatinhos de cristal da Cinderela ficariam se fossem jogados no chão. Eu me perguntava: *Como isso aconteceu? Como confundi um sapo com um príncipe tão facilmente?* Meu pai era alcoólatra, viciado em drogas e cometia agressões físicas e verbais. Escolhi meu pai de novo quando escolhi meu marido. Se é só isso que uma pessoa conhece, é isso que irá atraí-la. Mas Deus é tão gracioso. Ao olhar para trás, vejo como Ele me carregou nos momentos mais difíceis, mesmo sem que eu soubesse muito sobre Ele. Lembro-me da solidão quando minha mãe foi embora e me entregou ao meu pai, junto com minha irmã e meu irmão, para que ele nos criasse. Então meu pai se casou com minha madrasta quando eu tinha 7 anos. Ela foi meu primeiro modelo do papel de mãe. Foi também a primeira influência positiva para minha vida, e eu me sentia — e ainda me sinto — amada por ela. Quando eu estava com 12 anos, minha madrasta não conseguia mais suportar os vícios do meu pai e as noites que ele passava fora de casa, então ela decidiu romper o relacionamento para sua própria segurança. Ali estava eu novamente, sozinha. A única pessoa em quem eu confiava, a quem eu amava e com quem me identificava tinha me abandonado. Minha irmã, de quem eu era e ainda sou muito próxima, entrava e saía de minha vida como resultado de minha mãe querer ficar com ela sempre que se sentia sozinha. Ao passar pela experiência do segundo divórcio do meu pai, fiquei emocionalmente arrasada. Eu me sentia como se todo o mundo tinha me abandonado ou iria me abandonar. Eu estava tendo um colapso nervoso, e nem sabia disso. Passei um ano e meio guardando meus sentimentos, sem compartilhá-los porque me sentia confusa, envergonhada e incapaz de confiar em ninguém. Quando passei para o segundo ano do Ensino Médio, tive uma aula de redação criativa como parte do currículo da graduação. Foi essa aula que deu início ao meu processo de recuperação do divórcio dos meus pais. Eu tive que escrever uma história sobre algo que havia acontecido comigo. Escolhi escrever sobre o divórcio dos meus pais e como isso me afetou. Eu sempre admirarei e respeitarei minha professora por me encorajar da forma como me encorajou. Pela primeira vez na minha vida, eu sentia que tinha um dom — e esse dom era escrever. Lembro-me de dizer a mim mesma depois de ter escrito minha história: *Nunca vou me divorciar quando eu me casar, porque não quero que meus filhos experimentem a dor que eu enfrentei*. Pouco tempo depois, meu pai foi preso por contrabando de cocaína. Minha irmã foi entregue à minha mãe, e meu irmão foi colocado em um orfanato. Saí de casa e continuei meus estudos. Trabalhei para me sustentar financeiramente. Mas ali estava eu, sozinha de novo! Nunca havia um ambiente seguro onde eu pudesse verdadeiramente chamar de lar. Batalhei durante anos. Quando eu estava com 18 anos, meu pai morreu de overdose. Eu me senti sozinha de novo, além de me sentir responsável por sua morte. Lembro-me de pensar: *Se eu pudesse pelo menos tê-lo ajudado e oferecido o auxílio adequado*. A verdade era que eu não podia ter feito nada — eu era apenas uma menina. Ele tinha escolhido viver daquela forma, porém carreguei esse fardo em meu coração durante muitos anos.

Aos 24 anos, casei-me com meu ex-marido. Logo percebi que teria que reviver meu pai outra vez. Quando olho para trás, percebo que Deus foi fiel a mim mesmo quando vi meu casamento se desfazer. Deus me tirou de um relacionamento marcado por agressões físicas e verbais e me colocou em um ambiente de amor e segurança ao me unir a amizades mais preciosas do que a prata. Depois que polícia foi chamada à minha casa por causa de uma denúncia de violência doméstica, minha amiga Debbie veio me levar para ficar em sua casa. Tentei recuperar meu casamento, mas quando não me sentia mais segura e temia por mim e por meu filhinho, Taylor, ela veio de novo e me ajudou a fazer minha mudança para um lugar seguro. Sempre serei grata pelos sacrifícios que ela fez por mim. Deus colocou Joanna como minha vizinha naquela época, e foi ela que me apresentou à igreja Valley Bible Church, onde conheci Pam e Bill Farrel. Pam e Joanna me apresentaram a Penny, que também se tornaria parte de meu grupo de apoio. Esse grupo me aconselhou e me ajudou a restaurar meu relacionamento pessoal com Deus.

Durante meu período de restauração, eu dizia: *Tudo bem, Deus, se o Senhor realmente está aí, quero que me desenvolva, que me dê confiança, restaure minhas emoções destruídas e me mostre qual é a sua vontade.* Um dos primeiros passos para a restauração é unir-se a um grupo de apoio formado por mulheres que tenham um firme relacionamento com Deus. Pam, Penny e Joanna me ajudaram a manter o foco, me encorajaram e se alegraram comigo ao longo do processo.

Ao iniciar minha restauração, pude sentir as bênçãos de Deus sendo derramadas sobre mim. Desenvolvi um amor inegável que nunca havia conhecido. Deus continuou respondendo a todos os meus pedidos. Eu era sua filha preciosa. Aprendi que temos um Deus bom e amoroso, que está disposto a nos conceder os desejos do nosso coração se estivermos dispostas a permanecer nEle e obedecer-lhe. Comecei um relacionamento pessoal com Deus, indo a Ele em oração muitas vezes ao longo do dia.

Muitas emoções fluíram de meus pensamentos ao longo do processo de restauração, mas eu não reagia emocionalmente. Eu tinha feito uma escolha, havia tomado uma decisão, assumido um compromisso de buscar ajuda. Não queria repetir o mesmo relacionamento. Não queria deixar Taylor sujeito a mais dor em sua vida. Levei meu filho ao aconselhamento, e o encorajei a se expressar e nutrir uma conexão com Deus. Também me certifiquei de estar disponível e presente em sua vida, mesmo quando isso significava colocar minhas próprias emoções nas mãos de Deus enquanto cuidava das necessidades do meu filho. À medida que criava Taylor, Deus me permitia refletir sobre como meu pai terreno deve ter se sentido quanto criança. Ele provavelmente experimentou os mesmos sentimentos pelos quais passei: solidão, tristeza, raiva e isolamento. Nunca conheci meu avô, mas pelo que me contaram, era agressivo também. É um círculo vicioso. Nossos comportamentos são transmitidos de geração a geração. No entanto, Deus dá a cada um de nós a opção de escolher a Ele e romper o círculo. Uma das primeiras tarefas que recebi do pastor Bill foi escrever sobre minha vida. Eu havia perdido meu desejo de escrever quando meu ex-marido pegou meus diários sem o meu consentimento e os leu e interpretou como quis. Tenho que admitir que fiquei nervosa e agitada quando ele me pediu para escrever minha história. Lembro-me de sentar em meu sofá e, antes que eu percebesse, quatro horas haviam se passado. Senti-me tão viva, tão rejuvenescida. Minha paixão pela escrita retornara. O dom que Deus me dera estava vivo, e eu me senti grata por experimentar esse desejo novamente.

Como parte de uma tarefa do grupo de apoio, Pam havia escolhido para mim versículos sobre Deus e sobre como Ele me via. Comecei a experimentar a esperança outra vez. Com a esperança cresceu um desejo por uma mudança de vida. O grupo me levou a escrever meus objetivos, sonhos e desejos. Comecei a traçar minha jornada, pedindo a Deus que me orientasse ao longo de todo o caminho. Fixei meus objetivos e desejos na porta de minha geladeira e no espelho do banheiro, bem como em minha agenda. Aqui estão alguns de meus objetivos pessoais:
1. Restaurar minhas emoções destruídas

2. Ler a Bíblia e orar diariamente
3. Trabalho/aumentar a renda
4. Dinheiro para pagar impostos
5. Tirar férias com Taylor
6. Começar a poupar para uma nova casa
7. Passar mais tempo com Taylor — lendo, ouvindo música, nos divertindo
8. Um carro novo

Deus me concedeu cada um desses pedidos. Todos os objetivos foram alcançados. Um dos versículos que eu costumava pendurar em meu apartamento era o mesmo que tenho até hoje. Marcos 11.24: "Por isso, vos digo que tudo o que pedirdes, orando, crede que o recebereis e tê-lo-eis". Deus usou minhas circunstâncias para me mostrar outras mulheres que estavam em situações bem piores do que eu estive. Lembro-me de conversar com uma mulher que estava literalmente escondida, temendo por sua vida com dois bebês. Meu coração simpatizou com ela. Recordo-me de dizer: *Oh, Deus, como posso ajudá-la?* Naquele momento, Deus colocou em meu coração o desejo de iniciar um ministério para mães solteiras. Quando consultei Pam a respeito do assunto, descobri que ela estava orando havia muitos anos em prol de uma mulher que desejasse alcançar mães solteiras. Comecei a me ver como uma mulher que pode ser usada por Deus. Ele estava juntando as peças de minha vida. Então dei um passo e permiti que Ele usasse a mim, meu coração e o que fizera em minha vida para encorajar outras mulheres. À medida que Deus remodelava a maneira como eu pensava sobre mim mesma, sobre Ele e sobre a vida em geral, sentia-me corajosa, forte e otimista. Eu não estava simplesmente sonhando em ser uma princesa — Deus estava me mostrando que eu era uma filha do Rei dos reis. Um dia escrevi em meu diário: Deus, o Senhor conhece o meu coração, conhece os meus desejos. No seu tempo, quando o

Senhor achar que estou pronta para um relacionamento, um dos meus pedidos é que eu não seja dominada por homens doentios. Outro pedido é que quando o Senhor escolher colocar em minha vida um homem bom, um cristão firme, aqui está uma lista de qualidades e características que eu gostaria de encontrar nesse relacionamento:

1. Um homem que ame ao Senhor acima de mim ou de qualquer outra coisa.

2. Alguém que ame Taylor como se fosse seu próprio filho.

3. Um excelente comunicador.

4. Alguém com senso de humor.

5. Alguém sensível, amoroso e atencioso.

6. Uma pessoa que me dê apoio, que me encoraje em meu desejo de escrever e ministrar.

7. Alguém que será um bom provedor.

8. Ah, Deus, seria bom se ele cantasse ou tocasse algum instrumento.

No final daquele dia em que escrevi essas palavras em meu diário, fui convidada para a festa de aniversário de 50 anos do marido de uma cliente. Quase deixei de ir por não conseguir encontrar o local, mas enfim cheguei com cerca de uma hora de atraso. Pensei em dar meia volta, mas uma voz dentro de mim continuava dizendo: *Vá — você nunca sai, Lisa. Além disso, o que pode ser tão inseguro em uma festa de aniversário de 50 anos? É onde eu quero que você esteja.* Eu mal sabia que aquela seria a noite em que encontraria meu futuro marido. Eu conhecia John há três anos, mas era um relacionamento apenas de negócios. Nós dois tínhamos uma regra de que não namoraríamos clientes ou fornecedores. Bem, John havia deixado a empresa em que trabalhava e estava se mudando para o Arizona a fim de assumir outra posição em uma empresa diferente. No final daquela noite, ele me convidou para sair. "Sim, pode telefonar para combinarmos", respondi.

Em minha mente, era perfeito, porque ele estaria longe. Além disso, não fazia o meu tipo. Sabe, o tipo "príncipe" que sempre procurei: um homem altivo, cortês, alto, loiro, de olhos azuis e com o corpo perfeito. Então me lembrei: Lisa, você já foi atraída por "príncipes" antes — mas eles se transformaram em sapos. Dê uma chance a esse rapaz. Ele pode ter caráter e ser filho do verdadeiro Príncipe da Paz!

Em seguida, lembrei-me do versículo que tinha fixado em todos os lugares durante minha recuperação: "É melhor confiar no Senhor do que confiar no homem. É melhor confiar no Senhor do que confiar nos príncipes" (Sl 118.8,9). Eu teria perdido John se, meses antes, Deus não tivesse remodelado minha forma de pensar. Não, John não era o tipo de rapaz como dos contos de fadas que despertava o meu interesse antes, mas ele preencheu todos os requisitos que apresentei a Deus em forma de carta — tanto que ele cantava em um coral quando era criança e toca clarinete até hoje!

Um dia, durante esse período, uma amiga e eu estávamos conversando e ela me perguntou: "Se você fosse se casar de novo, como seria?"

Bem, sendo a sonhadora que sou, respondi: "Gosto muito de amarelo. Gostaria de me casar no Havaí, com as madrinhas usando vestidos de chiffon amarelo, descalças, com unhas francesinhas e flores no cabelo". Eu simplesmente deixei meu sonho de lado, concentrando-me em questões mais importantes agora. Não queria repetir um relacionamento disfuncional, então antes que John e eu assumíssemos um compromisso, passamos algum tempo nos conhecendo. Eu queria ter certeza de que se tratava de um homem bom, um cristão fiel; assim, uma de minhas primeiras atitudes foi apresentá-lo ao meu grupo de apoio. Eu queria que qualquer homem em minha vida passasse no teste de minhas amigas e seus maridos. Uma rede de segurança sob minha vida foi quando Deus me mostrou o valor de me cercar com um círculo de amigas — incluindo aquelas com um casamento sólido. Todos em meu mundo gostaram de John, incluindo meu filho, e então iniciamos um extensivo aconselhamento pré-matrimonial antes de assumirmos um compromisso. Também decidimos que o nosso namoro seria conduzido de acordo com os padrões de Deus, e nos comprometemos a não ter relações sexuais antes de nossa noite de núpcias.

A vida é melhor que um conto de fadas. Naquele mês de junho, John e eu estávamos em uma igrejinha verde chamada Waioli Hui'ia Church em Hanalei, Kauai. Pam e Bill, e várias pessoas do meu grupo de apoio, estavam presentes enquanto John e eu nos tornávamos marido e mulher. As madrinhas usavam belos vestidos de chiffon amarelo, e estavam descalças e com flores no cabelo. A cerimônia foi uma celebração a Deus, marcada por muita música, os votos que escrevemos um para o outro e o compromisso de nos amarmos a vida toda.

Na manhã seguinte ao nosso casamento, nós nos sentamos em silêncio, abraçados. À distância, podíamos ver as ondas do oceano batendo levemente na areia da praia. Raios de sol atravessavam as nuvens e, ao longe, estava um lindo arco-íris com as cores mais vibrantes e majestosas que já vi. Era como se o arco-íris fosse a maneira de Deus nos lembrar que Ele sempre é fiel para abençoar os que são fiéis a Ele. E o arco-íris do amor de Deus continua em nosso casamento e em nossa família. Com frequência olho para trás e reflito sobre como tudo isso começou, com um sussurro do amor de Deus me dizendo: "Lisa, seu que está em conflito agora, mas confie em mim". Eu confiei, e ainda confio, porque Ele me vê como planejou que eu fosse, e diariamente desenvolve planos para me dar um futuro e uma esperança.

Ao conhecer a Deus, Ele a ajudará a conhecer a si mesma e ao plano significativo que Ele tem para sua vida singular. Quando nosso significado se desenvolve em nosso relacionamento com Ele, ficamos livres para ser boas mães, boas esposas, boas profissionais — e nossa capacidade de ser boas nessas áreas resultará de não *precisarmos* delas para nossa identidade. Por não *precisarmos* delas, podemos ser servas e não pensar tanto em nós mesmas. Então Deus pode nos usar.

Acho que um jovem universitário exemplifica melhor. Ele estava conversando com seus amigos, a maioria dos quais não conhecia a Deus de modo pessoal. Ele disse: "Vocês estão buscando que coisas fora do seu controle lhes tragam felicidade. Vocês estão esperando que um novo emprego, um carro novo e uma família maravilhosa vão resolver tudo — então vocês serão felizes. Eu sou diferente. Minha vida está nas mãos de Deus. Não importa se vou conquistar todas essas coisas materiais. Eu poderia estar em uma ilha deserta e ainda ser feliz porque ainda teria Deus". Esse estudante entende a fonte de significado. Envolva-se em Deus, e tudo mais perderá a importância em comparação.

Pontos de Decisão

A qual falsa fonte de significado você é mais vulnerável? Lisa finalmente foi capaz de se dedicar ao Príncipe da Paz, sua única fonte de significado. Em que característica de Deus você pode se envolver? Uma forma de encontrar versículos que envolvam o seu coração é fazer uma lista de percalços, defeitos ou pontos de apoio que possam existir em sua vida. Você tem pensamentos negativos que contaminam sua mente e a impedem de estar em seu lugar no plano de Deus? Anote duas ou três áreas em que você continua fracassando. Escreva antônimos para essas palavras, e então procure versículos que a ajudem a reconstruir sua vida a partir do ponto de vista de Deus, e memorize-os.

Por exemplo:
Eu luto com: A ira
Deus é: Paz, calma, amor
Eu luto com: O medo, a ansiedade e o estresse
Deus é: Confiança, força, onisciência, onipotência, capaz

Agora procure versículos que contenham palavras-chave que estejam de acordo com sua resposta a "Deus é". (Uma concordância bíblica pode ajudar.) Escolha vários versículos que encorajem seu coração. Organize-os em sequência formando um ou dois parágrafos que para que você possa memorizar e refletir quando se sentir vulnerável a falsas fontes de significado. Por exemplo, se luto com sentimentos de inadequação, fico congelada pelo medo ou sinto-me abatida, eu encadearia alguns versículos.[3] Então poderia personalizá-los e parafraseá-los como se Deus estivesse falando diretamente comigo:

Bendito seja o Senhor, Deus de Israel, de eternidade a eternidade. Tua, ó Senhor, é a grandeza, e o poder, e a glória, e a majestade e o esplendor, pois tudo no céu e na terra é teu. Senhor, teu é o Reino; Tu és exaltado sobre todos. Riquezas e honra vêm de ti; Tu és soberano sobre todas as coisas. Em tuas mãos estão força e poder para exaltar e dar força a todos, até a mim. Agora, nosso Deus, dou-te graças e louvo o teu glorioso nome. Tu, Senhor, és a minha força e o meu refúgio; meu coração confia em ti, e sou ajudada. Não deixarás que meus pés vacilem. Seu em quem tenho crido, e tenho certeza de que Tu és capaz de guardar o que tenho confiado a ti até aquele dia. Tu me chamaste e és fiel. Pois não importa quantas promessas tens feito, elas são "sim" em Cristo.

Tenho um versículo favorito que descreve o que acontece quando trocamos nossos medos e fraquezas pela força e pelo caráter de Deus. Isaías 61.3 diz que Deus nos dará:

... uma coroa em vez de cinzas, óleo de alegria, em vez de pranto, veste de louvor, em vez de espírito angustiado; a fim de que se chamem carvalhos de justiça, plantados pelo Senhor para a sua glória. (ARA)

Decida que você quer ser autêntica. Seja o melhor que Deus planejou, e troque as cinzas de falsas fontes de significado pelo que realmente tem valor. O poder de Deus trabalhará em você por causa do seu relacionamento com Ele. Isaías 61.3 declara o resultado: uma vida cheia de contentamento, beleza e louvor a fim de que, quando as pessoas virem sua força de caráter (como um velho carvalho), seja como um display em que está escrito "esplêndida!". Sei que desejo uma vida esplêndida — e você? Faça sua lista de fraquezas e medos, e troque-os pelo poder e pelo plano de Deus.

TRÊS

Decida Superar

Vencendo Obstáculos para Construir um Futuro

Depois de se esforçar uma noite inteira por causa de um projeto, depois de trabalhar ano após ano no mesmo emprego ou até depois de fazer uma mudança em uma agenda que já era confusa, você já deve ter se perguntado: *Por que estou fazendo isso?* Às vezes pode ser por motivos nobres: para cumprir sua palavra, suprir uma necessidade, ajudar uma amiga. Mas também pode ser porque você está "configurada" para fazer isso. Você foi programada para ficar em um sistema que não está funcionando. Nosso passado afeta o nosso futuro.

Cresci no Oregon. Athena era uma cidadezinha com menos de cem habitantes, e eu me relacionava com a maioria deles. Era o tipo de cidade que Norman Rockwell poderia ter pintado. Ela era toda americana. Mas embora eu tenha crescido em uma comunidade incrivelmente amorosa, em uma casa com um belo jardim e um tapete de boas-vindas na porta, minha vida atrás da cerca branca nem sempre era de paz e tranqüilidade.

Eu era a filha mais velha, e em minhas memórias mais distantes sobre a escola primária, lembro-me de pensar que eu tinha que ser perfeita para que fosse aceita e me sentisse amada. Eu queria tirar nota 10 em todas as provas. Queria ser a melhor na aula de dança, e qualquer avaliação abaixo desse padrão significava que eu me sentia um fracasso. Certa vez, quando eu tinha 8 anos, estava tendo aulas de balé com meninas bem mais velhas do que eu, a maioria já estava no Ensino Médio. Minha professora precisou corrigir minha postura, e eu corri para o banheiro e me tranquei lá. Minha mãe e minha professora levaram quase uma hora para conseguirem falar comigo. Tenho a sensação de que eu estava sempre aos prantos, porque sempre me sentia fracassada — embora eu fosse uma menina obediente e boa aluna. Por que alguém tão jovem seria tão exigente consigo mesma?

Acho que era porque eu tinha um pai que me amava profundamente e com frequência se sacrificava por mim, principalmente na área financeira, mas que guardava uma dor no fundo do coração. Ele escolheu reagir àquela dor com o álcool, em vez de relacionar-se com Deus. Viver com meu pai era como uma experiência de Dr. Jekyl e Mr. Hyde. Papai dançaria valsa comigo na sala, e pouco tempo depois me batia com raiva. Sempre que bebia, ele se transformava.

Retrocedendo para Avançar

Ao olhar para trás em minha vida, consigo ver quando as sementes do perfeccionismo foram plantadas. Certa vez, cheguei em casa com o boletim referente a sete disciplinas em que estava escrito: 10; 10; 10; 10; 10; 10; 9,9. Meu pai tinha bebido, então "Jack Daniel" disse por intermédio dele: "Pam, por que não conseguiu tirar 10?" Lembro-me de me questionar se um dia eu seria boa o bastante para merecer o seu amor.

Quando eu estava com quase 9 anos, o pastor de nossa pequena igreja perguntou em minha classe de Escola Dominical se alguém queria aprender mais sobre Jesus. Lembro-me de ter pensado: *Ok, temos o Natal por causa de Jesus — sim, vou levantar a mão.* Aprendemos muito sobre quem Jesus é, e também tivemos a oportunidade de ganhar um lugar na equipe da competição de perguntas e respostas. Agora, porque eu sempre desejava obter êxito, eu queria um lugar naquela equipe! Eu já podia me ver, como uma competidora em um programa de TV, no alto do pódio e respondendo àquelas perguntas. Mas para ganhar pontos na equipe eu precisava memorizar Mateus 5, 6 e 7. Enquanto lia Mateus, passei por este versículo: "Porque aquele que pede recebe; e o que busca encontra; e, ao que bate, se abre". *Isso significa que se eu pedir que entres em minha vida, Jesus, Tu entrarás?*, pensei. Ali, sentada em minha cama, abaixei a cabeça e orei, pedindo que Jesus entrasse em minha vida como Salvador, Senhor e melhor Amigo. Creio que Ele me encontrou ali naquele dia.

Senti-me incondicionalmente livre e amada. No dia seguinte, um domingo, nosso pastor convidou que pessoas fossem à frente para receberem oração, como de costume. Eu estava chorando. Lembro-me de que ele me perguntou: "O que houve, Pam?" (Ele fez um bom trabalho ao não me menosprezar porque eu estava sempre chorando!) "Eu estou muito feliz!", respondi.

Logo depois que minha melhor amiga, Kelly, mencionou a palavra "devocional", eu perguntei: "O que é isso?" Ela me explicou que todo dia deveríamos ler a Bíblia e orar. Então comecei a fazer isso. Embora o alcoolismo do meu pai piorasse, minha liberdade e alegria não diminuíam porque minha significância vinha do céu.

Todavia, depois de várias mudanças geográficas, em me encontrei lendo a Bíblia cada vez menos, até não ler mais. Aqueles velhos pensamentos perfeccionistas voltaram e assombraram os anos de minha adolescência. Eu pensava: *Talvez se eu conseguir tirar nota 10 — então vou ser amada e aceita. Oh, talvez se for escolhida como líder de torcida... sim, isso fará com que eu me sinta amada e aceita. Deve ser uma bolsa de estudos na faculdade que fará com que eu me sinta digna. Não, vou me sentir valorizada mesmo se meu namorado for o rapaz mais bonito, com o melhor carro. Se eu for a rainha da festa de formatura, aquela coroa em minha cabeça com certeza me trará o sentimento de aprovação, certo?* Esforcei-me para conquistar tudo isso, e ainda me sentia vazia por dentro! Definitivamente, eu estava procurando amor nos lugares errados.

Um dia, quando eu era caloura na faculdade, fui para casa e encontrei meus pais discutindo. Por causa do problema do meu pai com bebidas, as discussões aconteciam quase todo dia. Papai ficaria encolerizado, e mamãe tentava acalmá-lo. Era tarde da noite, então chamei minha irmã e meu irmão, e disse: "Não sei quanto a vocês, mas estou cansada de tudo isso. Querem sair para dar uma volta?" No carro, acrescentei: "Não me lembro muito da Escola Dominical, mas parece que devemos orar por mamãe e papai". Estacionamos no meio de um milharal e oramos por nossos pais. Naquele momento, eu não sabia o que esperar. Eu achava que, por ter orado, Ozzie e Harriet* de alguma forma sairiam

---

* N. do T.: Ozzie e Harriet são personagens de um seriado de TV transmitido nos Estados Unidos que se tornaram um modelo de vida familiar na década de 50.

do mundo da televisão e se tornariam nossos pais? Apesar de minhas esperanças, ao entrarmos em casa ainda podíamos ouvir nossos pais discutindo. Sendo isso tão normal e a essa altura já ser quase meia-noite, meu irmão, minha irmã e eu fomos dormir.

Por volta de 3 horas da manhã, fomos acordados pelos gritos de minha mãe: "Socorro! Socorro! Por favor, alguém me ajude!" Nós três pulamos da cama e fomos procurá-la. Sei que eu estava pensando: *Oh, não! A ira de papai se transformou em violência e mamãe precisa ser socorrida.* Corremos pela casa escura, mas não conseguíamos descobrir onde mamãe estava. Abrimos portas que estavam fechadas, e não encontrávamos nossa mãe. Apenas continuávamos ouvindo seus gritos: "Socorro! Socorro! Por favor, alguém me ajude!" Finalmente Bret, meu irmão de 1,80 de altura, correu até a garagem. Lá estava minha mãe, não precisando de resgate, e meu pai, que estava tentando se enforcar com uma corda amarrada nas vigas.

Meu irmão puxou meu pai para dentro de casa. Eu o empurrei no sofá e me inclinei sobre seu peito. Olhei para minha mãe, irmão e irmã, e disse-lhes: "Acho que papai realmente precisa que oremos por ele agora!" Começamos a orar. Papai se acalmou um pouco, mas ainda estava agitado. Lembro-me de pensar: *Ele parece selvagem, louco.* Eu estava assustada e tremendo.

Então me lembrei da história de Saul, que ouvi na Escola Dominical. Quando ele estava atormentado, Davi tocava harpa e Saul se acalmava. Então decidi que precisávamos cantar. Cantamos todas as canções da Escola Dominical que consegui me lembrar: "Cristo ama as criancinhas", "Jesus me ama, eu sei". Se havia aprendido na igreja, cantávamos. Papai se acalmou um pouco mais, porém continuava perturbado. Por fim, lembrei-me de quando meu pai nos contava histórias bíblicas que aprendera na infância. Ele costumava ir a encontros de reavivamento durante o período de colheita, às vezes para zombar dos pregadores, mas ele nos contou que realmente gostava da canção "Amazing Grace". Então cantamos esse hino várias vezes até que o sol nasceu e ele dormiu.

Minha mãe, meu irmão e minha irmã estavam exaustos — assim como eu. Eles foram dormir, mas eu tinha prática de mergulho na faculdade. Esperava encontrar paz e conforto na água. Fui para a prática e não contei a ninguém o que havia acontecido em minha casa na noite anterior. Depois dirigi de volta para casa, esperando chegar e encontrar minha família reunida, e eles diriam: "Não podemos mais viver assim".

Todavia, ao entrar, percebi que minha família não queria conversar sobre o assunto — principalmente meu pai, um bem-sucedido homem de negócios, que estava sentado à mesa da cozinha trabalhando.

Uma Mudança no Sistema

Nada tinha mudado em minha família naquele dia, mas algo havia mudado em mim. No percurso de volta para casa, Deus começou a falar comigo — não de forma audível, mas meu coração ouvia a mensagem claramente. "Pam, você tem me tratado como se eu fosse o seu pai terreno, como se eu fosse distante, exigente e insensível — mas eu não sou assim! Tire a poeira daquela Bíblia. Conheça-me".

Assim, comecei a ler minha Bíblia novamente. Pouco depois da tentativa de suicídio do meu pai, li em Romanos 8.15: "Porque não recebestes o espírito de escravidão, para, outra vez, estardes em temor, mas recebestes o espírito de adoção de filhos, pelo qual clamamos: Aba, Pai". Logo descobri que assim como nossos filhos dizem "pa-pa" quando estão aprendendo a falar, as crianças judias dizem "aba-aba". Entendi que eu tinha um Pai no céu que me amava, não pelo que eu podia fazer, mas simplesmente porque Ele me criou. Nos anos seguintes, comecei a anotar toda vez que aprendia algo sobre Deus ser meu Pai.

À medida que eu passava tempo conhecendo a Deus, minha liberdade voltava. Ser impulsionada a conquistar não parecia tão fundamental para ganhar aceitação, amor ou significância. Em vez disso, ao me sentir amada por Deus, sentia-me livre para ser eu mesma. Sendo conduzida por Ele, eu me sobressaía — e parecia com menos esforço. Eu me dedicava aos estudos e sempre cumpria minhas promessas, mas não porque estava sendo pressionada a isso. Ao contrário, parecia que era o natural a ser feito. As conquistas começaram a ser o resultado em vez de serem o combustível da chama de uma busca desesperada por aprovação.

Passos para a Liberdade

Eu tinha uma escolha. Era um *ponto de decisão*. Eu não faria nada e me prepararia para repetir a mesma disfunção que herdei de minha família, ou deixaria Deus me transformar de dentro para fora a fim de "superar". Muitas pessoas culpam a mãe ou o pai pelos erros, padrões e disfunções em suas próprias vidas, mas isso pode ser um pretexto. Todas nós chegamos a um ponto em que *nossa vida* se torna *nossa escolha*. Seu Pai celestial a ama e quer completar uma grande obra em sua vida, não importa de onde você vem. Deus sabe os maiores lugares aonde você pode chegar. Em Filipenses 1.6 está escrito: "... aquele que em vós começou a boa obra a aperfeiçoará até ao Dia de Jesus Cristo". Certa vez, durante um devocional, lembrei-me de Deus me perguntar: *Você olhará para seu pai com os meus olhos em vez de com os seus?* Entenda, para mim, meu pai era um alcoólatra inútil, mas Deus me mostrou que meu pai era um homem separado dEle, e o alcoolismo era o sintoma dessa separação. Ao olhar para meu pai desta forma, distanciei-me dos tentáculos das mensagens negativas do álcool para mim. Comecei a ser capaz de amar meu pai de novo, incondicionalmente, não porque seus atos merecessem meu amor (porque isso não acontecia com frequência), e sim porque ele fora criado por Deus.

Eu estava livre para aprender o que é o amor sadio. Eu estivera perseguindo o amor, preenchendo minha vida com homens e com frequência saindo com vários ao mesmo tempo. Queria esperar até o casamento para desfrutar minha sexualidade, mas antes disso eu havia esgotado minhas razões para esperar, e ao mesmo tempo meu namorado me pressionava cada vez mais. Além disso, as estatísticas afirmam que se alguém foi criado por um alcoólatra, se tornará um alcoólatra também ou se casará com um. Se foi criado com violência, será violento também ou vai esperar ser tratado com violência. Decidi que não queria viver pelas estatísticas, mas pelo Espírito de Deus!

Decidi experimentar viver da maneira de Deus. Deus me libertou para amar, e também fiquei livre da pressão de achar que tinha que entregar minha sexualidade a fim de a fim de ganhar amor. Terminei um relacionamento que não estava honrando a Deus. Além disso, fique sem namorar por seis meses porque queria ver se conseguiria existir sem a identidade de ser a namorada de alguém. Descobri que não só eu podia existir sem namorar, mas também que podia escolher padrões para os homens que poderia namorar um dia. Como Deus corrigiu minha visão de mim mesma a partir do seu ponto de vista, recebi o bônus de Ele também corrigir minha visão do amor, do romance e do casamento.

Deus continuou remodelando meus pensamentos distorcidos ao longo do ano seguinte. Uma tarde, ao olhar meu guarda-roupas no alojamento, pensei: *Hummm, tenho um encontro na próxima sexta-feira.*

Preciso de um vestido novo, sapatos e talvez um casaco — acho que vou visitar papai. Meu pai tinha o hábito de tentar se redimir depois de beber. Ele faria ou diria algo doloroso, mas depois, no dia seguinte, não se lembraria da maior parte do que havia acontecido (uma amnésia alcoólica), embora se lembrasse vagamente de se sentir mal pelo ocorrido. Quando ele se sentia mal, abria a carteira e tirava algum dinheiro ou um cartão de crédito, e tentava nos comprar, aliviando sua consciência. Saí para visitar meu pai, sabendo muito bem que ele teria bebido, estaria se sentindo mal e me daria dinheiro — e assim eu poderia comprar roupas novas. Eu havia começado a planejar minha vida em torno da culpa de meu pai.

Naquele percurso de quatro horas até a casa do meu pai, Deus captou minha atenção. *Pam, você quer ser o tipo de mulher que manipula as pessoas com sua dor e culpa?*

Não, Senhor. Naquele dia, desisti do meu direito de manipular meu pai com base em sua culpa. Foi uma *grande mudança*. Poucos anos depois, Bill e eu começamos a namorar e ficamos noivos. Alguns dias após o nosso noivado, meu pai — que costumava viajar por causa do trabalho — estava na cidade e quis jantar comigo e Bill. Foi um jantar agradável. Papai se comportou muito bem. Vestia terno, estava sóbrio e de fato prestava atenção enquanto Bill e eu falávamos. Então ele disse: "Filhos, por que não aparecem em Stockton para me visitar daqui a algumas semanas? Gostaria de lhes dar algum dinheiro para o casamento". Ele especificou a quantia.

Semanas depois, com a esperança de que seria uma visita agradável ao meu pai, Bill e eu partimos para Stockton. Quando chegamos à casa de papai, ele não estava; tinha ido praticar esqui aquático com seus amigos. Quando esquiava, papai bebia cerveja. Quando bebia cerveja, papai acabava ficando "animado" para fazer churrasco. Assim que chegou em casa, colocou carne na churrasqueira e continuou bebendo. Bem, quando se bebe muita cerveja, o resultado de um churrasco é carne queimada. Papai colocou um pedaço irreconhecível de carne no prato, e quando não conseguimos enfiar o garfo, percebemos que ninguém conseguiria comer.

Eu disse: "Tudo bem, pai. Não vim comer churrasco. Vim passar algum tempo com o senhor. Vou pedir uma pizza". Quando a pizza chegou, nós nos sentamos à mesa da sala. Por ter bebido cerveja o dia todo, papai passou mal com a pizza. Lembro-me de me jogar na frente do meu noivo tentando poupá-lo daquela cena — como se fosse possível! Ajudei meu pai a se limpar e o coloquei na cama. Também limpei a cozinha, e então disse a Bill: Precisamos ir ao parque e orar. Amanhã de manhã papai vai se sentir muito mal pelo que aconteceu. Precisamos decidir agora quanto dinheiro vamos aceitar se ele estiver sóbrio, porque não quero cordas de culpa nos acompanhando em nosso novo relacionamento". Enquanto conversávamos e orávamos, nós nos lembramos da quantia que papai havia nos oferecido durante nosso jantar semanas antes, quando estava sóbrio, e decidimos que não aceitaríamos nenhum valor a mais.

Certamente, no dia seguinte papai acordou se sentindo muito mal. Ele queria assinar um cheque que me proporcionaria um casamento de princesa. Mas eu sabia que não queria que minha significância estivesse edificada em um alicerce falso. Eu preferia um casamento simples com o coração puro do que um casamento dos sonhos com aquelas "amarras".

Passo a passo, Deus estava me perguntando: *Você vai perdoar seu pai? Confie em mim, quando perdoar, você vai conquistar a liberdade.* Eu perdoei, e ao fazer isso ganhei a liberdade de sair da falsa significância e seguir rumo à verdadeira significância dada por Deus.

Curadores de Feridas

Bill e eu desfrutamos os benefícios de ter Jim e Sally Conway como maravilhosos mentores na fé e no ministério. Certa vez, Jim disse a Bill: "Somos curadores de feridas". Tenho constatado que é verdade. Quanto mais permito que Deus me resgate do meu lado obscuro, mais liberdade vivencio e mais disponível eu fico para ser usada por Ele. Sam Rima e Gary McIntosh, em seu livro *Overcoming the Dark Side of Leadership* [Superando o Lado Obscuro da Liderança], descrevem a importância de permitir que Deus nos livre das feridas e reconstrua nossa vida com seu amor:

> Foi durante esta pesquisa que se tornou claro que existia um paradoxo de naturezas na vida da maioria dos líderes que enfrentaram fracassos significativos: As inseguranças pessoais, sentimentos de inferioridade e necessidade de aprovação dos pais (entre outras disfunções) que impeliam essas pessoas a se tornarem líderes bem-sucedidos com

frequência foram as mesmas questões que os levaram ao fracasso.[1]

Parece que Deus toma nossa personalidade e talentos concedidos por Ele e, se estivermos dispostas, resgata-nos de nossas inferioridades, erros e feridas a fim de nos moldar para sermos as pessoas que Ele quer que sejamos.

Com muita frequência, a ambição deles era uma combinação muito sutil e perigosa de suas próprias necessidades pessoais disfuncionais e certa medida de desejo altruísta de expandir o Reino de Deus. No entanto, pelo fato de a ambição se disfarçar facilmente em círculos cristãos e se expressar com linguagem espiritual (a necessidade de cumprir a grande comissão e expandir a igreja), é comum as disfunções que conduzem líderes cristãos passarem despercebidas e ficarem impunes até que seja tarde demais.[2]

Portanto Você Não É Perfeita

Creio que Deus nos dá oportunidades para lidarmos com essas bases disfuncionais de significância se estivermos conscientes de que elas existem. Se admitir minhas imperfeições, posso ficar livre para ser uma mulher usada por Deus. Quando refleti em meus devocionais sobre todos os "Você é" que Deus diz sobre nós, fui muito encorajada pelas declarações positivas: Você é forte, escolhida, filha da promessa, firme, etc. Mas para mim, pessoalmente, as declarações mais libertadoras foram as que de início pareciam negativas. Eu não gostava de algumas dessas, e desejava que não estivessem ali! Por exemplo, 1 Coríntios 3.2-4 explica: "... tampouco ainda agora podeis; porque ainda sois carnais". Romanos 6.19, Paulo diz: "Falo como homem, pela fraqueza da vossa carne". Hebreus 5.11 menciona que temos dificuldade para entender.

Cheguei à conclusão de que liberdade não significa negação. Ainda sou carnal, fraca, tenho dificuldade para entender, e se achar que já cheguei ao fim da jornada, estarei mentindo para mim mesma. Essas declarações são tão verdadeiras sobre mim — e sobre você — quanto as declarações mais positivas que Deus faz a nosso respeito. Jesus nos faz um favor quando nos diz em Mateus 15.19: "Porque do coração procedem os maus pensamentos, mortes, adultérios, prostituição, furtos, falsos testemunhos e blasfêmias". É vantagem para nós reconhecer que temos a tendência egoísta de querermos tudo do nosso jeito em vez da maneira de Deus. E toda vez que cedemos ao nosso egoísmo provamos: "Não há um justo, nem um sequer. Não há ninguém que entenda; não há ninguém que busque a Deus. Todos se extraviaram e juntamente se fizeram inúteis. Não há quem faça o bem, não há nem um só" (Rm 3.10-12). Deus sabe que não podemos ter tudo. Mas temos este encorajamento: "... quando estou fraco, então, sou forte" (2 Co 12.10). Sim, podemos estar fracos em nossa natureza, mas Paulo não nos deixa nessa condição em Romanos 6.19. No versículo 22 ele diz: "Mas, agora, libertados do pecado e feitos servos de Deus, tendes o vosso fruto para santificação, e por fim a vida eterna".

Como essa transformação acontece? Romanos 3.24 diz que somos "justificados gratuitamente pela sua graça". Justificação é um termo legal. É uma imagem de nossos pecados sendo registrados em um portfólio ou arquivo. (E cada uma de nós tem um volumoso arquivo de imperfeições, erros e pecados! Pense nisso como o seu registro permanente.) Então Deus enviou seu Filho, Jesus, ao mundo para viver sem pecado. Ele tinha uma pasta de arquivo cheia de créditos perfeitos. Na cruz, nosso Deus tirou os pecados do nosso arquivo e os trocou pela retidão de Jesus, que sofreu o castigo pelos nossos registros! Deus agora olha para nós do céu e vê a retidão de Cristo onde estiveram os nossos pecados.

A justificação é um ato único que acontece quando nos encontramos com Cristo. Tendo nos justificado, Deus inicia um processo de santificação. Em 2 Coríntios 3.17,18 lemos: "Ora, o Senhor é Espírito; e onde está o Espírito do Senhor, aí há liberdade. Mas todos nós, com cara descoberta, refletindo, como um espelho, a glória do Senhor, somos transformados de glória em glória, na mesma imagem, como pelo Espírito do Senhor". Jesus está no processo de nos mover da fraqueza que caracterizava nossa vida antes da conversão para a nossa posição de força quando vistas do céu. Ele está nos renovando e nos reconstruindo. Somente quando continuamos a reconhecer nossas imperfeições é que Ele nos transforma. Gosto muito da oração em Salmos 139.23,24: "Sonda-me, ó Deus, e conhece o meu coração; prova-me e conhece os meus pensamentos. E vê se há em mim algum caminho mau e guia-me pelo caminho eterno".

Tocando um Novo CD

Após o seminário, Bill e eu assumimos o ministério de jovens. Um de nossos desafios era a necessidade de professores para as classes de pré--adolescentes, adolescentes e jovens na Escola Dominical. Apresentei--me como voluntária para trabalhar com a classe de pré-adolescentes, que logo cresceu, tornando-se um grupo de mais ou menos 70 alunos. Mas à medida que o grupo aumentava, sendo pré-adolescentes, eles se tornaram um desafio de controle cada vez maior — e quero dizer *controle* mesmo. Porque era isso que eu tentava manter. Ensinar era secundário; a prioridade era manter a ordem. Um dia pensei que eu fosse perder totalmente o controle. Senti a raiva vindo à tona, e quase entrei em erupção como o Monte Vesúvio sobre todos aqueles alunos. Então orei! *Jesus, ajude-me.* E Ele me ajudou! Naquele dia, entendi que eles estavam apenas agindo como pré-adolescentes, e era no *meu* problema, e não no deles, que Deus queria trabalhar. Eu tinha mania de controle, e quase pude ouvir Deus me dizer: "Pam, existe um Deus, e não é você!" Eu tinha visto meu comportamento controlador em várias questões menores em minha vida e relacionamentos. Sabia que podia me tornar facilmente uma controladora porque havia crescido em um lar fora de controle. O velho CD de mensagem que me programou com uma necessidade de controle precisava ser trocado por um novo CD com a mensagem de que Deus está no controle. Comecei a pedir a Deus que redimisse essa parte de minha personalidade.

O primeiro passo foi perdoar meu pai por acarretar essa característica. Quando perdoei, experimentei o crescimento. Deus está trabalhando a cada dia para reduzir a mania de controle em mim! Essa mesma raiva tinha outro aspecto feio. Quando o estresse ou situações difíceis atingiam minha vida, a raiva era a primeira emoção que vinha à tona. Com frequência, essa raiva seria direcionada a Bill, sem que ele merecesse. Um dia, quando eu estava esbravejando, Bill caminhou em minha direção, me abraçou (ele teve que segurar meus braços para não se machucar!), e disse: "Pam, o que você está sentindo de verdade? Está com raiva de mim ou poderia ser algo mais profundo?" Ele estava certo; eu tinha um profundo medo de fracassar! Mais uma vez, perdoei meu pai por plantar essa semente, e pedi a Deus que me redimisse. Agora, quando sinto que esse mesmo estresse e raiva estão vindo à tona, peço a Deus que me ajude a expressar minhas inseguranças em vez de ficar irada. Direi mais ou menos o seguinte: "Preciso compartilhar algo com você. Estou me sentindo como se fosse falhar aqui, o que provoca fortes emoções em meu interior. Podemos parar e orar, e depois pensar em um modo de aliviar esse medo?" Agora as histerias, ataques e discursos inflamados de anos atrás ocorriam esporadicamente. A cada dia estou mais livre, enquanto um novo CD toca em meu coração e mente. Bill e eu vivenciamos mais liberdade no perdão, e descobrimos que usamos isso em nossos aconselhamentos. Há seis princípios básicos, e se uma pessoa puder seguir essas seis afirmações, dará conta de perdoar de modo tangível.

O perdão diz:

1. Eu perdoo (a pessoa) por (ofensa).

2. Reconheço que foi cometido um erro.

3. Não espero (que a pessoa) corrija o que fez.

4. Não usarei essa ofensa para definir quem (a pessoa) é.

5. Não vou manipular (a pessoa) com a ofensa.

6. Não permitirei que a ofensa interrompa o meu crescimento.

Esses são princípios extraídos do que Jesus fez na cruz por nós. Ele conhecia nossos pecados — cada um deles — e morreu por causa deles. Contudo, para recebermos o benefício da morte de Cristo na cruz, temos que admitir que estamos errados. Temos que nos arrepender. Deus não espera que consertemos nossos pecados. Ele sabia que não seríamos capazes — é impossível. Deus não nos define por nossos pecados, e sim pelo seu ponto de vista. Ele não nos manipula com tudo que sabe sobre nós, e não permite que nossas imperfeições nos afastem dEle. Em vez disso, Ele permite que nos associemos a Ele em prol do nosso crescimento.

Por que Estou Fazendo isso?

Deus sabia que eu precisava continuar permitindo que Ele me redimisse do meu lado obscuro. Enquanto passava algum tempo com Jim e Sally Conway, Jim me disse:

— Pam, pessoas que foram feridas, como nós, em lares como o nosso, com frequência tomam decisões baseadas em nossa doença, não na saúde. É como se tivéssemos um tubo dentro de nós. Recebemos um elogio, e a sensação é muito boa. Mas o problema é que o tubo é sem fundo, então o elogio passa direto por ele. Precisamos constantemente de mais elogios. É fácil cairmos na armadilha de tomar nossas decisões com base no que nos traz mais louvor, mais aplauso público, maiores possibilidades de elogios. Porém, como o tubo é sem fundo, tudo é em vão. Você não consegue encher o tubo.

— Como Salomão declara em Eclesiastes, vaidade de vaidades, tudo é vaidade — respondi. — Nenhum elogio será suficiente, então preciso de um padrão diferente para tomar decisões, certo?

Eu sabia que estava sempre em conflito para agradar as pessoas, mesmo se agir assim me deixasse esgotada. Eu sempre procuraria aliviar o estresse dos outros — em especial quando o resultado fosse algum tipo de elogio.

— Certo — disse Jim —, pelo fato de nossas feridas nos deixarem vulneráveis ao louvor, podemos facilmente ser manipulados e nos vender a qualquer pessoa ou a qualquer coisa apenas para obter afirmação.

— Como vender o nosso direito de primogenitura por um prato de lentilhas? — perguntei, sorrindo.

Eu sabia exatamente o que Jim estava dizendo. Estava ciente desse "tubo" dentro de mim havia algum tempo. Apenas meus períodos de devocional e Deus me centrando diariamente é que impediam de buscar o louvor a qualquer preço. Meu tempo diário com Deus me ajudava a andar em obediência em vez de apenas estagnar em minha zona de conforto, onde eu tinha garantia de sucesso e elogios. À medida que me desenvolvia na área da escrita e ministração de palestras, Deus me preparava para o próximo passo lembrando-me de "guardar o dom" que havia colocado em mim. Ele me ajudou a pensar com base em decisões de negócios, e não apenas com base em emoções, o que era minha tendência. Às vezes, "pensar" em vez de "sentir" parece arriscado.

Ao arriscar, de fato recebo afirmação, porque estou crescendo como pessoa. Mas pode ser uma posição emocionalmente assustadora, porque com cada risco significa a ausência de garantia de sucesso ou louvor. Na verdade, quando as pessoas se arriscam seus mundos costumam ser abalados, levando ao possível surgimento de críticas em seu caminho. Anos antes, eu havia escolhido sair do carrossel de tentar agradar a todos — sabia que era impossível. Eu havia tentado repetidas vezes agradar ao meu pai, e raramente ouvi de seus lábios um elogio. Tinha passado essa mesma situação ao tentar agradar a todos no ministério, ou na vida, e por isso me sentia como um frango cuja cabeça foi cortada, correndo em volta freneticamente. Tentar agradar gera muita atividade, porém poucos resultados. Assim, comecei a me perguntar antes de qualquer decisão: "Por que estou fazendo isso?" Então verifico o *checklist*: Para receber elogios? Para tentar ser perfeita? Para tentar controlar as pessoas ou circunstâncias? Meus motivos são puros? Quanto mais de perto observo meus motivos, mais sou capaz de desfrutar a jornada e não me preocupar tanto com o resultado. As palavras de Gálatas 6.14 estão gravadas em meu coração: "Mas longe esteja de mim gloriar-me, a não ser na cruz de nosso Senhor Jesus Cristo, pela qual o mundo está crucificado para mim e eu, para o mundo".

Durante anos, treinei-me mentalmente para lançar meu coração àquela página de minha mente sempre que recebia um louvor. Isso classificava o elogio onde deveria estar: embaixo do "C", de Cristo. Fazendo isso, sou capaz de apreciar a pessoa elogiando e incentivando, e consigo manter o foco do meu coração em Cristo e em tudo que Ele tem feito por mim. Também sou capaz de levar adiante qualquer tipo de responsabilidade que Deus coloque em meu caminho, porque nada é "grande demais" ou "pequeno demais". Tudo é apenas um chamado. Você tem o seu, eu tenho o meu. Deus pode nos usar quando não estamos preocupadas em receber os créditos. Qualquer coisa que Ele peça é uma oportunidade maravilhosa — porque é Ele que está pedindo.

Vença o Mal com o Bem

Deus usou mais uma etapa com meu pai para me libertar de meus motivos e assim me deixar livre para tomar decisões com clareza. Deus continuou me estimulando a abençoar meu pai. Primeiro com pequenas atitudes. Todas as decisões a respeito do meu pai giravam em torno de uma pergunta: "O que uma filha amorosa faria em um relacionamento sadio entre pai e filha?" Então eu estabelecia limites que levaram nosso relacionamento a ser mais sadio (por exemplo, não conversar com papai à noite, quando ele estava bêbado, e sim telefonar para ele de manhã, quando estava sóbrio), e expressava meu amor a ele da mesma forma que uma filha amorosa faria, não importava como ele agia comigo (por exemplo, papai raramente me enviava um cartão ou presente de aniversário, mas eu sempre enviava para ele). Alguns anos atrás, Deus começou a me impulsionar a escrever palavras de bênção para meu pai. Ao longo dos anos, aprendi que meu pai nunca tinha ouvido as palavras "Eu te amo" do seu pai alcoólatra. Aprendi que ele crescera em condições paupérrimas, então também sentia um medo terrível de fracassar, o que o levou a ser um trabalhador compulsivo. Nunca arranjei desculpas para o meu pai, mas tentei entendê-lo, e procurei olhar para ele com o ponto de vista de Deus. Há alguns anos, no Natal, eu sabia que era o momento de escrever as palavras de bênção. Mas por onde começar quando existem tantas lembranças dolorosas e tão poucas recordações boas? Eu orei. *Deus, ajuda-me a escrever algo para o meu pai para que ele saiba que o amo — e o mais importante, para que ele saiba que o Senhor o ama. Permita que ele veja que o teu amor pode absorver sua dor.*

Enquanto escrevia a homenagem, pude ver como algumas de minhas melhores características eram as que Deus havia redimido das trevas para a luz. Por ter crescido sem nunca saber quando papai estaria com raiva, era como se eu vivesse alerta. Por ter permitido que Deus me livrasse desse medo, isso se transformou em uma habilidade concedida por Deus para entender as pessoas, para sentir o que elas sentem. Consigo ler as entrelinhas emocionais das pessoas. Por ter crescido fazendo a mediação entre papai e todos os demais membros de nossa família, tenha a capacidade de mediar agora, o que é uma habilidade útil para uma líder! Mas minha característica favorita que Deus redimiu é a característica sobre a qual escrevi em minha homenagem ao meu pai.

No dia de Natal, fiquei em pé e li esta homenagem face a face com meu pai:

Nosso Tesouro Dourado

Era uma ensolarada manhã de sábado. Crianças agitadas saíam de carros, com cestas na mão. Era véspera da Páscoa, dia da caçada ao ovo premiado em nossa pequena cidade. Eu estava nervosa e entusiasmada, como as outras crianças na mesma faixa etária. Segurei firme a mão do meu pai. Sou o apito inicial, e começou a corrida para encontrar o premiado ovo dourado! Encontrei um ovo rosa, e depois um verde, e coloquei-os com cuidado em minha cesta. Mas o que eu queria mesmo era o ovo dourado. Parecia que a procura levaria a vida toda. Era como se ninguém pudesse encontrar o ovo dourado.

— Querida, venha aqui — disse papai.

Ele se inclinou e sussurrou em meu ouvido, apontando para o chão. Olhei para uma imagem nojenta — um ovo esmagado após ter sido pisado por alguns pezinhos.

— Mas está quebrado! — disse ao meu pai.

— Qual é a cor, Charlie?

Encolhi os ombros.

— Olhe de perto. Qual é a cor?

Tentei encontrar um pedaço de casca grande o suficiente para identificar a cor. Peguei um pedacinho e gritei:

— É dourado! Pai, é dourado!

Mas como eu levaria aquele ovo até os juízes?

— Pegue. Mães e pais não podem tocar no ovo premiado. Você tem que levá-lo.

— Eca! É muito nojento, pai! Não consigo.

— Se quiser o prêmio, terá que pegar o ovo quebrado. Mas vou ajudá-la a carregar.

Nós nos abaixamos, e eu peguei o que restara do ovo, o máximo que conseguia carregar com minhas mãozinhas em forma de concha. Foi terrível. Papai colocou as mãos embaixo das minhas, e juntos levamos nosso tesouro quebrado até os juízes. Fui recompensada com uma enorme cesta repleta de guloseimas de Páscoa. Papai estava orgulhoso de mim, e eu dele.

Desde então, penso naquele dia com frequência. É um retrato do nosso relacionamento de pai e filha. Meu pai é muito parecido com aquele ovo dourado quebrado. Ele costuma se sentir inadequado para ser tudo que gostaria como pai. Seu coração é como aquele ovo — cheio de potencial premiado, mas quebrado pelo sofrimento de sonhos fracassados. Papai tem um coração de ouro, mas isso nem sempre é percebido pelos que estão ao seu redor. Faltam-lhe palavras. Às vezes suas ações não alcançam o as emoções que gostaria de expressar. Mas sempre fica um pedaço de potencial premiado, assim como eu segurei aquele pedacinho de casca dourada. Eu me apeguei aos

momentos dourados compartilhados com meu pai. Como aquele dia no parque, quando fiquei orgulhosa dele, e ele ficou orgulhoso de mim. E em momentos difíceis, às vezes ouço seu sussurro: "Se quiser o prêmio, terá que pegá-lo". Então junto os pedaços de vida e carrego o que a vida requer que eu carregue.
Não, papai não é perfeito, mas eu também não sou. Por isso, seguro firme aquele tesouro abaixo da perfeição porque tudo que aconteceu — bom ou mau — foi usado por Deus para me tornar a mulher que eu desejava ser. Tornei-me uma mulher que consegue olhar uma situação ruim, encontrar o que há de valor e seguir em frente. Sou uma vencedora aos olhos de meu pai, e seu amor é um tesouro dourado para mim.

Após a leitura, papai disse, com lágrimas nos olhos: "Charlie, obrigado. Muito obrigado por usar sua escrita para expressar coisas tão lindas. Se quiser usar minha história para ajudar outras pessoas, siga em frente.". Foi a primeira vez que me lembro de meu pai elogiando minha escrita — e a melhor parte foi que eu *não precisava* disso. Eu pude receber o elogio e desfrutá-lo, mas não precisava dele. Eu não estava ansiosa por aprovação porque já tinha ouvido o aplauso do meu Pai celestial. Escute, você consegue ouvir? O aplauso dEle, também, vem do alto.

Pontos de Decisão

Faça uma lista de algumas características negativas que podem ter sido ensinadas enquanto você crescia. Como poderiam estar afetando as decisões que você toma hoje? Dê um passo para substituir o velho CD por um novo. Experimente uma destas atividades:
1. Faça uma lista de pessoas e acontecimentos que você precisa perdoar. Então ore do seu jeito com base nas seis declarações de perdão na página 58
2. Ore para que Deus a conscientize de qualquer velho CD que precise ser substituído por novas mensagens de sua Palavra.

3. Escreva palavras de bênção ou uma homenagem a alguém que a feriu. Inclua como Deus transformou a dor em algo positivo.

4. Faça uma lista de razões para "superar". Aos 19 anos, decidi que não queria me casar com um homem alcoólatra ou violento. Não queria que meus filhos vivessem com medo em seu próprio lar. Queria um casamento feliz, que durasse a vida toda, e filhos que fossem bem-sucedidos porque teriam confiança em Deus e em si mesmos, e não pessoas compulsivas por trabalho, que alcançariam metas por medo do fracasso. Agora, quase 25 anos depois e com dois filhos que já saíram do ninho, posso afirmar que realizei esses sonhos. A disfunção cessou com uma série de decisões para viver da maneira de Deus. Viver a vida à maneira de Deus pode parecer difícil, mas repetir a disfunção é mais difícil ainda. Faça uma lista de fatores que a motivem — uma lista de sonhos e objetivos — que irão ajudá-la a continuar decidindo decidir para viver da maneira de Deus.

QUATRO

Decida Revelar a Verdade

Deixe de Lado o Negativo e Volte-se para o Positivo

Gosto muito de receber cartões. Eles transmitem mensagens encorajadoras, principalmente no Natal. Coloco os cartões na arcada entre minha sala de estar e a sala de jantar porque são muito bonitos. Mas não importa a beleza do cartão, ou quão encorajadora seja a mensagem, o cartão não teria chegado à minha casa sem o envelope.

Sempre tento orar com equipes de liderança nas igrejas em que ministro antes de subir ao púlpito. Quando estava no Missouri, uma das mulheres orou: "Obrigada, Senhor, pela mensagem que Pam está prestes a ministrar ao nosso coração. Obrigada por ela ser um envelope para tua mensagem de esperança e encorajamento".

Pensei: *Sim! Gostei disso! Sou simplesmente um envelope! Ela é a mensagem; eu apenas transmito.*

Quanto mais eu pensava sobre aquela analogia, mais eu gostava. Há todos os tipos de envelope. Alguns são brilhosos e coloridos, como muitas mulheres graciosas e vivazes. Alguns são profissionais e funcionais, como os timbrados. Outros são mais elaborados, o tipo de envelope que se pode usar para um convite. Outros envelopes são práticos, de papel pardo, mas costumam conter mensagens muito importantes. Outras de nós nos parecemos com um envelope liso por fora, porém quando aberto, pode-se ver o contorno dourado de um convite de casamento. E algumas de nós somos como embalagens de entrega expressa — tornamos tudo muito mais rápido. Assim como os envelopes, há mulheres de todas as formas, cores e tamanhos, mas ainda somos envelopes. Não existe um Hall da Fama para Envelopes e nem teste de QI para envelopes. Todo envelope é importante porque todas nós carregamos uma mensagem de esperança, liberdade, paz e alegria encontrada em um relacionamento pessoal com Deus.

Assinado, Selado e Entregue

Em 2 Coríntios 3.2,3, o apóstolo Paulo diz: "Vós sois a nossa carta, escrita em nossos corações, conhecida e lida por todos os homens, porque já é manifesto que vós sois a carta de Cristo, ministrada por nós e escrita não com tinta, mas com o Espírito do Deus vivo, não em tábuas de pedra, mas nas tábuas de carne do coração". *Você é uma carta.*

Todos os dias, de alguma forma, a vida dos crentes é lida por outras pessoas. A idade não interfere no nosso valor para Deus, e já mencionamos que tamanho, formato, cor e rapidez não interferem também. Todas nós somos envelopes carregando uma mensagem valiosa e necessária para o mundo em que vivemos. Não somos valiosas por causa do nosso exterior, e sim porque carregamos uma mensagem valiosa. Fomos escolhidas para transmitir uma mensagem de esperança.

É tão fácil esquecer a liberdade que temos sendo envelopes de Deus. Uma das coisas que fazem parte de minha vida como escritora é aparecer na mídia. Bill e eu temos nosso próprio programa de rádio, mas com frequência nossos editores também nos apresentam como convidados em outros programas de rádio e televisão. Certo ano, Bill e eu iríamos aparecer participar de um *talk show* em uma emissora de televisão nacional. Como em todas as participações na televisão, cada convidado passa pela cadeira da maquiadora. Nunca é minha parte favorita, porque tenho problemas com a acne. Faço tratamento desde que tinha 16 anos. Certa vez perguntei ao dermatologista: "Estou quase 30 anos, e meu rosto parece o de uma adolescente de 17 anos! Quando isso vai ter fim?" Ele fez algumas perguntas sobre o histórico de minha família, e então respondeu: "Sra. Farrel, nunca vai ter fim. Parece que é um problema hereditário em sua família". Oh, que grande notícia!

Costumo brincar que tenho o rosto perfeito para o rádio! Bem, mesmo assim, sentei-me na cadeira daquela maquiadora, e ao me olhar no espelho ela disse:

— Você não tem um rosto feliz.

— Na verdade, estou um pouco nervosa com a entrevista de hoje. É uma oportunidade maravilhosa — respondi com um sorriso.

— Não, você não tem um rosto feliz.

Nesse momento, entendi que ela estava se referindo à minha pele. Em seguida, começou a usual bateria de perguntas e sugestões que, ao mesmo tempo, lembravam-me de que não tinha um "rosto feliz". Bem, senti as emoções crescendo em meu interior, mas não queria chorar, para não ter que passar mais tempo naquela cadeira retocando a maquiagem! Quando a estrela do programa chamou a maquiadora no camarim ao lado por um instante, olhei meu rosto não muito "feliz" no espelho.

Senhor, é muito difícil ouvir isso. Esses comentários não estão acrescentando nada à minha confiança. Por favor, ajuda-me a desviar o foco do meu rosto não tão "feliz"! Tudo bem, Deus, por que eu vim? Para mostrar meu rosto a 60 milhões de espectadores? Não. Tenho uma mensagem tua para entregar. Não é sobre mim; é sobre ti. É a tua mensagem. Então olhei meu rosto de novo. *Senhor, acho que estou bem para ser um envelope!*

Eu sabia que Deus havia me escolhido para essa tarefa. Fui escolhida para ser o envelope de Deus naquele dia. E entreguei a mensagem dEle!

Devolva ao Remetente

Pelo fato de Jesus escolher a quem enviar, quando e onde, podemos ficar livres de algumas inseguranças que comprometem o nosso avanço. Em uma de minhas palestras Women of Influence [Mulheres de Influência], pedi que as participantes compartilhassem o que achavam que retraía as mulheres. Aonde quer que eu vá, os mesmos fatores são mencionados: As mulheres não se sentem inteligentes o bastante, treinadas o bastante ou eloquentes o bastante. Elas se sentem vulneráveis à rejeição. Têm medo de outras pessoas dizerem: "Quem ela pensa que é?" ou "Não quero ser sua amiga".

Às vezes as mullheres se sentem inadequadas e sobrecarregadas. Não temos certeza de como poderíamos fazer algo mais. Thomas Edison declarou: "A maioria das pessoas perde a oportunidade porque ela vem disfarçada de trabalho". Algumas de nós não queremos mais trabalho!

Poucas mulheres consideram os homens como responsáveis por nos impedir de avançar. Contudo, a maioria de nós acredita na capacidade das mulheres de encontrar uma forma de fazer a diferença. Faith Whittlesey afirmou: "Lembre-se, Ginger Rogers fazia tudo que Fred Astaire fazia, mas de costas e de salto alto".

No entanto, a resposta número um, a mais comum citada pelas participantes de minhas palestras é o medo do fracasso.

Por que temos medo do fracasso? Nele com frequência encontramos os fios do sucesso futuro. Veja algumas reflexões sobre o fracasso feitas por pessoas que são consideradas um sucesso:

Samuel Smiles, doutor em medicina, autor escocês e reformador social, disse: "É um erro supor que homens se tornam bem-sucedidos por meio do sucesso; com mais frequência eles alcançam o sucesso por meio dos fracassos. Princípio, estudo, conselho e exemplo nunca poderiam ser mais bem ensinados do que pelo fracasso".

O empresário Thomas J. Watson estava de acordo: "Você gostaria que eu apresentasse uma fórmula para o sucesso? É muito simples, de verdade. Duplique sua taxa de fracassos. Pensam no fracasso como o inimigo do sucesso. Mas não é bem assim. Podemos ficar desanimados pelo fracasso — ou aprender com ele. Então, siga em frente e cometa erros. Faça tudo que puder. Porque, lembre-se, é onde você encontrará o sucesso".

W. E. Gladstone, primeiro-ministro da Inglaterra por quatro mandatos, escreveu: "Nenhum homem se torna importante ou bom exceto passando por muitos e grandes equívocos".

O escritor Orison Swett Marden observou: "Não se pode medir um homem por seus fracassor. Deve-se saber o proveito que tirou deles. O que os fracassos significaram para ele? O que ele aprendeu?"

Joseph Sugarman, um líder no mercado industrial, declarou: "Poucas pessoas estão dispostas a dar ao fracasso uma segunda oportunidade. Elas falham uma vez e está tudo acabado. A pílula amarga do fracasso com frequência é mais do que a maioria consegue suportar. Se você estiver disposto aceitar o fracasso e aprender algo a partir dele, se estiver disposto a considerar o fracasso como uma bênção disfarçada e reagir, entendeu a essência de aproveitar uma das forças mais poderosas do sucesso". H. L. Wayland deu continuidade a esse pensamento: "Mostre-nos um homem que nunca cometeu um erro, e nós lhe mostraremos um homem que nunca fez nada. A capacidade de errar ocasionalmente é inseparável da capacidade de concretizar. Os únicos homens que estão livres do perigo de cometer erros são os homens que dormem em Greenwood [cemitério]".[1]

"Se não aceitamos o fracasso como uma possibilidade, não estabelecemos objetivos altos, não alargamos os horizontes, não tentamos — não arriscamos", declarou a primeira dama Rosalynn Carter. Políticos lutam com a possibilidade do fracasso iminente, e é esse confronto diário com o fracasso que os impele a crescer na liderança. O primeiro-ministro britânico Sir Winston Churchill afirmou: "Sucesso é a ir de fracasso em fracasso sem perder o entusiasmo". O legislador S. I. Hayakawa concordou: "Observe a diferença entre quando um homem diz a si mesmo 'Falhei três vezes' e o que acontece quando diz 'Sou um fracasso'". O presidente americano Theodore Roosevelt ecoa a necessidade de um ponto de vista positivo do fracasso: "É muito melhor arriscar coisas grandiosas, alcançar triunfos e glórias, mesmo expondo-se à derrota, do que formar fila com os pobres de espírito que nem gozam muito nem sofrem muito, porque vivem nessa penumbra cinzenta que não conhece vitória nem derrota".

O fracasso não é o final. O palestrante motivacional Dennis Witley disse: "O fracasso deve ser nosso professor, não nosso empresário. Fracasso é adiamento, não derrota. É um desvio temporário, não um beco sem saída. Fracasso é algo que só podemos evitar se não dissermos nada, não fizermos nada ou não formos nada". A atriz Mary Pickford declarou: "Fracasso não é a queda, e sim permanecer no chão". Henry Ford, inventor e fabricante de automóveis, disse: "O fracasso é simplesmente a oportunidade de começar de novo, com mais inteligência".

Warren Bennis, autor, educador e sociólogo na Universidade da Carolina do Sul, declarou: "Os líderes que eu conheci, não importa a condição social de que vieram ou as instituições que presidiram, sempre se referem ao mesmo fracasso, algo que lhes aconteceu que foi particularmente difícil, até traumático, algo que os fez sentir o desespero de chegar ao fundo — algo que pensaram ser quase uma necessidade. É como se naquele momento o ferro atingisse a alma; aquele momento produziu a resiliência necessária aos líderes".[2]

O fracasso coloca ferro em nossa alma. Até pequenos fracassos ajudam a nos moldar para sermos mulheres a quem Deus pode usar. Quando eu estava no 9º ano, fui classificada como número 1 em ginástica no estado. Eu tinha vencido todas as competições distritais e regionais, e tudo que eu precisava fazer era aparecer na competição estadual, repetir o que fizera ao longo do ano e assim eu venceria. Tudo estava indo bem até que pela rotação era o momento do salto sobre o cavalo. Era minha modalidade mais forte. Eu tinha um bom salto, com competência técnica maior que quase todas as outras competidoras. Corri como uma locomotiva. Atingi o trampolim que me lançaria sobre o cavalo ruma a uma medalha de ouro — e em vez disso ouvi e senti o impacto de queda! Eu havia passado direto do cavalo. Fiquei pasma, chocada e sem fôlego. Ouvi o silêncio da plateia. Lentamente me levantei do chão. Eu estava em choque. Nunca tinha errado um salto em uma competição. Raramente isso acontecia nos treinos.

Caminhei de volta até o início do corredor, sacudindo os braços e pernas para relaxá-los e para tentar me acalmar. Meu técnico disse-me algumas palavras de encorajamento. Eu orei: *Oh, Senhor, ajuda-me!* Ergui o braço direito sinalizando aos juízes que eu estava pronta, saltitei rapidamente e então disparei ao longo do carpete azul na intenção de conseguir um salto cravado. Crash! Aconteceu exatamente a mesma coisa — duas vezes. Não falhei uma vez diante do ginásio lotado; eu falhei duas vezes! Um arranhão. Nenhum ponto. Meu sonho de ser campeã estadual tinha acabado.

Naquele momento, eu precisava decidir como encarar o fracasso. Sairia correndo do ginásio e abandonaria minha última etapa porque não venceria mesmo, ou me levantaria e agiria como uma campeã, ainda que a medalha de ouro nunca fosse colocada em meu pescoço? Eu já tinha perdido a medalha por ter errado o primeiro salto, mas se me deixasse vencer pelas emoções, perderia novamente. Se eu desistisse, perderia minha personalidade otimista e minha esperança, e por ser a capitã da equipe, minhas seguidoras perderiam a esperança também. Limpando as lágrimas, levantei-me. Saudei os juízes como se tivesse dado um salto perfeito, e então empurrei os ombros para trás e saí do tablado rumo aos braços abertos e acolhedores de minha mãe e meu técnico.

Deixei as lágrimas fluírem ao me abraçarem, mas depois enxuguei os olhos enquanto meu técnico me preparava para a última etapa, o exercício de solo. Não subi no pódio naquela tarde; fiquei em quarto lugar na apresentação com fita. Em vez de ficar amuada, escolhi apertar a mão e abraçar minha companheira de equipe que ganhara a medalha de ouro que poderia ter sido minha. Ela ficara em segundo lugar em toda a temporada, e este era o seu momento ao sol. Minha irmã, em uma categoria inferior de acordo com a faixa etária, ficou em primeiro lugar, e recebeu rosas e sua medalha. Então fizemos a viagem de cinco horas voltando para casa. Eu poderia escolher entre deixar todos se sentindo mal com minha atitude ou ficar feliz por minha irmã. Eu também tinha uma escolha a fazer em relação à minha perspectiva. A verdade era que se tratava apenas de uma competição. Perdi uma medalha, mas não perdi minha saúde, minha vida ou um membro da minha família. A paz mundial não dependia da minha performance. Encarando a realidade: Meu ego foi ferido, mas a vida ainda era cheia de promessa e potencial. *Pam, acalme-se e vá se alegrar com os que se alegram!* (Rm 12.15). Naquele dia aprendi que *se agirmos como campeãs*, mesmo que o mundo não recompense seus esforços, *ainda nos sentiremos campeãs* em nosso interior.

O Coração de uma Campeã

O professor Edward Dowden afirmou: "Às vezes um fracasso nobre serve ao mundo tão fielmente quanto um sucesso distinto". O modo como falhamos determina nossa capacidade de encontrar e permanecer em nosso lugar no plano de Deus. A Palavra de Deus nos lembra: "Humilhai-vos, pois, debaixo da potente mão de Deus, para que, a seu tempo, vos exalte" (1 Pe 5.6).

Creio que Deus será fiel para permitir que você ouça sua voz e responda ao seu chamado. Ele se importa mais com você caminhando em sua vontade do que você mesma! Porém, o segredo é *permanecer* naquele lugar e servir ali obstinadamente, quaisquer que sejam as provações. *O importante não é chegar — e sim permanecer.* Quando o fracasso vem como um tornado, é fácil fugir pela porta dos fundos e dizer: "Sobrevivi a uma tempestade. Não vou ficar aqui e passar por outra!" Mas se realmente cremos na Palavra de Deus, estamos exatamente onde Deus deseja quando somos abatidas por um fracasso. Estamos à disposição para sermos usadas por Ele, moldadas, para ouvir e prontas para ser exaltadas.

Christiana Tsai poderia ter se sentido um fracasso de uma vez. Filha de um vice-governador em uma província chinesa, Christiana foi educada por monges budistas, mas logo superou o conhecimento deles, então foi matriculada em uma escola da missão cristã, fazendo votos de nunca se tornar uma cristã. Ela relatou: "Coloquei em minha mente que não Iria 'engolir' o cristianismo deles, então costumava levar um romance chinês para a capela..."³ Christiana e uma amiga, a Srta. Wu, começaram a escrever um livro denunciando o cristianismo. No entanto, Christiana começou a ler a Bíblia e a ouvir pregações em inglês para aprimorar suas habilidades. "Deus usou meu amor pelo idioma inglês para me atrair a Ele".⁴ Em pouco tempo a Srta. Wu também aceitou a fé em Cristo. Sucesso, certo? Nem todos pensavam assim.

Christiana compartilhou sua nova fé com sua família. Ela foi repreendida asperamente por desgraçar o nome da família. Um irmão agarrou sua Bíblia e hinário, e os partir em pedaços. Sua mãe ficou arrasada por ter uma filha cristã. Mas o cristianismo continuava ali.ela não deixou que o fracasso imediato desviasse sua fé. Continuou vivendo uma vida de fé perante seus amigos e familiares. Um a um, todos responderam lentamente. Sua mãe aceitou a fé em Cristo e foi liberta do vício de fumar ópio. Aquela mudança despertou o interesse de outros membros da família. A mãe, dois irmãos e suas esposas foram batizados. A mãe abriu as portas de sua casa para a realização de estudos bíblicos, e aos 62 anos aprendeu a ler para que pudesse ler a Bíblia sozinha.

Christiana começou a lecionar em uma escola do governo. Durante os intervalos, ela conversava com os alunos, e deixava sua casa à disposição para que os interessados pudessem aprender mais sobre Jesus. Setenta e dois dos seus 200 alunos conheceram a Cristo. Novamente, uma ofensa. Pais se revoltaram! Um artigo foi publicado em um jornal alegando que a professora obrigava seus alunos a clamar: "Deus! Deus!" A diretora da escola, Srta. Plum, vasculhou a escola e confiscou Bíblias, ameaçando expulsar alunos que frequentassem estudos bíblicos. Todavia, a fé dos alunos resistiu à perseguição e em pouco tempo a própria Srta. Plum aceitou a fé em Cristo. Christiana registrou em seu diário: "Então o meu irmão que rasgou minha Bíblia e me perseguiu no início finalmente confessou ao meu Senhor. No total, 55 dos meus parentes, adultos e crianças, se tornaram filhos de Deus... Nunca ingressei na faculdade ou em um seminário teológico, e não sou uma professora de Bíblia; sou apenas um 'cão de caça' de Deus. Simplesmente segui as pisadas do meu Mestre, e trouxe aos seus pés o que Ele me mandou caçar".⁵ Porque Deus nos escolheu, quando obedecemos, nunca somos um fracasso — não importam os resultados. Acho que nos esquecemos com frequência do quanto Ele é cuidadoso ao escolher e do quanto nos conhece.

Ele nos Conhece

Em sua clássica obra *O Conhecimento de Deus*, J. I. Packer explica melhor:

> Há uma tremenda confiança em saber que o amor de Deus por mim é completamente real, baseado em cada ponto no conhecimento prévio do pior a meu respeito, para que nenhuma descoberta agora possa desiludi-lo sobre mim, de um modo que eu com frequência fico desiludido comigo mesmo... Com certeza, existe um grande motivo para se humilhar na ideia de que Ele vê todas as coisas distorcidas sobre mim que meus amigos não veem (e fico feliz por isso!), e que Ele vê mais corrupção em mim do que eu mesmo consigo enxergar (que, em plena consciência, é o bastante). Há, porém, um incentivo igualmente grande para louvar e amar a Deus na ideia de que, por alguma razão insondável, Ele me quer como seu amigo e deseja ser meu amigo, e entregou o seu Filho para morrer por mim a fim de cumprir esse propósito. Não podemos trabalhar esses pensamentos aqui, mas simplesmente citá-los é o bastante para mostrar o quanto significa saber não apenas que conhecemos a Deus, mas que Ele nos conhece.[6]

Deus me conhece. Ele sabe tudo sobre mim. Sabe o que tenho de bom e de ruim. Sabe quantos fios de cabelo tenho na cabeça e cada pensamento em minha mente. Conhece meus sucessos e minhas limitações. Sabe que sou completamente imperfeito. Ele sabe, e ainda assim me escolheu. Ela sabe, e ainda assim escolhe você. Ele diz: *Tu és escolhida.*

> Mas vós sois a geração eleita, o sacerdócio real, a nação santa, o povo adquirido, para que anuncieis as virtudes daquele que vos chamou das trevas para a sua maravilhosa luz; vós que, em outro tempo, não éreis povo, mas, agora, sois povo de Deus; que não tínheis alcançado misericórdia, mas, agora, alcançastes misericórdia. (1 Pe 2.9,10)

A Escolha dEle

Quando Deus diz que fomos escolhidas, significa que somos eleitas — e a escolha é exclusivamente dEle! Assim, quando estivermos preocupadas com o que as outras pessoas pensam e dizem sobre nós, estamos nos esquecendo de que a opinião pública não suplanta a designação de Deus. Você não apenas é escolhida, mas é escolhida para a realeza. A conotação desse versículo é que fazemos parte da corte do Rei. Habitamos em seu palácio, e como sacerdócio real participamos do reinado com Cristo. E quando pertencemos a Deus, somos preservadas para Ele e por Ele. Por ser escolhida, real e preservada por Deus, confio que Ele me protegerá das críticas. Gosto da ilustração de Deus como meu colete blindado! Enquanto procuro seguir meu papel real de declarar seus louvores, sei que receberei elogios e críticas. A Bíblia é muito clara ao afirmar que neste mundo eu terei aflições — mas também deixa claro que Jesus disse: "Eu venci o mundo" (Jo 16.33). Meu objetivo é compreender o que significa ser escolhida e real, e o compromisso de Deus é a preservação da minha pessoa, independentemente do resultado de minha posição. Sempre que eu compreendo esse retrato de quem Deus diz que eu sou, fico mais livre para viver a vida como ela deve ser. Nos capítulos anteriores, você viu que no início de minha vida eu não era muito confiante, sempre questionava se eu seria boa o suficiente para receber aceitação e amor. Meus medos teriam crescido em intensidade ao longo dos anos, até me paralisarem na vida. Muitas pessoas vivem cheias de temores que as impedem de se aprimorar e desenvolver seu potencial.

Há alguns anos, meu pai faleceu. Decidi que precisava visitar um conselheiro especialista no trabalho com pessoas em posições de responsabilidade e alta visibilidade. Ele também desenvolve um bom trabalho com aqueles que estão sofrendo. Por muitas pessoas dependerem de mim, quero me certificar de que superei o meu sofrimento de uma forma positiva, construtiva. Meu conselheiro deu-me um teste de diagnóstico para enumerar as forças e fraquezas pessoais em minha vida. Quando recebi o resultado, fiquei surpresa com uma das variáveis. O teste classificava uma variedade de áreas, incluindo confiança e a habilidade de uma pessoa ver o lado positivo e seguir em frente para alcançar resultados positivos na vida. A pessoa comum geralmente fica em torno de 30% — e eu atingi 100%! Agora acho que é algo "de Deus"!

Só Deus poderia transformar uma menininha tímida que ansiava por aprovação em uma mulher que confia em suas escolhas e na forma como se relaciona com as pessoas e com a vida. Creio que ao reconhecer o fato de que sou escolhida aumentou minha confiança. Gosto muito da imagem no trecho do versículo que diz: "daquele que vos chamou das trevas para a sua maravilhosa luz". É claro que fui chamada das trevas! Princesas não vivem em cabanas úmidas e escuras. Elas vivem e caminham na luz. Quando a apatia e a falta de integridade estão me tentando a seguir por um atalho, estou voltando para a sombra e me distanciando da luz para onde fui chamada. Quando estávamos no ministério de jovens, Bill promoveu uma gincana para ver quem levaria a maior barata. Alguns participantes levaram baratas de 5 a 10 centímetros! Cada aluno fez um relato semelhante. Eles precisaram ser rápidos para capturar as baratas porque esses insetos gostam do escuro, e quando eles acendiam a luz as baratas corriam para as sombras. Não somos baratas. Não fomos criadas para a escuridão; fomos criadas para a luz. Se você se sente mais confortável relacionando-se com pessoas que amam as trevas em vez da luz, ou se não consegue compartilhar com outras princesas da luz aquilo que está fazendo, assistindo e lendo, então você saiu do seu lugar no plano de Deus. Às vezes, acho que fazemos as perguntas erradas a nós mesmas. Em vez de perguntarmos "Isso é bom o suficiente?" e "Consigo resolver isso?", deveríamos perguntar: "Estou agindo como uma princesa benevolente?", "Estou buscando a luz de Deus nesta área?" Deus proclamou que já somos "boas o suficiente" porque fomos escolhidas, somos envelopes reais! Nosso trabalho é receber a Deus por sua Palavra e agir de acordo com nossa posição. Temos uma escolha porque "não [tínhamos] alcançado misericórdia, mas, agora, [alcançamos] misericórdia". Deve haver um momento específico em que escolhemos andar na luz, saindo das trevas. Existe um momento em que aceitamos a escolha dEle e sua designação a nós como reais. Há um ponto em que nos tornamos envelopes transportando sua mensagem de esperança. Qual é a mensagem? Qual é a escolha?

Declarações de Amor de Deus a nós

Eu a amo e tenho um plano para você.

"... eu vim para que tenham vida e a tenham com abundância" (Jo 10.10).

"... mas eu vim para que as ovelhas tenham vida, a vida completa" (Jo 10.10 – NTLH).

"Porque Deus amou o mundo de tal maneira que deu o seu Filho unigênito, para que todo aquele que nele crê não pereça, mas tenha a vida eterna" (Jo 3.16).

Por ser imperfeita, você foi separada do meu amor e o nosso relacionamento se rompeu.
"Porque todos pecaram e destituídos estão da glória de Deus" (Rm 3.23).
"Todos pecaram e estão afastados da presença gloriosa de Deus" (Rm 3.23 – NTLH).
"Aquele, pois, que sabe fazer o bem e o não faz comete pecado" (Tg 4.17).
"Mas as vossas iniquidades fazem divisão entre vós e o vosso Deus, e os vossos pecados encobrem o seu rosto de vós..." (Is 59.2).

Por amar você, Eu, que sou perfeito, paguei o preço da sua imperfeição para que o nosso relacionamento pudesse ser restaurado.
"Mas Deus prova o seu amor para conosco em que Cristo morreu por nós, sendo nós ainda pecadores. Logo, muito mais agora, sendo justificados pelo seu sangue, seremos por ele salvos da ira. Porque, se nós, sendo inimigos, fomos reconciliados com Deus pela morte de seu Filho, muito mais, estando já reconciliados, seremos salvos pela sua vida" (Rm 5.8-10).
"Àquele que não conheceu pecado, o fez pecado por nós; para que, nele, fôssemos feitos justiça de Deus" (2 Co 5.21).
"Porque também Cristo padeceu uma vez pelos pecados, o justo pelos injustos, para levar-nos a Deus; mortificado, na verdade, na carne, mas vivificado pelo Espírito" (1 Pe 3.18).
"Ninguém tem maior amor do que este: de dar alguém a sua vida pelos seus amigos" (Jo 15.13).

Para iniciar esse novo relacionamento, tudo de que você precisa é aceitar o meu pagamento pela sua imperfeição. Não posso fazê-la me amar. A escolha é sua.
"Porque pela graça sois salvos, por meio da fé; e isso não vem de vós; é dom de Deus. Não vem das obras, para que ninguém se glorie. Porque somos feitura sua, criados em Cristo Jesus..." (Ef 2.8-10).

"Se, com a tua boca, confessares ao Senhor Jesus e, em teu coração, creres que Deus o ressuscitou dos mortos, serás salvo" (Rm 10.9).

"E a vida eterna é esta: que conheçam a ti só por único Deus verdadeiro e a Jesus Cristo, a quem enviaste" (Jo 17.3).

Para aceitar o amor de Deus por você, converse com Ele e diga que aceita. Deixe que Ele conduza a parte de tomar decisões de sua vida. Este é um exemplo de oração:

Jesus, peço perdão por ter escolhido viver longe de ti. Quero que entres em minha vida. Eu aceito o pagamento de amor que o Senhor realizou por meio de sua morte na cruz. Obrigada por ser meu melhor amigo e o meu Deus.

Se você já fez uma oração semelhante, tomou a melhor decisão que uma pessoa pode tomar. Todas as outras decisões tornam-se mais fáceis por causa da sabedoria que obtemos ao nos relacionarmos com Cristo. Não é mais só você, sua sabedoria, sua força, sua capacidade, mas no momento em que recebe a Cristo, o Espírito de Deus passa a habitar em sua alma, e você obtém a capacidade de aproveitar a sabedoria de Deus também. Você agora é escolhida, real, membro da família santa, sua mensagem é a mensagem do Rei. É por isso que você é uma carta. Você leva o selo do Rei. Nos tempos bíblicos, quando um edito era emitido pelo rei, derretia-se cera e o rei o selava com seu anel, declarando que se tratava de uma mensagem dele. É essa a imagem aqui. Por ter respondido à declaração de Deus, você leva a marca do Rei.

Todos que a virem saberão que você faz parte da corte. Você leva a mensagem dEle. Essa mensagem transmite amor, esperança e planos para outras pessoas que talvez não saibam disso ainda. Às vezes achamos que, por levarmos a mensagem de Deus, a estrada ficará livre para nós. Afinal, nos filmes as multidões abrem passagem quando um mensageiro grita: "Tenho uma mensagem do rei!". A multidão fica em silêncio enquanto o mensageiro lê a saudação do rei, e, é claro, imediatamente responde de forma positiva, certo? Errado! Uma ilustração melhor é tentar subir por uma escada rolante lotada que está descendo. Continuamos dando passos para a frente, mas a escada nos leva para o sentido oposto. Falamos com pessoas ao nosso redor e tentamos convencê-las voltar atrás e subir a escada rolante conosco. De início, elas acham que estamos loucas, porém quanto mais ficamos ali e continuamos seguindo em frente, menos loucura se torna.

É esse retrato que Jesus apresenta no Sermão da Montanha: "Entrai pela porta estreita, porque larga é a porta, e espaçoso, o caminho que conduz à perdição, e muitos são os que entram por ela; E porque estreita é a porta, e apertado, o caminho que leva à vida, e poucos há que a encontrem" (Mt 7.13,14).

O mundo inteiro está caminhando rumo à destruição, mas as pessoas acham que é uma festa e não querem ouvir nada diferente. Em Pass Christian, uma pequena cidade turística no Mississippi, o chefe de polícia Jerry Peralta dirigiu pela rodovia, parando de porta em porta. "Evacuem a área!", ele gritava. Um furacão estava a caminho. Algumas pessoas deram ouvidos. Outras riram. Em um complexo de apartamentos, um grande grupo se reuniu em torno de barris de cerveja para uma "festa do furacão". Eles já haviam enfrentado alguns furacões antes, e acharam que seria divertido.

A tempestade atingiu a região às dez horas da noite. Uma onda da altura de um prédio de três andares atingiu o complexo de apartamentos. Tudo foi destruído, e corpos foram espalhados por Pass Christian. No dia seguinte, um menino de 5 anos de idade foi encontrado boiando em um colchão — ele foi o único sobrevivente da festa.

Convencer pessoas da verdade é uma batalha contra a correnteza, uma escalada árdua, um desafio extremo. Tudo que estamos pedindo é que a pessoa faça uma volta de 180 graus na vida!

Acho que compartilhar as Boas-Novas do amor de Deus é difícil por duas razões. Primeiro, estamos pedindo que as pessoas se comprometam com uma Pessoa que vira o mundo do avesso para torná-lo melhor, e mudar é difícil. Segundo, a mudança na vida de alguém com quem partilhamos o evangelho pode afetar o nosso modo de vida também. Isso pode envolver um grande comprometimento de tempo ou energia emocional. Resumindo, Deus poderia mudar nossa vida no processo de mudar a vida de outras pessoas. Podemos nos tornar egoístas, tentadores ou reservados por causa de nossos próprios sentimentos. Veja um trecho extraído do meu diário de devocional:

Deus,

Quem precisa de mais fé? Estou apenas pedindo que Lupe assuma 100% de compromisso, fazendo uma mudança radical de 180 graus. Ela está vivendo com um homem que é viciado em pornografia, e ele está deixando-a emocionalmente esgotada. E ele paga as contas dela e dos três filhos (dos quais dois são dele). Sei que o Senhor promete ser um marido para ela e pai para os filhos. Sei que o Senhor pode prover muito mais abundantemente do que ela pode pedir ou imaginar. Mas, Deus, vejo uma mulher sem capacitação profissional, que não é corajosa por natureza, sem a influência de uma família cristã — na verdade, é exatamente o oposto. Às vezes tenho a sensação de que sou a única voz da verdade em sua vida. Ontem, ela me mostrou um jornal com artigos sobre a Nova Era e anúncios de produtos. Um dos anúncios informava até que o Senhor já voltou e está habitando no corpo de algum canalizador! Sou apenas eu, convidando-a para seguir ao Senhor!

Ela não é a única pessoa com dúvidas. Sei que a vida dela e daquelas crianças preciosas seria muito melhor com o Senhor. Sei que a eternidade dela estaria segura em um relacionamento com o Senhor. Mas também sei que a transição de quebrada para inteira será dolorosa, demandará tempo e será assustadora para ela — e para mim. Estou com mais medo da mudança no meu estilo de vida do que no dela! Já me sinto esgotada. Todos os meus dias estão repletos de pessoas carentes. Meu coração está muito pesado também. Estou com medo de me tornar indiferente por causa de minha falta de fé. Preciso ter a fé de que o Senhor cuidará dessa ovelha perdida carente. Coloquei-me no seu lugar de pastor, mas tenho medo de não conseguir desempenhá-lo bem. Preciso que o Senhor seja o nosso Pastor!

A palavra "arrepender-se" significa voltar atrás. Seguir outro caminho. Não é uma mensagem fácil ou popular às vezes. Quando as pessoas nos veem lutando contra o *status quo*, podem balançar a cabeça com pesar, podem nos rejeitar ou ficar irritadas porque estamos tentando subir quando todo o mundo está descendo. Algumas vão querer nos seguir porque a mensagem de amor, esperança e alegria é muito convincente. Mas podem estar receosas porque parece difícil demais — porém o que elas não sabem é que não estamos lutando para subir em uma escada rolante que está descendo; em vez disso, há uma escada rolante subindo no meio da que está descendo! Deus nos carrega para cima. Não é a nossa força que nos leva para cima com a mensagem. Deus nos carrega com sua força.

No exemplo acima, eu estava sobrecarregada pelo impacto que compartilhar Cristo com Lupe estava causando em meu próprio planejamento. Segui em frente e participei com Lupe de um estudo bíblico para pessoas com questionamentos sobre Deus. Ela fez mais perguntas ainda! Ela estava faminta para aprender mais, faminta pelo tipo de relacionamento que Bill e eu compartilhávamos, faminta por ter filhos obedientes como os meus. Ela decidiu matricular seu filho em uma escola cristã antes de ter assumido um compromisso com Cristo. Seu filho conheceu a Deus primeiro. Então seu namorado fez amizade com um pastor em seu itinerário de vendas. (Como um vendedor de preservativos veio a ser amigo de um pastor é algo que só Deus pode fazer!) Logo percebi que havia mais de dez crentes em Cristo autênticos, fortes, ministrando a ela e sua família. Eu não estava sozinha. Deus havia respondido à minha oração egoísta de medo antes mesmo de responder às orações de Lupe para conhecê-lo.

Podemos Criticar uma Rainha?

Se tememos por nosso tempo, temos mais medo de sermos criticadas. Se fazemos parte da realeza, se fomos escolhidas, então por que somos criticadas? Se somos um envelope que contém uma mensagem maravilhosa, como lidar com as críticas que surgem inevitavelmente em nosso caminho? A boa notícia é: Até Jesus, que era perfeito, foi criticado. Assim, quando somos criticadas, como lidamos com isso? Aqui está o processo que desenvolvo quando sou criticada.

1. **A crítica é válida?** A primeira pergunta que me faço é: *Eu já sei que isso é verdade?* Há muitas ocasiões em que sabemos antes mesmo que a crítica nos atinja. Todas nós dizemos tolices, nos esquecemos quando deveríamos nos lembrar, reagimos quando não deveríamos

ter reagido. Às vezes gostaríamos de apertar um botão e retroceder a vida! O exemplo mais vívido que tenho é do primeiro ano do meu marido no ministério jovem. O ministério de esposas de pastores em nossa igreja estava organizando um evento especial para mães e filhas em que as filhas usavam o vestido de noiva das mães. (Já era uma situação delicada, pois as meninas estavam usando o vestido pelo fato de que não serviria mais nas mães.) O jantar seria servido primeiro para as "modelos", a fim de que pudessem se arrumar para a programação. Os homens estavam servindo o jantar. Uma das mães mais idosas da igreja segurou o braço do meu marido e perguntou: "Bill, se eu lhe dissesse que era uma das modelos, você me serviria primeiro?"

Bill respondeu sem pensar: "Com certeza, mas a senhora gastaria um bom tempo me convencendo de que era uma das modelos". Então ele se deu conta do que dissera — que resposta idiota, idiota, idiota! Ele era novo na igreja, e correu para me contar o que acontecera e pedir um conselho. Bem, nós dois concluímos que teríamos que procurar outra igreja, a menos que a irmã não o levasse a sério — e foi o que aconteceu.

2. Considere a fonte. Há ocasiões em que críticas são direcionadas a você, mas na verdade não têm a ver com você. Por vivermos em uma sociedade em que muitas pessoas estão carregando feridas e bagagens emocionais, às vezes podemos atingir os problemas de outra pessoa sem saber. Um dia, ao pegar as correspondências na caixa do correio de nossa organização, a Masterful Living, verifiquei que havia duas cartas pessoais. Li a primeira. Era um agradecimento de uma mulher por eu ter ministrado em seu retiro. Na carta estava escrito: "O que você compartilhou mudou a minha vida". Então ela entrou em detalhes acerca de como foi tocada pela mensagem. Na segunda carta não constava o endereço do remetente e não estava assinada. Estava escrito: "Você provavelmente não é uma boa mãe, porque ficou longe de seus filhos enquanto ministrava em nosso retiro". Não havia como perguntar àquela mulher o que ela quis dizer, e com base no carimbo postal, eu podia afirmar que ela não conhecia meus filhos ou meu marido. De alguma forma, eu havia tocado em alguma questão importante em sua vida, mas por ela não me valorizar o bastante para assinar ou informar um endereço ou telefone para que eu pudesse responder, eu não podia dar muita importância à carta. Naquele dia, coloquei as duas cartas ao pé da cruz e orei: *Deus, se há algo digno de louvor nessas cartas, tributo a ti o louvor.* Se há algum mérito a alguma das críticas, então permita que exemplos específicos se fixem em minha mente. *Caso contrário, vou levar cativo todo pensamento e jogar essa crítica no lixo.*

Descobri que se recebo críticas verbais ou escritas, e se forem válidas, Deus já estará trazendo esses pontos à tona em meus períodos de devocional. Se nem Deus, nem qualquer membro de sua família, círculo de amizade ou colaboradores vê o que o crítico está vendo, há chances de que o problema esteja no autor da crítica, e não em você.

3. Não deixe a pessoa queixosa receber toda a sua atenção. Um dia, muitos anos atrás, entrei no escritório do meu marido e encontrei uma carta de quatro páginas em cima da mesa — e a carta era sobre mim! Essa pessoa havia escrito quatro páginas sobre uma esposa, mãe, amiga e líder ruim — bem, sobre quão terrível eu era em todas as áreas de minha vida. Apenas sentei na cadeira de meu marido e me acabei de tanto chorar. Orei ao Senhor: *Tudo que faço é tentar ajudar — e é isso que recebo?* Então chorei no ombro de Bill. Ele respondeu com um discernimento sensível. "Pam, não deixe que essa pessoa a distraia do bem que você faz a tantas outras pessoas."

Ao longo das semanas seguintes, aquele conselho ecoou em meu coração. Cada vez que eu pensava na carta, queria desistir do ministério. Eu queria ficar na cama, embaixo das cobertas, assistindo TV e comendo chocolate — mas não fiz isso. Eu permaneci em minha missão de encorajar e preparar mulheres.

Neste caso, eu também conhecia a pessoa o suficiente para considerar a fonte. A vida familiar dessa pessoa era praticamente o inferno na terra; logo, eu ou muitas outras pessoas poderíamos ter disparado com facilidade algum "gatilho" emocional.

4. Que proveito há nisso? Nesse mesmo caso, perguntei a Bill se eu deveria tentar conversar com aquela pessoa. "Acho que não, Pam. A carta é um desabafo. Não está pedindo soluções, compromissos ou mudanças. Essa pessoa está apenas esbravejando por alguma razão desconhecida. Ninguém mais pensa isso a seu respeito, ou já teríamos ouvido isso antes. Que proveito há nisso? Acho você apenas ficaria falando por uma hora ou mais. Iria sentir-se pior, e teria menos motivação para ajudar outras pessoas que precisam de você."

Não pude deixar de pensar na admoestação de Jesus: "Não joguem as suas pérolas para os porcos" (Mt 7.6 – NTLH). Em alguns casos, não fazer nada além de orar é a melhor resposta. Algumas pessoas não são emocionalmente seguras. Mesmo que tentemos corrigir o problema, elas irão atacá-la. Nesses casos, retroceda, se afaste e dê espaço para Deus trabalhar.

No entanto, em outros casos, quando perguntei "Que proveito há nisso?", decidi que um relacionamento de trabalho seria fortalecido ou uma amizade seria aprofundada se eu separasse um tempo para ouvir a crítica face a face. Achei que isso é verdade especialmente se a crítica é uma pequena correção ou se é uma correção repetida por várias pessoas que demonstraram lealdade a mim no passado. Na maioria dos casos, eu simplesmente agradeço as pessoas pela preocupação, e então as apresento direto a Jesus para que Ele resolva. Usando o processo de levar as críticas a Jesus, ganho muito: intimidade com o Salvador, perspectiva de meu Criador e cura da ferida emocional pelo Médico dos médicos.

5. Abençoe. Minha última atitude quando críticas são lançadas em meu caminho protege meu coração de endurecer. Impede que eu me torne cínica. E mantém minha alegria intacta. Eu abençoo as pessoas. Depois daquela carta de quatro páginas, sentei e escrevi notas de agradecimento a quase cem pessoas em minha igreja, agradecendo pelo trabalho delas, por seu caráter e amor. Em outra ocasião, Bill e eu fomos atingidos emocionalmente por críticas que feriram de verdade porque a pessoa a programou para nos desanimar depois de um evento especial, agradável e significativo em nossa vida pessoal. Segui todos os passos acima, e ainda estava sofrendo emocionalmente. Decidi que a melhor maneira de recuperar minha alegria era doar, e doar de modo sacrificial. Então planejei e paguei duas viagens de fim de semana para dois de nossos amigos mais leais no ministério que haviam nos ajudado a carregar nosso fardo. Ao abençoar a outros, Deus me abençoou com esperança quando eu estava sem esperança. A ideia de levar alegria à vida de outras pessoas me ajudou a manter o foco na alegria delas em vez de me concentrar em minha dor.

Jayne cresceu em um sólido lar cristão. Ficava entusiasmada acerca de transmitir seu legado de fé aos dois filhos. À medida que cresceram, um abraçou a fé, e o outro se rebelou. Seu coração de mãe ficou partido quando ela soube que o filho adolescente havia mantido relações com uma menina que ele mal conhecia e a quem não amava. Desse ato resultou uma gravidez. Jayne se sentia como se o filho fosse uma crítica a todos as dádivas e sacrifícios que ela e o marido lhe deram. Sentia-se totalmente rejeitada. Ela ficava em conflito se perguntando como relacionar-se com essa nova mulher na vida de seu filho, uma jovem com profundas cicatrizes emocionais que a tornaram amarga, isolada, negativa e manipuladora. Jayne lutou até com seus sentimentos em relação ao seu neto que nem havia nascido. Estava ferida e com muita raiva. Estava desapontada e desiludida com seu filho e com a vida. Ela orou, pedindo a Deus que ajudasse a lidar com todos os seus sentimentos. *Dá-me uma forma de expressar amor, Deus.* Ela lembrou-se do versículo em Romanos 12.21: "Não te deixes vencer do mal, mas vence o mal com o bem".

Jayne, que não nem muito talento com artesanato, decidiu fazer uma manta de crochê para o bebê. A cada ponto ela pedia a Deus que a ajudasse a lidar com os sentimentos negativos até que sentisse amor. Ponto a ponto, oração após oração, ela por fim sentiu-se liberta da ira. (Ela me contou que acabou fazendo uma manta bem grande!) Jayne sabia que precisava dar um presente de amor sacrificial, um pedaço de si mesma e de seu coração, ou nunca se sentiria liberta do cativeiro da rejeição de seu filho. A manta não envolveu apenas o neto em amor; envolveu Jayne no cuidado protetor de Deus.

Pontos de Decisão

Para ser um "envelope" de esperança com uma mensagem positiva para compartilhar, você precisa fazer a si mesma algumas perguntas para obter clareza ou confiança:

O que a está impedindo de ser um envelope de Deus? É o medo de fracassar? Examine como você lidava com o fracasso no passado. Há algumas mudanças que a tornam mais capaz de resistir ou se recuperar depois de um fracasso?

É o medo da crítica? Como você lidava com a crítica no passado? Há mudanças que você gostaria de fazer a fim de continuar sendo uma transmissora da mensagem de esperança de Deus?

É o seu círculo de amizades que está enchendo sua mente de ideias negativas, de modo que você não consegue enxergar o positivo? Observe com quem você passa a maior parte do seu tempo. Em uma escala de um a dez, sendo dez o mais positivo, classifique todas as pessoas que são mais íntimas de acordo com a capacidade de serem positivas. É necessário fazer novas amizades, mais positivas? Você precisa pedir aos seus amigos que tentem se tornar mais positivos em relação a você? O que você pode fazer para evidenciar a mensagem positiva "Posso todas as coisas em Cristo!" em seu coração e mente?

Você está em sintonia com a verdade? Assim como um rádio transmite uma mensagem mais clara quando a estação está sintonizada com precisão, sua vida pode transmitir uma mensagem mais positiva quando a verdade da Palavra de Deus está sintonizada em sua vida. Como você pode fazer a verdade ecoar mais alto em sua mente e coração? (Indo à igreja? Participando de um estudo bíblico? Lendo a Bíblia todos os dias? Memorizando passagens bíblicas? Orando de acordo com a Palavra?) Escolha uma opção que a ajudará a sintonizar a verdade.

CINCO

Decida Fazer o Melhor
Identifique sua Singularidade e Aproveite-a ao Máximo

Um dia, um homem chegou do trabalho e encontrou um verdadeiro caos em sua casa. Os filhos estavam do lado de fora, ainda de pijamas, brincando na lama e na sujeira. Havia caixas de comida vazias e embalagens por todo lado. Ao entrar em casa, deparou-se com uma grande bagunça também — louças na pia, ração do cachorro espalhada pelo chão, um copo quebrado embaixo da mesa, um montinho de poeira atrás da porta dos fundos. Na sala, havia brinquedos e várias peças de roupa espalhados, e um abajur fora derrubado.

Ele subiu a escada correndo, tropeçando em mais brinquedos, à procura da esposa. Ele estava ficando preocupado, achando que ela estava doente ou que algo tivesse acontecido. Encontrou-a no quarto, ainda na cama, de pijama, lendo um livro. Ela olhou para ele, sorriu e perguntou como havia passado o dia. O marido olhou para ela, perplexo, e perguntou: "O que aconteceu aqui hoje?"

Ela sorriu novamente e respondeu:

—Sempre que chega do trabalho, você pergunta o que fiquei fazendo o dia todo, não é?

— Sim.

— Bem, hoje deixei de fazer! — disse a esposa com um sorriso irônico.

É mais ou menos assim que algumas mulheres se sentem. Camisas na área de lavar não nos agradecem por esfregarmos o colarinho. Os pratos não nos elogiam pelo banho que lhes proporcionamos diariamente. As toalhas e lençóis não nos saúdam quando passamos.

Fiz uma estimativa do custo financeiro de uma dona de casa se uma família tivesse que pagar pelos serviços que uma mãe presta ano após ano:

Organização da casa	13 mil dólares (20 horas semanais por 52 semanas)
Enfermagem	1.300 dólares (1 hora semanal por 52 semanas)
Cozinhar	21.840 dólares (3 horas por dia, 7 dias por semana, durante 52 semanas)
Psicóloga	36.400 dólares (1 hora por dia, 7 dias por semana, durante 52 semanas)
Táxi	21.840 dólares (3 horas por dia, 7 dias por semana, durante 52 semanas)
Professora particular	3.900 dólares (1 hora por dia, 5 dias por semana, durante 52 semanas)
Organizadora de festas	22.500 dólares (10 vezes ao ano, gastando 10 horas em cada festa)
Secretária / recepcionista	17.472 dólares (3 horas por dia, 7 dias por semana, durante 52 semanas)
Total	138.252 dólares

Como você pode ver, a maioria de nós não pode nem pagar a nós mesmas! Se somarmos todas as horas acima, daria cerca de 35 horas por dia! Temos a *sensação* de que o nosso dia tem 35 horas quando servimos à nossa família porque é muito fácil para eles — e para você — esquecer o valor que temos.

Tudo bem, algumas de nós temos o privilégio de receber beijos melados de crianças com o cabelo desgrenhado ou o "obrigada" ocasional dito entre os dentes por uma adolescente que se libertou do espelho do banheiro por alguns momentos. Algumas mulheres recebem um cartão, ou até um presente, de um marido maravilhoso que percebeu que só elas têm um radar para localizar tudo que eles perdem dentro de casa! No entanto, para muitas de nós, é fácil passar para o modo "Alguém me reconhece?" depois de um dia difícil.

Algumas mulheres também podem não se sentir valorizadas no trabalho fora de casa. Os quadrinhos do Dilbert tornaram-se *best-sellers*, em parte porque captam a frustração do desrespeito diário que muitas de nós vivenciamos no trabalho. Em um quadrinho, um gerente diz: "Acho que todos vocês podem tirar uma lição sobre respeito corporativo a partir desse 'Fulano' aqui".[1] Há muitos dias em que nos sentimos simplesmente como "Fulana", alguém sem nome!

Pelo fato de todas nós ansiarmos por R-E-S-P-E-I-T-O, podemos cair na armadilha de buscar nossa afirmação no lugar errado. Não podemos depender que nosso marido, filhos, amigos, pais ou chefe nos concedam a validação, afirmação e o conforto que buscamos. Mesmo quando estamos cercadas de pessoas otimistas e que nos dão afirmação, suas palavras ajudarão um pouco, mas ainda não preencherão o vazio em nosso coração. Esse vazio só pode ser preenchido quando ouvimos acerca de Deus e cremos na visão que Ele tem de nós.

Você Vale mais que Passarinhos

Tendo crescido em uma fazenda em Idaho, houve ocasiões em que todos os nossos fios elétricos e de telefone ficavam repletos de pássaros por quilômetros! O barulho daqueles pássaros era ensurdecedor! Às vezes, um bando conseguia abafar o som de nossa televisão! Então papai saía e dava um tiro de espingarda para o alto a fim de espantar os pássaros.

Há momentos em que nos sentimos como aqueles pássaros. Falamos sobre o nosso dia, apenas para ouvir nosso marido dizer: "Então qual é a questão principal?" ou "Vá direto ao ponto". Ou tentamos compartilhar nossos pensamentos com nossos filhos, apenas para sermos silenciadas, ou pior, para ouvirmos "O que disse, mãe?". Compartilhamos uma ideia ou opinião diante de um grupo, e em troca recebemos indiferença ou um "Próximo!". Existem dias em que nos sentimos como se estivéssemos sendo "enxotadas" e mandadas de volta para casa. Nós nos perguntamos se alguém dá valor às nossas contribuições ou se realmente fazemos um barulho tão inúteis como aqueles pássaros na fazenda em que cresci.

Deus se importa. Ele garantiu que saberíamos o quanto nos valoriza quando Jesus declarou: "Considerai os corvos, que nem semeiam, nem segam, nem têm despensa nem celeiro, e Deus os alimenta; quanto mais valeis vós do que as aves?" (Lc 12.24).

Ele disse corvos? Tem certeza de que Ele não se importa só com os pavões? Ou com as galinhas — pelo menos essas espécies produzem itens que podem ser comercializados. Não, Ele disse corvos. Corvos fazem parte da família das gralhas. São carniceiros, alimentam-se de mortos e voam como urubus. Em outras palavras, corvos são os últimos comedores do céu. E Deus ainda se importa com suas necessidades.

Mas Jesus não parou aí. Ele queria se certificar de que entenderíamos. Olhou ao redor, e encontrou uma flor comum. Ele disse: "Considerai os lírios, como eles crescem; não trabalham, nem fiam; e digo-vos que nem ainda Salomão, em toda a sua glória, se vestiu como um deles" (Lc 12.27).

Não eram os lírios que usamos em eventos especiais como casamentos. Não, eram flores deslumbrantes desabrochando em triunfo. Eram lírios do campo — cujo valor era muito equivalente aos nossos dentes-de-leão. Eles estavam por toda parte. Todavia, Jesus os compara a Salomão vestido em todo o seu esplendor.

Como Salomão se vestia? Nenhum governante antigo, talvez com exceção de Alexandre, o Grande, tinha tanto à sua disposição quanto Salomão. Seu reino era vasto, e monarcas de todo o mundo oriental negociavam com ele. A rainha de Sabá o visitou, e a filha de um faraó era uma de suas esposas. Salomão tinha os melhores tecidos e os mais novos e modernos braceletes, pulseiras e adornos disponíveis. Possuía mais ouro, prata e joias que qualquer governante que o precedeu. As pessoas que trabalhavam em sua corte, incluindo os responsáveis por suas vestes, eram os melhores da época e podem ter viajado longas distâncias só para servir a esse majestoso rei. Seria como ter uma indústria de moda inteiramente ao seu dispor.

O que Jesus estava dizendo é que nós — normais, comuns, cotidianas — somos tão belas e preciosas para Ele quanto um rei em todo o seu esplendor. Para Deus, somos melhores que uma *top model* em uma passarela em Paris ou Nova York. Somos melhores que uma etiqueta de grife para aquEle que nos criou.

Sim, você entendeu. Mesmo usando aquele roupão florido comprado em uma loja de departamentos, Ele diz que você tem valor. Mesmo naquele dia em que você vai à mercearia com a roupa suja de tinta e boné, Ele a considera especial. Nos dias maus, nos dias bons — não importa — você é especial para Ele.

Mas pelo fato de as pessoas comuns precisarem ouvir algo três vezes, no mínimo, para se lembrarem, Deus diz mais uma vez: "E, se Deus assim veste a erva, que hoje está no campo e amanhã é lançada no forno, quanto mais a vós, homens de pequena fé?" (Lc 12.28).

Ele nos lembra de que sim, somos finitas. Nossa morte virá tão certo quanto a erva no campo. Mas Deus se importou o suficiente com a erva do campo — *erva* — para vesti-la com um belo tom de verde. Ele criou aquela vegetação macia sobre a qual gostamos tanto de andar descalças. O tapete verde que precisamos aparar — e amamos em segredo o cheiro que exala ao ser cortado. Deus diz que embora sejamos finitas, e mesmo que sejamos dispensáveis (há outras folhas de grama), Ele ainda se importa o bastante para nos alimentar, nos vestir e nos usar para tornarmos o mundo um lugar melhor.

Assim, para resumir, a partir dessa passagem podemos deduzir que pelo fato de Deus se importar com os pássaros mais desprezíveis, flores simples e gramas que existem em abundância, Ele cuidará de nós. Cuidará de nós mesmo quando nos sentirmos tão para baixo que poderíamos passar embaixo de uma porta, tão comuns que não seríamos notadas em uma reunião de família ou tão dispensáveis que poderíamos ser um copo descartável. Não importa como nos sentimos em relação a nós mesmas, Deus diz que temos valor e cuida de nossas necessidades de modo pessoal.

A maioria de nós consegue lidar com o fato de nosso rosto não estar na capa de uma revista ou nosso nome não estar em destaque. Mas às vezes, quando não recebemos o aumento que estamos esperando, quando nos deparamos com outra pilha de toalhas molhadas e roupas sujas no chão do banheiro, quando chegamos em casa noite após noite e encontramos um apartamento vazio, começamos a questionar se alguém sabe da nossa existência.

Algumas estão em carreiras que as fazem perceber que estão em conflito com a inveja, o ciúme ou a síndrome do "Por que não eu?". Uma amiga que é professora usa uma camiseta com a frase *Publicar ou Perecer*. Algumas de nós nos sentimos invisíveis para os que estão no comando. Quanto mais o nosso mundo se torna dirigido pela mídia, mais provável é que nos sintamos deixadas de lado, sem importância ou insignificantes. Se não tivermos uma página na internet, um e-mail ou um telefone celular, podemos nos sentir fora de contato, o que se torna pior quando começamos a acreditar na mentira de que ninguém quer estar em contato conosco. Há dias em que nos sentimos como se nossa vida se resumisse ao número da carteira de identidade.

Não temos que nos preocupar se os outros nos veem. Somos amadas por Deus, que nos conhece intimamente. Ele quer que identifiquemos os dons singulares que nos concedeu. "... tendo diferentes dons, segundo a graça que nos é dada" (Rm 12.6). Um de meus mentores me disse certa vez: "Proteja os dons que Deus lhe deu".

O primeiro passo para administrar esse tesouro é ver a si mesma e os dons que Deus lhe deu como valiosos. O segundo é tomar a decisão de descobrir os dons e as melhores formas de aproveitar o que Ele depositou em sua vida.

Uma Nova Questão

Talvez estejamos fazendo a pergunta errada. Em vez de perguntar se alguém me valoriza, irei mais longe na vida se perguntar: "Estou decidindo fazer o meu melhor? Estou procurando meu dom, protegendo meu dom, usando o meu dom?" Henrietta Mears, fundadora do Centro de Conferências Forest Home e uma líder que discipulou muitos futuros líderes, disse: "Você é o que Deus lhe deu. O que você se torna é o que você dá a Deus".

Tenho uma série de perguntas que me ajudaram a descobrir o propósito de Deus para mim. Faça a si mesma estas perguntas:

Sou boa em quê? Escreva uma lista de dez coisas que você acha que faz bem ou que gosta de fazer. Quando estiver se questionando acerca de qual é sua maior motivação e o seu chamado, lembre-se de que Deus tende a nos usar com frequência nas áreas em que nos concedeu algum talento. Pelo fato de Débora ser uma líder nata, Deus a fez juíza. Ester era formosa, e Deus usou sua beleza para elevá-la à condição de rainha que pôde salvar uma nação. Porque Priscila amava estudar e ensinar as Escrituras, quando um jovem pastor chegou à cidade com uma teologia meio incompleta Deus a usou para instruir Apolo, que seguiu em frente e alcançou um ministério mais amplo. De vez em quando, Deus usa uma aparente fraqueza: Moisés declarou que não falava bem. Talvez ele se sentisse assim por ter passado 40 anos no deserto cuidando de ovelhas. Ele pode ter se sentido inadequado para falar, mas antes foi educado no palácio de Faraó. Quem seria melhor para levar a mensagem de Deus a Faraó do que alguém que fora treinado com ele?

Paulo declarou: "A minha graça te basta, porque o meu poder se aperfeiçoa na fraqueza. [...] Porque, quando estou fraco, então, sou forte" (2 Co 12.9,10). O apóstolo reconhecia suas fraquezas, seu espinho na carne, mas também tinha plena consciência de suas credenciais. Ele faz uma lista em Filipenses 3.4-6:

> Ainda que também podia confiar na carne; se algum outro cuida que pode confiar na carne, ainda mais eu: circuncidado ao oitavo dia, da linhagem de Israel, da tribo de Benjamim, hebreu de hebreus; segundo a lei, fui fariseu, segundo o zelo, perseguidor da igreja; segundo a justiça que há na lei, irrepreensível.

Deus pegou o currículo de Paulo, mudou a atitude de Paulo e edificou um ministério com base nas credenciais que Paulo já tinha. Paulo era um cidadão e um seguidor de Cristo. Sua cidadania romana ampliou seu ministério. Por sua posição entre os líderes judaicos, era ouvido entre um povo que rejeitava a Igreja Primitiva. Uma coisa é ignorar um pescador; outra é ignorar um dos seus. Paulo reconheceu a obra de Deus em sua vida, e então, por ser humilde, foi usado por Deus.

Depois que meu livro *Mulher de Influência* foi publicado, o primeiro telefonema que recebi foi de uma mulher de uma metrópole no Leste dizendo: "Obrigada, Pam! Sou contadora pública há anos e nunca enxerguei como Deus poderia me usar sendo uma contadora! Mas desde que li seu livro, sinto-me impulsionada a estabelecer um abrigo para mulheres vítimas de violência em nossa comunidade, e ver entendi como minha experiência na área de contabilidade e negócios será útil!" Deus a capacitou para trabalhar com dinheiro por uma razão específica? Sem dúvida! E Deus usará os talentos que ela tem? Sim! Antes que se possa dar início a um ministério voltado para mulheres que foram vítimas de violência, é necessário um imóvel, capital e colaboradores contínuos. As pessoas se sentirão mais dispostas a contribuir com dinheiro sabendo que há alguém qualificada para administrar? Com certeza! Deus sabe quais são seus talentos, dons e pontos fortes, e deseja aproveitá-los ao máximo para seus propósitos e planos.

Quando tive que fazer uma escolha sobre como usaria minha formação acadêmica, eu via diversas opções: professora de educação infantil, Ensino Fundamental ou Ensino Médio; escritora *freelancer*; jornalista de um jornal ou revista; palestrante; líder de mulheres na igreja; editora; dona de casa; relações públicas; ou publicitária. Escrever, palestrar e liderar vieram à tona quando me perguntei: *Quais são as três coisas que faço melhor?* Minha pergunta então passou a ser: "Qual dessas três opções seria mais útil?"

Observe o gráfico na página ao lado (Figura 1 – Multiplicidade). Ao gastar seu tempo desenvolvendo as habilidades que são mais "flexíveis", você economizará tempo, porque estará mais concentrada em um foco. Por exemplo: os alunos que têm uma direção clara na faculdade concluem o curso em menos tempo do que aqueles que ficam mudando de área. Esses mesmos alunos que têm um foco também sabem que estágio, experiências práticas e treinamento serão necessários para conseguirem entrar no mercado de trabalho. Ficar mudando de um lugar para outro na vida tomará um tempo precioso. O foco *poupa* o seu tempo. Em meu diagrama, as habilidade de escrever e palestrar seriam as mais "flexíveis" para afiar não importa que mudança na carreira eu fizesse.

Em um ambiente de reduções corporativas, mercados em constante mudança e economia instável, as mulheres modernas precisam de uma abundância de habilidades "flexíveis" a fim de alcançar seus objetivos lineares. Flexibilidade e adaptabilidade são componentes-chave de objetivos para hoje e no futuro. Com persistência, sonhos podem se realizar reunindo habilidades "flexíveis" que irão ajudá-lo a antever e navegar na mudança.

Se for difícil responder a essa questão, faça a seguinte pergunta a seus amigos e familiares: "O que eu faço bem? Pareço gostar de quê? Sobre o que mais falo?" Onde sua boca está, seu coração tende a estar também! Deus diz: "Ora, vós sois o corpo de Cristo e seus membros em particular" (1 Co 12.27). O contexto desse versículo é que Deus dá

Diagrama circular com "Ensinar" no centro e os seguintes setores ao redor: Mentorear, Conferências, Sala de aula acadêmica, Pequenos grupos, Salas de aula não acadêmicas, Mídia (rádio / TV / etc.), Púlpito.

Multiplicidade
Figura 1

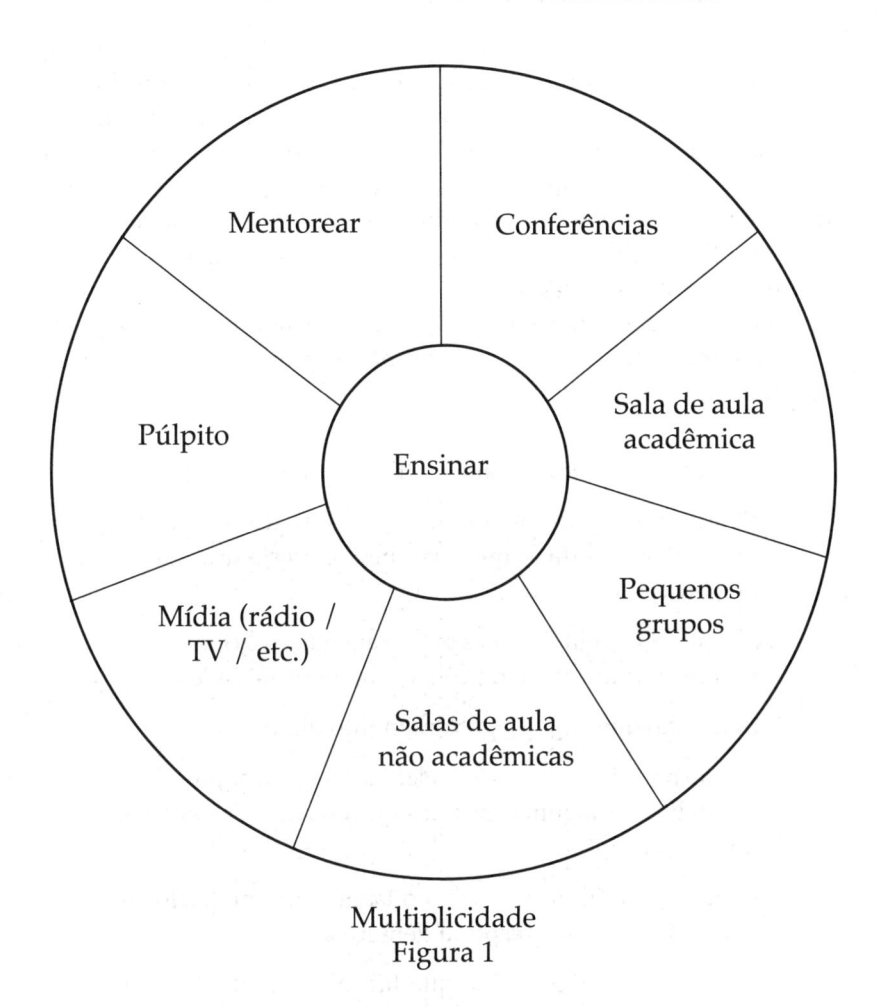

dons a cada membro do corpo de Cristo. Você é tão necessária quanto qualquer outra parte do corpo de Cristo porque *recebeu um dom*!

Em que você não é boa? O que não gosta de fazer? É tão importante saber o que *não fazer* quanto o que *fazer*! Em um bloco de anotações, escreva uma lista com algumas coisas que você prefere não fazer.

Não sou boa na cozinha — não sou Julia Child. Gosto de receber pessoas em minha casa, mas por experiência descobri que prefiro visitas curtas (no máximo, por uma semana!) a visitas longas (de meses ou anos). Pelo fato de o nosso mundo envolver tantas pessoas, acho que Bill e eu precisamos que o nosso lar seja um lugar onde haja expectativa de poucas pessoas. Isso significa que nunca cozinho ou hospedo pessoas? Não, apenas significa que, na medida do possível, tento fazer o que Deus me dá condições de fazer. Posso não preparar biscoitos para os colegas de classe de meus filhos — mas porque desejo ser uma mãe dedicada, vou colaborar escrevendo informativos da escola ou dando aula em oficinas de produção textual. Quais são as duas ou três coisas que mais a deixam tensa?

Nem sempre é fácil dizer "não". Quais são algumas formas de recusar propostas quando você não se sente chamada — mas está sendo recrutada?

10 Formas de graciosamente dizer "não" às pessoas:

1. Parece uma oportunidade maravilhosa; gostaria de ter tempo. Estou certa de que outra pessoa receberá a bênção de participar.

2. Oh, eu gostaria muito, mas minha agenda está cheia. Você poderia entrar em contato em outra oportunidade?

3. Uau, acho que _____ gostaria muito disso.

4. Eu não poderei, mas se você telefonar daqui a alguns dias, posso indicar algumas pessoas que estariam dispostas e interessadas.

5. Deixe-me verificar minha agenda. Se você me telefonar amanhã, darei uma resposta definitiva.

6. Você deve ser tão boa no que faz! Merece pessoas que estejam à altura, e tenho receio de que não atenderei à expectativa nessa área. No entanto, estou disposta a (faça uma proposta que se encaixe à sua vida).

7. Oh, sinto muito! Por favor, coloque meu nome na lista para entrar em contato na próxima vez (no próximo ano, etc.).

8. Não, eu não posso fazer isso desta vez. Sei que a desapontei, e talvez a tenha deixado em uma situação difícil. Mas peço que me compreenda. Haverá um momento que poderei fazer o mesmo por você.

9. Por favor, perdoe-me por não aceitar.
10. Você é uma pessoa maravilhosa. Sabe que a amo como uma (irmã, filha, mãe, etc.), mas tenho que dizer "não" desta vez.

O que merece seu tempo? Trabalhar fora de fato ajuda financeiramente? Escreva quanto custa você trabalhar fora. Inclua despesas com a creche ou babá, roupas, alimentação, um carro extra ou o desgaste em seu carro, e comida congelada ou comendo em restaurantes. Talvez você descubra que não está lucrando tanto quanto imagina. Quando nossos três filhos estavam na pré-escola, Bill e eu fizemos um teste que indicou que meu salário teria que ser maior que o seu salário líquido — além de perder muitos momentos intangíveis e preciosos que o dinheiro não pode pagar. Tente olhar seus talentos a partir de diferentes paradigmas: trabalhar fora, parceria na criação dos filhos, trabalhar meio expediente, etc. Dizer "não" a um método de trabalho pode ajudá-la a dizer "sim" a outras prioridades. Por outro lado, pode ser mais vantajoso contratar alguns serviços a fim de ter mais tempo para as pessoas e atividades de que mais gosta. Digamos que você precisa de 15 horas semanais para manter a casa arrumada. Se fizesse algumas horas extras no trabalho, ou realizasse uma venda a mais, ou tivesse mais uma fonte de renda, poderia contratar uma empregada para ajudá-la e reduzir o tempo que gasta arrumando a casa para três ou quatro horas por semana — ganhando um merecido dia de folga. Acho que o maior obstáculo que algumas mulheres enfrentam é a pressão social ou pessoal de acharem que tem de fazer todo o serviço doméstico. Tente registrar todos os seus gastos durante um mês. Você pode abrir mão de algumas despesas para dizer sim a algumas prioridades.

Às vezes é apenas um "não" temporário. Tento olhar a minha vida pelo prisma das estações. Termino uma responsabilidade, por exemplo, fazendo um retiro de inverno, antes de assumir o papel de mãe de equipe na primavera. Isso significa que não participo da temporada de basquete, mas posso participar da temporada de beisebol. Às vezes, um sim equivale a um não. Como levo meu filho à reunião do grupo jovem todas as terças-feiras, aproveito melhor meu tempo me colocando à disposição para dar carona aos seus amigos, e assim me mantenho informada sobre sua vida. Como já estou lá, com frequência me apresento como voluntária para tarefas mais simples durante aquela hora.

Quais são meus sucessos? Escreva cinco a sete parágrafos descrevendo ocasiões em que serviu aos outros (no trabalho, como voluntária, no ministério) e teve a sensação de que ser bem-sucedida (pessoas receberam ajuda, foram encorajadas, transformadas). Por que você gostou da experiência? Por que acha que obteve êxito? (Sinta-se livre para voltar no tempo o quanto quiser.) Quando terminar, circule ou sublinhe palavras ou temas em comum.

Quando fiz essa atividade, percebi que sirvo melhor quando sou livre para ser uma líder visionária. Gosto muito de criar algo a partir do nada. Uma vez que se torne repetitivo e a rotina se instale, fico entediada e almejo um novo desafio. Então, o melhor uso de meu dom de liderança e comunicação ocorrem quando me permitem agir com liberdade. É por isso que me sinto à vontade para estar à frente de uma organização — principalmente uma que criei para alcançar um objetivo predeterminado. Sinto-me mais realizada em um plano que é flexível o bastante para me permitir novos desafios. A igreja em que sirvo é muito apropriada porque os membros são muito dispostos a me dar liberdade para desenvolver ideias.

Outro padrão que observei quando escrevi meus parágrafos foi a palavra "ensinar". Ela foi usada várias vezes, mas nunca em um modelo "dia sim, dia não" ou que eu tenha ensinado o mesmo conteúdo por 25 anos! Amo ensinar quando também posso inovar.

Qual é minha singularidade? Há algumas coisas que você faz que a maioria das pessoas não consegue fazer tão bem ou com o seu estilo e talento! Sua singularidade lhe dá destaque. Pode ser a torta de maçã que você prepara (e o amor envolvido no preparo). Poderia ser sua arte, seu modo de falar, sua hospitalidade, sua forma clara de pensar.

A escritora Daisy Hepburn recomenda: "Faça primeiro aquilo que só você pode fazer"[2]. Sou a única que pode amar meu marido. (Senão estaremos nas manchetes dos jornais também.) Sou a única que pode amar meus filhos. Outras pessoas podem limpar minha casa se for necessário — mas não podem nutrir e instruir aqueles jovens corações. O que você faz que ninguém mais pode fazer?

John Maxwell, especialista em liderança, apoia a delegação de tarefas. Se alguém faz tão bem 80% do que você faz, Maxwell incentiva a delegação a partir desse ponto. Então ficaremos livres para fazer os 20% que são exclusividade nossa.

Quando Bill e eu estávamos construindo nossa casa, o projeto demorou muito mais do que o previsto, e usamos nossas finanças até o limite. Por um tempo, achei que poderíamos ter perdido a casa que trabalhamos tanto para construir. Lembro-me de orar em um momento de devocional: *Deus, estou tão frustrada. Não acredito que isso está acontecendo. Trabalhamos tanto, principalmente Bill. Cheguei poderia ficar irada com ele. Ele nos trouxe a essa situação. Mas, Deus, ele é o que tenho de melhor em minha vida depois do Senhor. Tenho mais oportunidades de falar do Senhor por causa do amor que Bill e eu compartilhamos do que por qualquer outro motivo. Então, Senhor, vou escolher agora. Eu poderia resmungar com Bill, choramingar, reclamar,me apavorar ou reagir de várias outras formas — contudo, não farei isso, embora seja como que sinto. Mesmo que percamos esta casa, não deixarei que essas adversidades me separem de Bill. Não deixarei que me separem de ti.*

Naquele momento eu *sabia* que o que tinha com Bill não era apenas bom, era singular. Tínhamos um amor duradouro. Dentro de um ano, recebemos nossa primeira oportunidade para escrever sobre relacionamentos — e ainda moramos na casa que Bill construiu.

Uma forma de aproveitar ao máximo a singularidade que Deus colocou em sua vida é praticando a multiplicidade (veja a Figura 2 – Multiplicidade, (na próxima página). Ao identificar algo que a torna especial e usar de tantas maneiras quanto possível, você poupa um tempo precioso e administra melhor o tempo e o talento que Deus lhe deu. Por exemplo, se escrevo um artigo para uma revista sobre comunicação conjugal, ele também pode fazer parte do capítulo de um livro, adaptá-lo para usar em um jornal, em nosso programa de rádio ou em uma conferência. Também poderia ser usado na internet ou em uma série de vídeos. Um trabalho escrito usado de sete maneiras diferentes e mais centenas de pessoas podem ser encorajadas pela mesma mensagem enviada em várias direções. Como você pode usar seu talento em outro contexto?

Minha amiga Jesse Dillenger é conselheira matrimonial e familiar, e encoraja suas clientes a perguntar: "O que trará o máximo de glória a Deus?" Pode ser que você precise delegar para que seus talentos singulares sejam mais bem aproveitados, usar a multiplicidade para expandir seu tempo e talentos, ou simplificar uma parte de sua vida. Desta forma você terá mais tempo na área em que é mais eficiente para tocar vidas, criando oportunidade para mudança e crescimento que

Diagrama circular com "Informação de amor" no centro, rodeado pelos seguintes segmentos:

- Programa de rádio - *Momentos Românticos*
- Comércio de livros
- Aconselhamento
- Discurso de conferência
- Colunas em jornal
- Artigos em revistas
- Audio Video CD-Rom
- Website
- Convidados para TV e rádio
- Ministério de pequenos grupos da igreja local
- Doação de livros

Multiplicidade
Figura 2

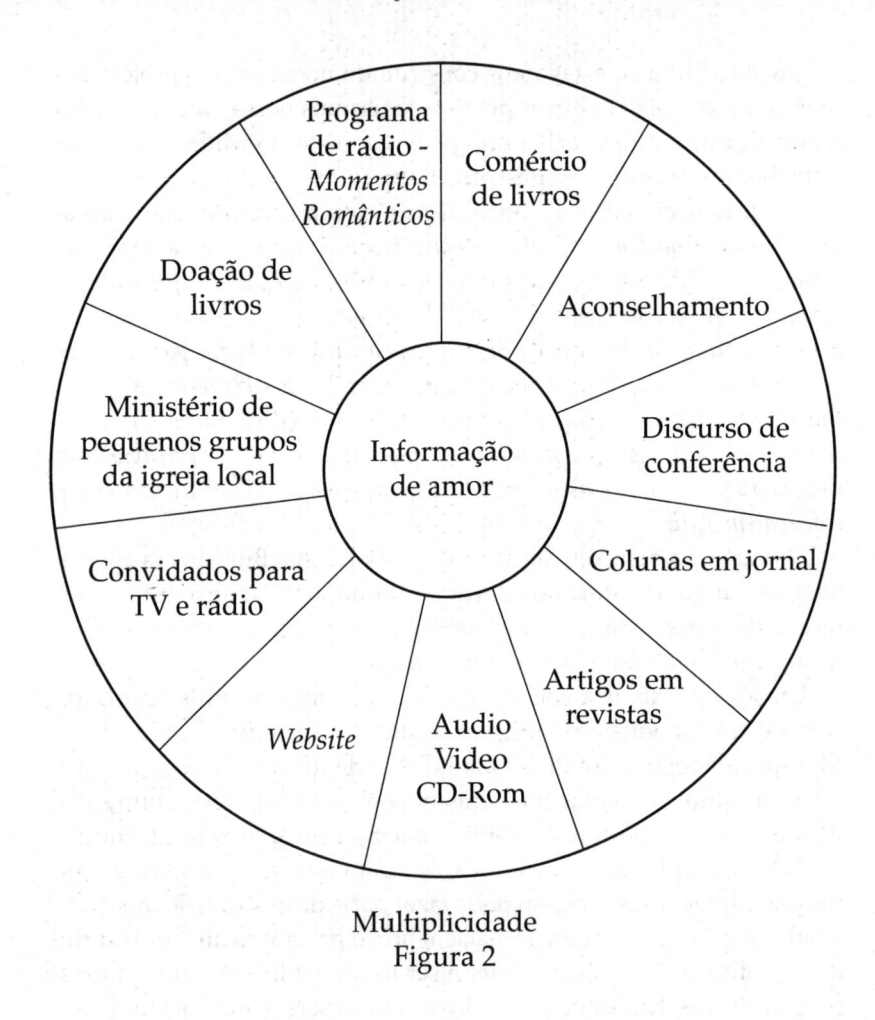

vem de Deus. Se queremos ser usadas por Ele, não podemos ter medo da oportunidade só porque as pessoas ao nosso redor podem estar com medo de mudar.

De que marcos espirituais você se lembra? Com frequência, ao olharmos para trás, podemos ver como Deus nos preparou de forma singular. Você pode ter aprendido mais de um idioma, ou ter sido criada em outra cultura, ou ter recebido instrução especial. Deus também é especialista em transformar um sofrimento em plataforma para um ministério. A sarça ardente foi um marco para Moisés. Ele sabia que Deus havia falado com ele em um momento específico. Moisés teve outros marcos também. Ele foi salvo quando outros bebês foram mortos pelo faraó. À medida que crescia, deve ter se perguntado: "Por que eu? Por que fui salvo?" Ele foi educado no Egito. Quando Deus o enviou de volta ao Egito, quem em todo o Israel estaria mais bem preparado para falar com o soberano do que alguém que fora criado no palácio? Você não pode fazer tudo — você é uma só. Deus preparou marcos para sua vida por uma razão. Ele os usa para direcionar o seu caminho. Winston Churchill declarou: "Senti-me como se caminhasse de mãos dadas com o destino e como se toda a minha vida pregressa tivesse sido apenas uma preparação para essa hora e essa provação".[3]

Tenho alguns marcos em minha vida. Minha mãe me inscreveu em um concurso de oratória quando eu tinha 9 anos de idade. Fiz um discurso sobre "As Partes de um Cordeiro", e ganhei a medalha de ouro. Pelo fato de reconhecerem meu potencial, minha mãe e minha avó me levavam a todos os grupos de voluntários e filantrópicos de que participavam, e eu apresentava um discurso, uma canção, uma coreografia ou encenação. Eu me sentia confortável diante do público. Enquanto a maioria das pessoas prefira fazer qualquer outra coisa a falar em público, sinto-me em casa nesse tipo de situação. Quando reflito sobre o número de experiências de ensino que tive, sei que fui feita para compartilhar informação. Todas aquelas experiências em meu passado são marcos para me conduzir a um foco em meu futuro. Graham Green afirmou: "Sempre há um momento na infância em que a porta se abre e deixa o futuro entrar".[4]

Os marcos também podem dirigi-la a grupo(s) de pessoas que Deus quer alcançar. Bill e eu nos conhecemos na faculdade em uma conferência de líderes estudantis. A maioria dos casais não se casam aos 20 anos. E muitos nunca recebem o grande treinamento em habilidades relacionais que Bill e eu recebemos. A maioria não tem a oportunidade de ensinar e instruir outros para desempenhar essas habilidades desde o primeiro dia em casa depois da lua de mel! Oportunidades são um marco. Lucas 12.48 explica a importância de ser um despenseiro dos marcos em sua vida: "E a qualquer que muito for dado, muito se lhe pedirá, e ao que muito se lhe confiou, muito mais se lhe pedirá".

Que legado quero deixar? Quando minha avó faleceu, todos os netos viajaram de todas as partes do país, de carro ou de avião. Não combinamos o que cada um diria. Mas quando cada um chegava à tribuna com o que havia preparado, se tornava óbvio qual era o legado que minha avó deixara. Todos nós, usando uma variedade de palavras, falamos as mesmas coisas sobre o quanto ela era hospitaleira. Minha avó sempre arranjava tempo para oferecer biscoitos caseiros e leite ou café a qualquer pessoa quem quer que aparecesse em sua casa. As pessoas sabiam que sempre teriam um lugar para passar a noite — ou duas — ou até mais tempo se precisassem de um teto sobre a cabeça. Ela era uma excelente cozinheira e extraordinária líder de torcida dos sonhos de seus netos. Embora não tivesse concluído o Ensino Médio, incentivou seus netos a continuarem os estudos e se graduarem, e viveu para ver cinco diplomas pendurados na parede.

O que você quer que digam a seu respeito em seu funeral? A cada dia você está vivendo o legado que um dia deixará.

Qual é a sua missão? Se refletiu sobre as perguntas anteriores, as respostas a ajudarão a conduzi-la à sua missão, seu foco na vida. Tente resumir o que aprendeu com essas perguntas em uma declaração de missão que explique o que você fará, o que deseja fazer, o que se compromete a fazer. Aqui está um exemplo da declaração de missão que Bill e eu estabelecemos no início do nosso casamento.

> Nós, Bill e Pam, temos o desejo de cumprir a grande comissão usando nossas habilidades em um ministério profissional, com o foco em usar os dons de comunicação que Deus nos deu. Estamos comprometidos como discipulado pessoal como um estilo de vida. Queremos que nossa casa seja um oásis onde aqueles que entrarem possam ver Cristo trabalhando em nosso casamento e em nossa família, e onde possam encontrar esperança. Estamos comprometidos com diversão e amizade. Valorizamos mais as pessoas do que as coisas. Preferimos recordações a bens materiais. Temos o compromisso de criar nossos filhos de modo que tenham oportunidades de experimentar os benefícios de conhecer a Jesus de modo pessoal e caminhar com Ele. Temos o compromisso de ajudá-los a descobrir seus talentos e prepará-los para ajudar a cumprir a grande comissão, e a terem uma vida divertida e realizada.

Essa declaração de missão serve como um padrão. Quando oportunidades cruzam minha mesa, verifico se elas se enquadram no padrão para ver se merecem um lugar no topo de minha lista de prioridades. Por causa de nossa declaração de missão, no topo da lista estão as oportunidades que nos permitem impactar outros a conhecerem a Deus de modo pessoal. Perto do topo estão a formação de recordações para nosso casamento e família, o desenvolvimento de amizades e o uso de nossos dons de comunicação.

Nem sempre é fácil viver com as decisões que uma declaração de missão torna mais clara — mas seu uso é estratégico. Quando surgiu a oportunidade de escrever nosso primeiro livro, ainda precisávamos fazer um jardim. Nossa cerca ainda não estava pronta. Mas como as pessoas são mais importantes do que as coisas, e como a comunicação que edifica matrimônios e famílias é uma prioridade para nós, interrompemos a cerca e o jardim. Minha cerca pode nunca provocar um impacto na vida de alguém para Deus, mas o livro sim.

Fazer essas escolhas não é simples, mas necessário. O Dr. Archibald Hart declarou: "Devemos ser firmes com aqueles que entulhariam nossa vida com trivialidades. Devemos ser claros acerca de nossas prioridades a fim de que possamos tomar boas decisões sobre o que faremos ou não".[5]

O urgente pode se tornar um capataz tirano. Dr. Hart e um colega estavam trabalhando em um projeto com prazo. Parecia importante para ambos que o trabalho fosse concluído — mas com eficiência. Um dia, o Dr. Hart lembrou ao seu colega: "Precisamos terminar logo!" Naquela noite, o Dr. Hart se viu diante do corpo sem vida do seu amigo. Seu colega de trabalho tivera um ataque cardíaco naquela tarde. "De repente, minhas palavras 'Precisamos terminar logo!' não tinham mais sentido. A morte tem uma forma de reordenar as prioridades... deixamos de ver com os olhos de uma minhoca e passamos a ver com os olhos de um pássaro".[6]

Um senso de missão pessoal extrairá mais da vida — e ajudará a sintonizar seu ouvido à voz de Deus. Ao considerar as perguntas acima diante de Deus, recebemos um padrão de Cristo. Então toda decisão passa pelo padrão, poupando tempo e energia — energia que antes poderia ser gasta com preocupação! O foco nos ajuda a investir na vida que Deus nos deu. O foco nos ajuda a gastar o tempo com sabedoria. Lillian Dickson afirmou: "A vida é uma moeda. Você pode gastá-la como quiser, mas apenas uma vez".

Quando regulo meus passos e baseio minhas decisões em minha missão, ganho a habilidade de retroceder e olhar o grande quadro. Posso então fazer escolhas para descobrir meu lugar no plano de Deus. Quando reservo tempo para ver o que Ele já fez em minha vida, todas as peças se encaixam mais facilmente. Quando junto as peças que Deus já me mostrou, a vida não se parece mais com um quebra-cabeça.

Pontos de Decisão

Reveja o modo como Deus a vê neste capítulo, e olhe novamente no espelho. É como você se vê?

Reserve tempo para responder a todas as perguntas para identificar seus dons e maximizá-los. Que decisões Deus quer que você tome a fim de aproveitar ao máximo seus pontos fortes singulares?

Escreva uma declaração de missão usando as respostas às perguntas acima. Deixe essa declaração exposta em um lugar onde você possa ver com frequência a fim de reforçar naturalmente seu padrão para tomada de decisões.

SEIS

Decida Ser Bem-Sucedida em cada Estação
Lidando com as Transições da Vida para Obter o Máximo de cada Fase

Você acredita que ao longo da vida de uma mulher americana, em média, passa cinco anos em filas, seis meses no sinal vermelho e um ano tentando falar com alguém ao telefone? Passamos seis anos comendo, um ano procurando nossos pertences, oito meses abrindo correspondências de propagandas e quatro anos fazendo serviços domésticos!¹ (Só quatro anos?) No total, nossos cuidados pessoais e viagens (a maioria indo e voltando do trabalho) ocupam quase a metade da nossa vida!²

As estatísticas mostram que as mulheres que trabalham fora estão trabalhando 233 horas a mais por ano do que as mulheres de 30 anos atrás. As mulheres fazem dois terços do trabalho doméstico e quatro quintos das tarefas relacionadas a cuidar dos filhos.³ Outras pesquisas, porém, contestam as afirmações das massas sobrecarregadas e que reclamam, dizendo que não é verdade que elas estão trabalhando mais horas. Uma pessoa na média só está trabalhando, de fato, 37 horas por semana.⁴ Embora a carga horária de trabalho semanal, em média, seja de apenas 37 horas, ao mesmo tempo os analistas concordam que certos grupos trabalham mais: mulheres na faixa dos trinta e quarenta anos, e aquelas que nasceram no período conhecido como *baby boom*.

Metade das mulheres americanas dizem se sentir mais estressadas nos dias atuais, e dois terços afirmam que o estresse afeta sua saúde e sensação de bem-estar.[5] No Canadá e na Grã-Bretanha, as estatísticas são semelhantes. Em um estudo realizado por periódicos, em que as pessoas escrevem como gastam seu tempo, o tempo de lazer se ampliou — no entanto, geralmente em pequenos aumentos —, mas quase todo esse tempo foi gasto assistindo à televisão.[6]

A principal razão para muitas de nós nos sentirmos como se não tivéssemos mais tempo livre como antes é porque não temos nada tangível para mostrar como resultado do tempo que passamos assistindo à televisão.

> Algumas pessoas estão se sentindo sobrecarregadas porque têm muitos papéis para desempenhar... Além disso, o trabalho pode parecer mais longo agora porque o ritmo e a ansiedade se intensificaram. Hoje, em média, um trabalhador gera cerca de 30% mais produtos e serviços do que a geração anterior. Mas as recompensas não parecem ter acompanhado o ritmo da pressão... Reclamações sobre longas semanas de trabalho são, no mínimo, corretas em um senso histórico. Embora os trabalhadores de hoje não enfrentem a brutal jornada semanal de 60 horas de trabalho comum no início da era industrial, ainda estão trabalhando entre as jornadas de trabalho mais longas na história da humanidade. Na era medieval, por exemplo, os escravos trabalhavam longos dias nos campos, mas tinham mais de 100 dias de folga no ano.[7]

Graças aos laptops, smartphones e modems wireless, você provavelmente trabalha quase o tempo todo, durante o dia e à noite. "O segredinho sujo da era da informação é que uma porção cada vez maior do trabalho sai do horário de trabalho oficial que o governo reconhece e os funcionários admitem", escreveu o economista Stephen S. Roach no *New York Times*.

A tecnologia wireless significa conhecimento de que os trabalhadores agora podem trabalhar o tempo todo — no carro, a caminho do trabalho ou de casa; em aviões durante viagens de negócio; em casa. Nós nos tornamos ligadas ao nosso local de trabalho, e dificilmente conseguimos escapar. Jon Katz, em seu artigo "How Many Hours Did You Work" [Quantas Horas Você Trabalhou], explica que "é grande a probabilidade de você estar sobrecarregado ou não receber pagamento, ou, no mínimo, não ser compensado perto das horas que trabalha".[8]

O tempo importa. Um poema de autor anônimo resume o valor de passar horas, minutos e momentos de forma muito concisa:

O Valor de um Momento
Para entender o valor de UM ANO,
pergunte ao estudante que foi reprovado.
Para entender o valor de UM MÊS,
pergunte a uma mãe que teve um bebê prematuro.
Para entender o valor de UMA SEMANA,
pergunte ao editor de um jornal semanal.
Para entender o valor de UMA HORA,
pergunte aos apaixonados que estão esperando para se encontrar.
Para entender o valor de UM MINUTO,
pergunte a uma pessoa que tenha perdido o trem.
Para entender o valor de UM SEGUNDO,
pergunte a uma pessoa que acabou de escapar de um acidente.
Para entender o valor de UM MILISSEGUNDO,
pergunte a uma pessoa que ganhou a medalha de prata nas Olimpíadas.

Um Foco Claro

Cada dia nos dá uma fortuna de 24 horas. Como podemos aproveitar ao máximo nosso tempo de maneira que trará glória a Deus, suprirá as necessidades daqueles que amamos e nos permitirá experimentar a satisfação pessoal?

Muitas de nós nos sentimos desgastadas, agitadas e frenéticas por causa do ritmo da vida. Como você sabe que está ocupada demais? Você está ocupada demais quando:

Limpar o local de refeições significa tiras as embalagens de *fast-food* do banco de trás do seu carro.

A razão de você não estar em contato com a família é o fato de eles não terem um e-mail.

Você tem uma lista de tarefas que inclui pausas para o almoço e para ir ao banheiro, e geralmente essas pausas não acontecem.

Você considera o serviço de entrega rápida extremamente lento.

O gabinete ao lado de sua mesa de trabalho se tornou sua mesa de jantar.

Seu conceito de organização corresponde a notas em Post--It multicoloridos.

Sua lista de compras está na porta da geladeira há tanto tempo que os produtos nem existem mais.

Você fica empolgada quando é sábado e pode trabalhar de moletom.

Você descobre que de fato precisa de uma apresentação em Power Point para explicar o faz para viver.

Você acha que "progresso em um plano de ação" e "agendar um projeto" são assuntos aceitáveis nas refeições em família.

Você conhece mais as pessoas que trabalham no aeroporto do que os seus vizinhos.

Você acha que "meio expediente" significa sair às 17 horas.

Você considera mais estratégico comprar roupas íntimas e meias novas do que encontrar alguma no quarto de seus filhos para lavar.[9]

    Não precisamos nos sentir como se estivéssemos tentando manter a vida em ordem em meio a um furacão. Há algumas coisas que podemos fazer para ganharmos a sensação de garantia, confiança e a paz de estar em um lugar seguro.
    Deus quer que aproveitemos o nosso tempo da melhor maneira possível. Ele quer que tenhamos um foco claro e uma vida estável em

um mundo instável. Ele até nos diz que podemos fazer isso. Duas vezes Ele fala sobre "estar firme". Uma vez como um alerta: "Assim, aquele que julga estar firme, cuide-se para que não caia!" (1 Co 10.12, NVI). Uma vez como um elogio: "Pois agora vivemos, visto que vocês estão firmes no Senhor" (1 Ts 3.8, NVI). Pense sobre isso. Nossas vidas, por mais frenéticas e agitadas que sejam, não podem ser tão ruins quanto a vida na época da igreja do primeiro século. Por causa da perseguição aos cristãos, a qualquer momento famílias poderiam ser divididas, negócios eram confiscados e pessoas eram jogadas na prisão, agredidas por multidões em fúria ou lançadas em uma arena para serem comidas por leões. Era uma guerra contra os cristãos, que não tinham outro lugar para onde fugir exceto Deus. Todavia, Deus declarou a respeito daqueles em Tessalônica, uma igreja fundada a partir do ensinamento de Paulo em meio à controvérsia da agitada cidade portuária: "vocês estão firmes no Senhor". Na carta aos crentes em Tessalônica, o apóstolo Paulo elogia o foco deles:

> Pelo que também damos, sem cessar, graças a Deus, pois, havendo recebido de nós a palavra da pregação de Deus, a recebestes, não como palavra de homens, mas (segundo é, na verdade) como palavra de Deus, a qual também opera em vós, os crentes. (1 Ts 2.13)
>
> Vindo, porém, agora, Timóteo de vós para nós e trazendo-nos boas novas da vossa fé e caridade e de como sempre tendes boa lembrança de nós, desejando muito ver-nos, como nós também a vós. (1 Ts 3.6)

Paulo elogia o modo como eles receberam a Palavra e a colocaram em prática. O princípio é simples, mas praticamente temos que batalhar a vida toda para mantermos o foco. Deus nos diz que somos filhos da promessa (Gl 4.28). O contexto desse trecho das Escrituras é o contraste entre Ismael e Isaque, os dois filhos de Abraão. Somos comparadas a Isaque, somos filhas da promessa. Deus prometeu a Abraão (veja Gn 15.5) que lhe daria descendentes tão numerosos quanto as estrelas. Deus também tinha uma terra para Abraão possuir. Ponto-chave: Abraão só recebeu a bênção quando "acampou" na promessa. Quando Abraão cumpriu seu propósito, desfrutou da promessa. Quando ele se esqueceu da promessa e assumiu o controle de sua vida, os resultados foram negativos. Surgiram conflitos entre sua esposa e o filho da promessa e sua serva e o filho dela — uma criança concebida quando não acreditavam de fato na promessa.

Deus tem promessas para nós. Ele promete nos dar uma esperança e um futuro (Jr 29.11). Promete que a verdade nos libertará (Jo 8.32). Promete que teremos uma vida abundante (Jo 10.10), uma esperança que não nos decepciona (Rm 5.5) e paz que excede o entendimento (Fp 4.7). Ponto-chave: quando cumprimos o propósito de Deus, desfrutamos a bênção dessas promessas. Então como podemos filtrar tudo que a vida promete para vivermos o propósito que Deus tem para nós? Primeiro temos que entender por que estamos tão estressadas!

Por que nos Sentimos tão Pressionadas?

Acho que a Bíblia explica claramente a razão por que nos sentimos assim. Tiago, irmão de Jesus, explica o dilema desta forma: "Digo-vos que não sabeis o que acontecerá amanhã. Porque que é a vossa vida? É um vapor que aparece por um pouco e depois se desvanece" (Tg 4.14).

Tiago está fazendo a mesma pergunta que nós. O que é significativo na vida. "O que é a sua vida?" é uma pergunta que poderia significar "de que personagem é a sua vida?" Tiago prossegue para nos dar mais uma das afirmações "Você é" na Bíblia. *Você é um vapor!*

Todas nós somos um vapor e não podemos mudar isso. Uma amiga minha que teve que lidar com câncer de mama várias vezes tem uma resposta maravilhosa quando as pessoas expressam tristeza por causa do seu diagnóstico. Ela simplesmente diz: "Tudo bem. Todas nós somos terminais". A vida é curta, e o índice de mortalidade ainda é de 100%.

Embora a vida seja curta, Deus tem muitos planos para ela! A vida vem embalada previamente por Ele. Efésios 2.10 nos dá um vislumbre disso: "Porque somos feitura sua, [criadas] em Cristo Jesus para as boas obras, as quais Deus preparou para que andássemos nelas". E Eclesiastes 3.1-8 diz:

> Tudo tem o seu tempo determinado, e há tempo para todo propósito debaixo do céu:
> há tempo de nascer e tempo de morrer; tempo de plantar e tempo de arrancar o que se plantou;

tempo de matar e tempo de curar; tempo de derribar e tempo de edificar;
tempo de chorar e tempo de rir; tempo de prantear e tempo de saltar;
tempo de espalhar pedras e tempo de ajuntar pedras;
tempo de abraçar e tempo de afastar-se de abraçar;
tempo de buscar e tempo de perder; tempo de guardar e tempo de deitar fora;
tempo de rasgar e tempo de coser; tempo de estar calado e tempo de falar;
tempo de amar e tempo de aborrecer; tempo de guerra e tempo de paz.

Logo, há algo para aquele dito cínico: *A vida é curta e então morremos*. Mas isso soa meio ríspido e negativo para mim! Prefiro perguntar a Deus: "Quais são as fases da vida e como posso maximizar minha influência durante essas fases?"

Um Lugar para Começar

O início da trilha: Toda a nossa juventude fornece o cenário, a base para as decisões que precisamos tomar nesse importante primeiro passo de vida. Quando mentoreio estudantes universitárias e jovens casadas, encorajo-as a usar as perguntas no capítulo 5 (Decida Fazer o Melhor) para tomarem algumas decisões importantes. Em que vou me especializar? Para qual faculdade irei? Onde vou trabalhar — por quanto tempo? Como vou saber se escolhi a pessoa certa? Devo me casar, e, se for o caso, quando? A fim de desvendar seu futuro, uma jovem precisa tomar algumas decisões-chave:

> *Decida que Deus a ama*. Quanto mais convicção tiver do amor de Deus por você, mais ouvirá a voz dEle e então confiará quando Ele mostrar a direção.
>
> *Decida que você se ama*. Quando você se valoriza, não se sente tentada a "se acomodar". Você não se acomoda nas aspirações quanto à sua carreira; não se acomoda em relacionamentos românticos. Não se acomoda com metas e avanços a atingir na carreira e no ministério.

Decida que os outros também a valorizarão. Agora é a hora de trabalhar as questões de família disfuncional. Não permita que o passado se repita na vida que você imagina, e não permita que você fique presa em padrões familiares ruins. Se seus pais, irmãos ou parentes não a tratam com respeito, siga o caminho certo e trate-os com respeito. Aprenda a amar incondicionalmente e a estabelecer limites claros e sadios. Decida que você não será maltratada por sua família, por amigos, por homens ou por patrões. Não fuja, mas se afaste o suficiente para receber aconselhamento ou orientações de bons mentores e modelos que a ajudarão a aprender como equilibrar o respeito pela família e o respeito por si mesma.

Decida que aprenderá a amar. Aprenda a seguir o caminho certo. Aprenda a ser uma mulher íntegra, mesmo se for difícil. Gosto muito do colar que Josh McDowell deu à sua filha para ajudá-la a se lembrar de como fazer as perguntas certas antes de falar ou fazer alguma coisa. O colar tinha três corações e três pontos de interrogação para lembrá-la de perguntar:

Isso demonstra amor a Deus?
Isso demonstra amor pelos outros?
Isso demonstra amor por mim mesma?

O cruzamento: Um vestido de noiva muda a vida de uma mulher. Outra pessoa, alguém que ela ama e com quem tem intimidade, mudará sua vida — espera-se que para melhor! Mas há uma roupa que mudará sua vida ainda mais: a roupa da maternidade! A decisão de ter filhos é a que terá implicações de longo prazo. A ciência mostra que os filhos ganham mais confiança e segurança mais tarde na vida se tiverem um vínculo com quem cuidou deles na primeira infância.[10] Então a questão não é "Eu sirvo?", e sim "Como posso me tornar um cuidador na primeira infância? Como posso assegurar um início estável e um vínculo seguro com essa criança que eu trouxe ao mundo?" Quando eu estava grávida, fiquei sobrecarregada de informações que lia me encorajando a amamentar porque as crianças obtêm um início mais forte física e emocionalmente quando as mães amamentam.

Crianças entre um e cinco anos têm a necessidade de um ambiente seguro, liberdade para aprender e um pequeno círculo social. Selma Frailberg, como professora da Universidade de Michigan, descobriu que crianças abaixo dos 3 anos se saem melhor quando cuidadas pela mãe, e as crianças entre 3 e 6 anos conseguiriam suportar a ausência da mãe por meio dia, mas não toleraram bem uma ausência prolongada de dez ou doze horas.[11] A questão então se torna: "Como posso ver melhor que essas necessidades são supridas?"

As Cinco Estações da Mulher

Encontrando o Foco: Perguntas Esclarecedoras

1. O Início da Trilha: Encontrando o meu caminho
- Quais são meus interesses?
- Qual é a minha especialização?
- Qual é a minha carreira?
- Terei um cônjuge? (casamento / ficar solteira)

2. O Cruzamento: Maternidade
- Terei filhos?
- Quando terei filhos?
- Quem cuidará deles?
- Quanto tempo dedicarei a eles?
- Como farei escolhas de mãe (trabalhar x ficar em casa; educação dos filhos; disciplina; etc.)?

3. A Avaliação: Meia-idade
- Quem eu realmente sou?
- Quem e o que merece o meu tempo, talento e estima?
- Como posso encontrar um padrão para tomar decisões?
- Por causa da grande expectativa em relação a mim, como estabeleço prioridades?
- Meus relacionamentos vão bem? Que adaptações preciso fazer?

> **4. O Ápice: Menopausa e vida em meio a urgências**
> - Estou cuidando de mim para que possa cuidar de todas as pessoas e prioridades que amo?
> - Que recursos tenho disponíveis para crises em potencial (câncer, problemas da adolescência, meia-idade do marido, cuidar dos pais, etc.)?
> - Tenho as ferramentas para lidar com a situação por um longo período se surgirem problemas?
> - Tenho as ferramentas para administrar a situação e proteger o sucesso no casamento, no ministério, na família e na carreira?
>
> **5. O Legado: Aproveitando ao máximo o descanso**
> - Estou preparada para o ninho vazio?
> - O que posso fazer para aprofundar o relacionamento com meu cônjuge, filhos e amigos?
> - Qual é a minha missão? Como posso deixar um legado duradouro?
> - Estou preparada para a última etapa (aposentadoria, cuidar do esposo doente, minhas próprias doenças e a morte)?
> - O que preciso realizar antes de morrer?

Em meu livro *The Treasure Inside Your Child* [O Tesouro dentro de seu Filho], falo sobre as provas e ferramentas necessárias para descobrir o tesouro dentro de toda criança. Leva tempo — mas vale a pena. Por exemplo, passei a orar por meu filho pequeno, Brock, para que ele deixasse de choramingar e tivesse coragem, e anos depois filmei seu discurso de aprovação quando foi nomeado Cidadão do Ano em San Diego, nomeado Knight of the Year, um prêmio por liderança na faculdade, e quando recebeu homenagens na escola. Tive o privilégio de comprar pizzas para festas evangelísticas que ele organizava, como uma em seu primeiro ano na faculdade em que 45 jogadores compareceram e 26 aceitaram a Cristo. Eu o ensinei a iniciar um estudo bíblico para aqueles atletas e isso o ajudou a fundar uma Associação de Atletas

Cristãos em seu *campus*. Isso levou tempo — mas foi um tempo muito bem aproveitado!

Sei que tenho muita energia e sou uma pessoa intensa. Se eu não tivesse interesses externos ao longo da minha vida conjugal e como mãe, poderia ser tentada a despejar toda aquela energia e intensidade em meu casamento, em minha casa e em meus filhos. Isso não é necessariamente ruim, mas é fácil se tornar uma vida que depende de seus filhos ou permitir que sua identidade se baseie em realizações e não em si mesma. Bill diz aos amigos (e às pessoas que assistem nossas conferências sobre família) que fica contente por eu ter o dom de escrever, como um meio para dar vazão à minha energia, porque ele e os meninos já recebem muitas expectativas de mim!

Assim, há algumas decisões que devemos tomas nesse importante cruzamento da vida:

Decida que pedirá a Deus que a defina como esposa. Ninguém me conhece tão bem quanto Deus — nem meu marido me conhece tão bem. Se eu olhar para os amigos e tentar me comparar com os vizinhos, vou me cansar tentando imitá-los ou ficarei tentada a me orgulhar caso consiga estar à frente deles na competição.

Decida que pedirá a Deus que a defina como mãe. A sociedade oscila entre colocar as mães em um pedestal e o total desprezo e desrespeito. Lembro-me dos anos em que eu era uma mãe que não trabalhava fora. Quando alguém perguntava "O que você faz?" durante um jantar, sentia-me tentada a liberar todo o meu discurso ideológico e responder algo parecido com "Sou uma profissional que está formando a próxima geração de líderes". E fico no outro lado do debate quando vejo mulheres me olhando com o nariz empinado porque viajo e tento ser uma boa mãe, e não faço pão caseiro ou cultivo um jardim.

Tito 2.3-5 é um conjunto de versículos citados com frequência quando tentamos entender nossos papéis: "As mulheres idosas, semelhantemente, que sejam sérias no seu viver, como convém a santas, não caluniadoras, não dadas a muito vinho, mestras no bem, para que ensinem as mulheres novas a serem prudentes, a amarem seus maridos, a amarem seus filhos, a serem moderadas, castas, *boas donas de casa*, sujeitas a seu marido, a fim de que a palavra de Deus não seja blasfemada" (grifo nosso). Ao analisar esses versículos parte por parte, encontrei um comentário que sugeria que "boas donas de casa" eram as mulheres sendo responsáveis pelo lar, pelo casamento e pelos filhos — não que a mulher deve fazer todo o trabalho; ela apenas tem que cuidar para que seja feito o melhor por sua família. Nossos pés podem sair do espaço do lar, desde que nosso coração ainda esteja lá! Decida como seu coração estará voltado para o seu lar.

Decida que pedirá a Deus que a defina como colaboradora para a sociedade. Toda mulher é uma pessoa única. Algumas mulheres podem ter mais responsabilidades do que outras, mas não significa que tenha mais valor para Deus. "E a qualquer que muito for dado, muito se lhe pedirá" (Lc 12.48). Somos responsáveis por nossos talentos e pelo uso que fazemos deles. Se formos um pouco mais capazes que nossa irmã e apesar de patinarmos não desenvolvermos nosso potencial, isso não agrada a Deus. Da mesma forma, se outras pessoas têm mais energia, mais inteligência ou mais tempo, não significa que temos menos valor.

Em vez de viver à altura do nosso potencial buscando agradar a Deus mais do que aos outros, o que fazemos com frequência é deixar que outras vozes nos guiem, e não a voz de Deus. E se deixarmos que os outros nos definam em vez de Deus, seremos tentadas a apenas girar pratos para manter a felicidade de todos (algo impossível!). Em vez de fazer todo o mundo feliz, ficar girando pratos só nos levará a ficar cercadas de louças quebradas.

A Avaliação: Este é um estágio de desenvolvimento pelo qual todas as mulheres passam. Para algumas é um processo de "florescer". Para outras, que estão despreparadas, pode ser como uma crise pessoal. Isso geralmente acontece na vida de uma mulher em algum momento entre os 28 e 38 anos. É quando ela diz: "Amo meu marido e meus filhos, mas a vida se resume a isso — louças, roupas para lavar e responsabilidade?" Ou pode dizer: "Mantive o foco na carreira e agora ouço o tique-taque do meu relógio biológico". Ela está fazendo as grandes perguntas da vida: *Por que estou aqui? Qual é o meu propósito? Qual é a minha paixão?* É nessa fase que uma mulher corre um grande risco de ter um caso extraconjugal. Com frequência ela está atravessando essa fase enquanto o marido está passando pela fase do "super-homem", imaginando que precisa assumir todas as responsabilidades e ter não apenas um emprego, mas uma carreira, pois a vida custa caro! Ele pode estar concentrado demais no trabalho e não perceber os sinais emocionais de sua esposa. Algumas mulheres, interpretando erradamente a rotina agitada dos maridos, procuram alguém para ouvir seu coração. Com frequência esse alguém é um colega do trabalho, um irmão da igreja, um homem da vizinhança — ou de uma sala de bate-papo virtual. Ela nunca pretende ter um caso extraconjugal, mas ao transferir suas necessidades emocionais de seu marido para esse novo amigo, o romance acontece. (E se você acha que sua vida é agitada e complicada agora — nem queira ver o que acontece se um caso extraconjugal entra em cena!) Decisões que protegerão seu futuro ao avaliar sua vida são:

> *Decida que você se comunicará com seu esposo.* Talvez ele esteja muito ocupado construindo a carreira profissional e sendo bom provedor para a família, mas você pode agarrá-lo pelo colarinho enquanto ele corre e dizer: "Eu nos amo muito para deixar a vida nos separar. Posso ter um tempo com você por semana?".
>
> *Decida que compartilhará seus problemas em grupos seguros.* Arranje uma mentora, participe de estudos bíblicos em grupos pequenos ou pague para receber aconselhamentos. Estabeleça limites para o casamento e prometa a si mesma que não dividirá seu tempo ou seu coração com um homem, exceto com seu cônjuge.
>
> *Decida desenvolver-se.* Não se faça de vítima e lamente por nunca ter tempo para si mesma. Procure formas de alimentar seus interesses, talentos e dons, de forma que se encaixe com o resto de suas prioridades. Muitas mulheres dedicam-se à família com uma mentalidade de tudo ou nada. Em vez disso, enquanto seus filhos estiverem na

escola, termine seus estudos. Enquanto seu marido se diverte com os amigos no campo de futebol, pratique exercícios físicos ou faça aulas de arte.

Decida manter os olhos fora de si mesma. Nesta fase da vida, as mulheres podem ficar com os olhos encravados. Já ouvi declarações muito ultrajantes de mulheres de meia-idade, como: "Dá para acreditar? Meu marido trabalha o tempo todo. Ele nunca tem tempo para mim e para as crianças". (Só para descobrir que ela redecorou a casa, estourou o limite dos cartões de crédito e incluiu o marido como colaborador em todo comitê na face da terra — e agora está zangada por ele estar tentando salvar sua classificação de crédito!) Seja razoável. O mundo não para completamente só porque você está nesse tempo de mudança. Sua família ainda tem necessidades, seu cônjuge ainda tem um emprego, sua igreja e comunidade ainda valorizam seu envolvimento. Descobri que quando enfrentamos a vida de forma realista, Deus usa a vida real para responder às perguntas do nosso coração.

O Ápice: Você descobrirá quem você é, e se tornará bem-sucedida também! Então sua vida avançará em velocidade. Seus filhos terão seus próprios compromissos, e você e seu marido podem estar realizados, com carreiras bem-sucedidas, e então, por causa disso, pessoas virão até você querendo seu tempo, seu talento, suas doações, sua sabedoria, seus recursos e seu aconselhamento. É muito fácil ter fases da vida muito naturais, mas bem difíceis também. Na meia-idade, você pode ter filhos adolescentes com seus hormônios em ebulição ou estar planejando e pagando uma festa de casamento após outra — além dos gastos com a faculdade. Nesse mesmo tempo, seu marido pode estar na meia-idade e lidando com seus próprios problemas enquanto você cuida dos pais idosos e atravessa o período da menopausa! Não é de admirar que seja o momento mais difícil no casamento.

Seu marido pode estar em um ponto de reavaliação de si mesmo. Ele está percebendo sua mortalidade. Pode ter problemas de saúde que o fazem sentir vontade ansiar ser jovem outra vez. Quando isso acontece, ele pode desejar brinquedos como um carro novo mais veloz, uma moto ou um novo *hobby* — quero dizer, *bungee jumping*! Também pode se questionar quanto a investir o tempo bem ou corretamente. Pode sentir vontade de mudar de carreira. Alguns comportamentos podem parecer estranhos. Talvez ele desabotoe a camisa, tentando parecer jovem, e você quer gritar "Abotoe essa camisa!". O que ele precisa nessa fase da vida não é de uma mãe, e sim de uma namorada. Então reserve tempo para namorar seu esposo.

Agora você tem uma receita para o estresse por causa da agenda insanamente lotada! Ao mesmo tempo, a menopausa pode provocar aumento de peso ou lapsos de memória (esquecimentos) bem como transpiração noturna, ondas de calor ou questões de saúde mais graves. Assim, junto com o estresse da rotina agitada, você também tem o estresse por causa da autoimagem.

O que você precisa decidir a fim de não apenas sobreviver, mas florescer na meia-idade?

> *Decida que você vencerá!* Mantenha uma atitude otimista. Iniciei um grupo de apoio carinhosamente chamado de "Irmãs Maduras" quando minha filha foi para a universidade. Em nossos encontros mensais, conversamos sobre assuntos relevantes acerca da meia-idade, compartilhamos recursos, oramos — e fazemos algo divertido também! Não seremos capazes de realizar tudo por causa de uma atitude otimista, mas seremos capazes de realizar mais do que poderíamos sendo pessimistas!
>
> *Decida que você crescerá.* Quando os filhos deixarem o lar, faça um curso de sempre teve vontade de fazer, pratique novos *hobbies*, desenvolva novas amizades, principalmente com mulheres que se dedicam a manter um relacionamento profundo e verdadeiro com Cristo.
>
> *Decida investir em relacionamentos.* Quando os filhos saírem de casa para estudar em outra cidade, quando namorarem, se casarem e tiverem filhos, você vai querer passar tempo com a família e com os netos. Isso significa que você precisa aprender novas habilidades a fim de relacionar-se com os agregados. Um bom relacionamento com o genro ou com a nora é a melhor garantia de oportunidade para

desenvolver o relacionamento com os netos. Nesse mesmo período, seu marido estará pedindo mais tempo com você.

O Legado: Esta pode ser a fase mais recompensadora e também a mais desafiadora. Quando seus filhos chegarem à fase adulta, você terá mais tempo. Esse tempo será todo seu. Agora você é mais sábia, mais experiente e tem mais motivação para deixar um legado duradouro. Porém, enfrentar perdas nessa fase pode ser a experiência mais difícil que você já viveu: a morte de seus pais, do cônjuge, de amigos e talvez até de um filho. Que decisões a prepararão tanto para deixar um legado duradouro como para viver com força quando o mundo parece desabar ao seu redor?

Decida que investirá no futuro em vez de viver no passado. Isso a manterá se sentindo viva e bem.

Decida que escolherá a esperança em vez da desesperança. Desistir de viver deixará a sepultura ainda mais perto.

Decida que desfrutará seu relacionamento com Deus em vês de culpá-lo pelas transições da vida. Você se sentirá tentada a culpar Deus por tudo que der errado, mas isso a afastará da maior fonte de força disponível para ajudá-la. Ao se aproximar de Deus, e continuar estudando, orando, memorizando a Palavra e servindo, você manterá sua mente aguçada e seu coração bondoso. As pessoas são atraídas por mulheres graciosas, maduras e tementes a Deus.

A Fonte de Força

As transições da vida podem ser extenuantes. Mas Deus, em seu amor, oferece soluções para o estresse. Enquanto escrevia este livro, eu também estava servindo como inventariante dos bens de meu pai. Tornei-me plenamente ciente do que significa ser uma herdeira. A maioria das pessoas aguarda com interesse pela parte da herança — o dinheiro —, mas o que elas não percebem é que com o dinheiro vem a responsabilidade. Parte do meu trabalho era garantir que todas as contas, dívidas e impostos do meu pai fossem pagos com integridade. Era meu trabalho preservar seu bom nome com os credores. Eu também supervisionava o adiantamento de dinheiro a cada pessoa nomeada no testamento. Sei que com o dinheiro que me foi dado veio uma carga emocional de como gastá-lo ou poupá-lo sabiamente. Era um presente único. Meu pai não voltaria ao mundo e viveria novamente para deixar uma herança outra vez. Havia uma única chance, e minha família confiava em mim para agir com sabedoria.

Isso parece um pouco com o que Deus está dizendo quando nos chama de herdeiras. "E vocês são herdeiros dos profetas e da aliança que Deus fez com os seus antepassados. Ele disse a Abraão: "Por meio da sua descendência todos os povos da terra serão abençoados" (At 3.25, NVI).

O que Deus nos dá? Qual é a herança? Deus escreve:

> Oro também para que os olhos do coração de vocês sejam iluminados, a fim de que vocês conheçam a esperança para a qual ele os chamou, as riquezas da gloriosa herança dele nos santos e a incomparável grandeza do seu poder para conosco, os que cremos, conforme a atuação da sua poderosa força. Esse poder ele exerceu em Cristo, ressuscitando-o dos mortos e fazendo-o assentar-se à sua direita, nas regiões celestiais, muito acima de todo governo e autoridade, poder e domínio, e de todo nome que se possa mencionar, não apenas nesta era, mas também na que há de vir. (Ef 1.18-21, NVI)

Uau! Você entendeu? A "incomparável grandeza do seu poder" está disponível para nós, "os que cremos", — o mesmo poder que ressuscitou Cristo dos mortos. Cristo, que está assentado "muito acima de todo governo e autoridade, poder e domínio", está à disposição para nos ajudar com nossa vida. Cristo, a quem foi dado "todo nome que se possa mencionar, não apenas nesta era, mas também na que há de vir", pode nos ajudar quando estamos em conflito em qualquer fase da vida. Deus nos dá poder. É por isso que essa é a "esperança" para a qual somos chamadas. É por isso que é uma "gloriosa herança". É gloriosa porque o poder, a habilidade, a criatividade e a força de Deus estão presentes para nos ajudar a trilhar o caminho para o qual fomos chamadas. Deus não diz: "Boa sorte! Espero que você consiga!" Não, Ele nos capacita para sermos usadas ao vivermos o chamado por meio do Espírito Santo, e isso resolve tudo. Minha vida se equilibra com mais clareza e menos frustração quando descanso em seu poder em vez de confiar em minhas próprias forças.

Sua cota

Deus quer garantir que saibamos que a herança foi justa. Ele nos diz que o campo de atuação espiritual já foi estabelecido. "Nisto não há judeu nem grego; não há servo nem livre; não há macho nem fêmea; porque todos vós sois um em Cristo Jesus. E, se sois de Cristo, então, sois descendência de Abraão e herdeiros conforme a promessa" (Gl 3.28,29).

Todas nós somos descendência de Abraão. Somos uma em Cristo. O ponto é que "em Cristo" as distinções não existem. Cristo é tão profundo em seu impacto em nossa identidade que todos as outras indicações de quem somos se tornam insignificantes. Raça, nacionalidade, diferenças sociais, alianças políticas e gêneros são considerações pequenas se comparadas à esperança e à transformação que há em Cristo. Nossa nacionalidade, gênero e posição econômica são escolhidas para nós e geram divisão. "Pertencer a Cristo" é uma escolha individual e que resulta em adoção e unidade. A promessa de Deus de lhe dar a força e o poder necessários para viver é garantida não importa sua idade, seu gênero ou sua raça.

Ser descendência de Abraão é uma referência à promessa feita a Abraão acerca de Isaque. Isaque foi uma dádiva de Deus baseada em sua promessa, e não no desempenho de Abraão. Quando entregamos nosso coração a Cristo, ficamos em conformidade com a promessa de Deus que depende da fidelidade dEle, e não do nosso desempenho. Nas fases da vida, às vezes estaremos no topo, e às vezes nos sentiremos no fundo do poço, mas não importa como nos sintamos, o poder de Deus está amplamente disponível para nos encher de esperança e força.

Temos tudo de que precisamos nEle. Em busca do sucesso? Você já tem. Nenhuma herança pode se igualar à que você já tem. Em busca de identidade? Veja novamente a lista "Você é" no capítulo 1. Essa lista descreve a mim e a você! Só precisamos caminhar de acordo com ela. Em busca de vínculo emocional? Seu Criador deseja uma amizade, um relacionamento com você. Em busca de segurança? Nada pode tirar isso de nós!

> Porquanto, ainda que a figueira não floresça, nem haja fruto na vide; o produto da oliveira minta, e os campos não produzam mantimento; as ovelhas da malhada sejam

arrebatadas, e nos currais não haja vacas, todavia, eu me
alegrarei no Senhor, exultarei no Deus da minha salvação.
Jeová, o Senhor, é minha força, e fará os meus pés como
os das cervas, e me fará andar sobre as minhas alturas.
(Hc 3.17-19)

Você quer subir às maiores alturas que Deus preparou exclusivamente para você? Ele a levará até lá independentemente das circunstâncias. Não importa o que aconteça, o Senhor será a nossa força. Deus nos amará em meio a qualquer situação.

Mas em todas estas coisas somos mais do que vencedores,
por aquele que nos amou. Porque estou certo de que nem
a morte, nem a vida, nem os anjos, nem os principados,
nem as potestades, nem o presente, nem o porvir, nem a
altura, nem a profundidade, nem alguma outra criatura
nos poderá separar do amor de Deus, que está em Cristo
Jesus, nosso Senhor! (Rm 8.37-39)

Contudo, a cidadania celestial, o maior privilégio e o chamado mais desafiador, é sua própria terra prometida. Paulo entendeu isso quando escreveu: "Assim que já não sois estrangeiros, nem forasteiros, mas concidadãos dos Santos e da família de Deus" (Ef 2.19). *Vocês são concidadãs. Vocês fazem parte da família de Deus.* Você é uma das filhas de Deus. "Mas nós, irmãos, somos filhos da promessa, como Isaque" (Gl 4.28). *Vocês são filhas da promessa,* uma promessa que se torna realidade!

Deus prometeu Isaque a Sara. Ele prometeu a Abraão que abençoaria as nações por meio de seu filho. Contra todas as probabilidades, Deus fez a promessa — e a cumpriu. Diante da dificuldade, Deus nos faz promessas e as cumpre. Não precisamos nos preocupar se alguém não respeita nossos direitos — isso vai acontecer. Mas isso não apaga as promessas de Deus porque o Senhor está no controle. Decida permanecer firme nas promessas de Deus não importa em que fase você esteja, e assim será bem-sucedida! Deus promete uma recompensa em Tiago 1.12: "Bem-aventurado o varão que sofre a tentação; porque, quando for provado, receberá a coroa da vida, a qual o Senhor tem prometido aos que o amam".

Meu marido com frequência realiza cerimônias de casamento e tem a habilidade de fazer com que as crianças fiquem em seus lugares até o final. As pessoas costumam lhe perguntar: "Como você consegue fazer isso?"

"É muito simples. Coloco duas moedas e peço que a criança fique sobre elas. Então digo: 'Se você ficar quietinha, quando a cerimônia terminar poderá ficar com as moedas".

As promessas de Deus se parecem muito com as moedas. Permaneça sobre elas o tempo que for preciso, e você verá que elas se tornarão realidade!

Pontos de Decisão

Em que fase da vida você está? Reveja as questões e decisões referentes a essa fase. Que decisões você ainda precisa tomar a fim de atravessar essa fase com segurança?

Que será a próxima fase? Pesquise mais sobre a fase que virá para que possa se preparar. Decida ir a uma biblioteca, pesquisar na internet ou conversar com um mentor que já passou por essa fase.

Leia 2 Pedro 1.3: "Visto como o seu divino poder nos deu tudo o que diz respeito à vida e piedade, pelo conhecimento daquele que nos chamou por sua glória e virtude". Como esse trecho das Escrituras a ajuda em qualquer fase? Decida como pode aplicar melhor o poder de Deus na fase em que você está.

SETE

Decida Viver por Amor
Priorizando as Pessoas e o Modo de Relacionar-se com elas

Metade do total de crianças testemunhará o divórcio dos pais. Desse grupo, a metade verá o segundo casamento dos pais chegar ao fim também.[1] No ano 2000, o número de mães solteiras superou o número de mulheres casadas que tiveram filhos. Quase um terço das crianças norte-americanas nascidas desde 1996 eram filhos gerados fora do casamento. O índice de natalidade de filhos ilegítimos aumenta 1% a cada ano. Na comunidade negra, o esse índice é de 69%.[2] Metade das mães solteiras vive abaixo da linha de pobreza. Meninas que vivem em lares com pai ou mãe solteiros e famílias misturadas são duas vezes mais propensas a abandonar a escola e engravidar na adolescência.[3] Meninas criadas por pai ou mãe solteiros em lares que dependem de assistência do governo são cinco vezes mais propensas a ter filhos sem se casar quando comparadas a meninas de famílias íntegras que não recebem auxílio governamental. E um menino criado em um lar de pai ou mãe solteiros no centro da cidade é duas vezes mais propenso a se envolver em crimes quando comparado a um menino em situação semelhante que é pobre, mas vive com o pai e a mãe.[4] O índice de suicídios entre adolescentes triplicou nos últimos trinta anos.[5]

No final de 2002, de acordo com a Organização Mundial de Saúde (OMS), 19,2 milhões de mulheres estavam vivendo com HIV/AIDS em todo o mundo.[6] Só em 1997, 140 mil mulheres foram contaminadas com HIV. A cada seis minutos, uma mulher é estuprada.[7] Setenta e quatro por cento das vítimas de estupro ou abuso sexual conhecem os agressores.[8] Uma em cada quatro meninas será molestada sexualmente — 70% pelo pai ou pela pessoa que representa a figura paterna em sua vida. Um terço de todas as crianças em centros de detenção juvenil são molestadas durante seu desenvolvimento. A cada ano, quatro milhões de mulheres são espancadas por homens com quem elas vivem — a maioria parceiros com quem não são casadas.[9]

O sofrimento é esmagador! Em um mundo com dificuldades tão desesperadoras, como podemos "desacelerar"? Algumas pessoas optam por se mudar para áreas rurais — porém muitas se mudam apenas para descobrir que há necessidades nessas comunidades também! Elas começam a servir novamente, atravessando o município de onde estavam. Dizer "Eu desisto!" e fugir totalmente de fato não é uma opção, porque ser um eremita não é saudável. Então qual é a opção realista?

Sal e Luz

> *Vós sois o sal da terra*; e, se o sal for insípido, com que se há de salgar? Para nada mais presta, senão para se lançar fora e ser pisado pelos homens. *Vós sois a luz do mundo*; não se pode esconder uma cidade edificada sobre um monte. (Mt 5.13,14, grifo nosso)

Qual é a responsabilidade do sal e da luz? O sal pode ser usado com muitas finalidades. O sal é um *conservante*. Quando é necessário conservar carne por muito tempo, uma opção é salgá-la. O sal também é necessário para a preservação da vida — pessoas e muitos animais precisam de sal para sobreviver. Na fazenda em que cresci, blocos de sal eram colocados em lugares importantes para garantir que os animais receberiam seu suplemento nutricional. O sal *limpa*. Soluções salinas são usadas na área médica há anos para diversas finalidades medicinais. O sal é um *tempero*. Comidas simplesmente tem um sabor melhor — principalmente pipoca — quando contém sal. O sal é uma *ferramenta de segurança*. Quando ruas e calçadas estão cobertas de neve, jogar sal sobre elas ajuda a derreter a neve e fornecer tração a quem passa. O sal ajuda o gelo a derreter em uma temperatura mais baixa. Quando fazemos sorvete caseiro, acrescentamos sal ao gelo e o sorvete fica pronto mais rápido. O sal também é adicionado aos aquecedores de água para ajudar a *reduzir elementos abrasivos* na água para que nossa pele fique mais macia e nosso cabelo mais brilhoso.

Então o que Deus quer dizer ao nos chamar de sal? Só o fato de estarmos ligadas com Deus já nos torna singulares. Vivemos uma vida diferente. Nossa vida e valores ajudam a preservar a sociedade. Ter o Espírito Santo habitando em cada uma de nós dá ao mundo uma consciência porque temos um senso ativo de certo e errado. Também temos um desejo dado por Deus de ajudar a preservar a vida das pessoas, assim como um suplemento preserva a vida de quem o consome. Nossa presença limpa os cantos do mundo em que vivemos, e só de estarmos aqui já ajudamos a diminuir o mal corrosivo que correria livremente se não estivéssemos. Somos uma ferramenta de segurança, embora o mundo não reconheça. Nossa presença torna o mundo um lugar melhor, mais seguro, mais tolerável. Por exemplo, você já pensou no que aconteceria se tirassem Jesus do Natal? Não haveria presentes, pois foram os magos que levaram presentes ao Bebê. Não haveria canções natalinas — todas falam sobre Jesus. Não haveria árvore, pois foi Martinho Lutero que iniciou essa tradição. Não haveria estrelas nem anjos — bem, tudo se torna vazio. É quando falta o sal. A vida se torna vazia. Mas vamos ver o que o sal não faz. O sal não grita do saleiro: "Ei, use-me!" E não declara o seu valor: "Ei, você sabia que não poderia andar sem mim nessa calçada cheia de neve?" Ele não assume a responsabilidade de se colocar em um lugar onde é necessário: "Oh, veja, há um corte que precisa ser curado. Acho que vou me lançar sobre o local". Não, o sal fica onde o colocam. O sal fica em seu lugar. Mas o sal se sente bem onde é colocado e como é usado. Pat Clary, fundadora no Women's Ministry Institute [Instituto Ministério de Mulheres], estava liderando um grupo de cerca de 40 mulheres. Para manter a conferência funcionando bem, ela nos encorajava a "ficar no nosso lado da rua". O que ela queria dizer era que se simplesmente ficássemos em nossa área de responsabilidade e submetêssemos as decisões fora da nossa esfera à pessoa certa naquela área, a vida fluiria bem melhor. Isso é algo muito difícil para mulheres. Gostamos de nos importar com todas as áreas. Mas somos apenas sal, salpicado no lugar em que Deus nos colocou — não podemos estar em todos os lugares de uma vez. Às vezes o estresse que sentimos é porque assumimos a responsabilidade de alguém, o território de outra pessoa.

Foi uma lição difícil para eu aprender. Quando meus filhos eram bebês, eu tinha uma amiga casada com um homem que a agredia verbalmente. Ela morava longe de mim. Eu lhe dei números de telefone, contatos de estudos bíblicos, enviei recursos e lhe disse que, caso se sentisse ameaçada, poderia sempre ficar em minha casa até que seu marido recebesse o aconselhamento necessário. Mas eu nunca poderia viver a vida de minha amiga. Ela tinha que ir à igreja e participar de estudos bíblicos. Ela tinha que ler os recursos e estabelecer limites saudáveis e princípios para o relacionamento. Eu não poderia resgatá-la. Somente ela poderia se firmar em Deus, e Ele iria orientá-la. Eu tive que escolher *entregar seus problemas a Deus, e não ser o seu deus*.

Não É Problema seu!

Um dia recebi uma ligação de uma prostituta. Ela não fora sempre uma prostituta. Seu marido era um empresário bem-sucedido, e um amigo em comum tinha conversado com ele. Ele não sabia mais o que fazer com sua esposa viciada em drogas e que havia fugido de casa. Ele não sabia onde ela realmente estava, mas seu amigo disse que tinha uma amiga que poderia ajudar — eu! Ela me ligou enquanto meu filho estava dormindo, então eu tive bastante tempo para conversar com ela. A mulher estava descontrolada. Não comia há vários dias. Ela havia se vendido na noite anterior para comprar drogas, e estava se sentindo nervosa de novo, como se precisasse de algo mais forte. Ela estava com medo de se prostituir outra vez porque na noite anterior o cliente havia sido muito físico e a espancara. Continuei perguntando onde ela estava, e tudo que respondia era que estava em um apartamento em San Diego. Isso não adiantava muito! Ela chorava, se lamentava e às vezes não fazia sentido. Disse-me que não tinha roupas limpas, lençóis limpos nem toalhas limpas, e insetos e ratos passavam por sua cama à noite, então ela tinha medo de dormir. Finalmente eu disse: "Se você me disser onde está, meu marido e eu iremos buscá-la e levá-la a um abrigo de mulheres vítimas maus tratos onde ficará segura. Você pode receber tratamento para se libertar das drogas. Eles lhe darão roupas limpas, lençóis, uma cama quentinha e boa comida. Vou encaminhá-la. Apenas me diga onde você está". (Eu também sabia que o marido dela prontamente a receberia e cuidaria dela com amor — mas ela poderia recusar essa oferta por causa da vergonha que sentia.) Sua resposta foi: "Posso levar meu gato?"

Respondi: "Querida, seu gato pode vir conosco, mas provavelmente terá que ficar no meu apartamento. A maioria dos abrigos não permite a entrada de animais".

"Se meu gato não for, também não irei." E desligou o telefone. Uma mulher sem rosto, oprimida, em algum lugar em San Diego me telefonou, e eu não tinha como encontrá-la. Eu não era detetive ou espiã. Não tinha recursos tecnológicos disponíveis como temos hoje. Não havia identificadores de chamada. Tudo que eu podia fazer era orar e confiar que quando ela estivesse preparada telefonaria novamente. Podemos estar disponíveis, mas não podemos viver a vida de outras pessoas por elas. Somos responsáveis *por* pessoas, não *para* elas. Somos sal. Damos sabor à nossa parte no mundo, podemos purificar nosso pequeno canto na sociedade, mas não podemos *fazer* alguém usar o saleiro. Deus também diz que somos a luz do mundo. Não se pode esconder uma cidade sobre um monte. A luz alcança todos os lugares, a menos que haja obstáculos em seu caminho. Acenda a luz em um quarto, e o cômodo todo fica iluminado, exceto embaixo da cama. A luz vai longe quando há poucos obstáculos e quando a fonte de energia é forte. A luz do sol vai muito mais longe do que a luz de uma simples vela. A luz também *aquece*. Quanto maior a luz, mais quente o seu calor. A luz *traz vida*. Sem luz, sem fotossíntese, sem plantas. Sem plantas — sem cadeia alimentar — sem cadeia alimentar — sem vida! Raios laser são luz — luz *focada* — e brilham a longa distância. O laser pode remover obstáculos. Quando Deus diz que somos luz, quer dizer que somos *fortes*! Podemos iluminar o mundo para que as pessoas consigam ver melhor a Deus. Trazemos calor e um toque gentil à humanidade severa. Podemos até manter o foco da nossa energia e remover obstáculos em nosso caminho. E somos o plano de Deus para trazer vida, a vida dEle, às pessoas. Acho que o sal pode representar *responsabilidade* e a luz a *autoridade* para levar adiante a responsabilidade. Qualquer pessoa que já esteve em posição de liderança sabe o quanto é frustrante receber uma tarefa e não receber a autoridade para tomar as decisões necessárias para realizá-la. Tudo fica paralisado e sem saída. Deus claramente nos deu a tarefa de trazer esperança, cura e verdade, mas também nos dá a autoridade para realizarmos essa tarefa. Qual é a nossa responsabilidade?

Esclarecendo a Vontade de Deus

Existem apenas algumas frases no Novo Testamento que afirmam claramente: "Esta é a vontade de Deus" ou "Isso agrada a Deus". Creio que quando obedecemos a essas afirmações, então todas as decisões tomadas em obediência tornam-se a vontade de Deus. Há liberdade ao obedecer às responsabilidades básicas que Deus estabeleceu. Pergunte-se:

> *Eu sou salva?* – "Porque isto é bom e agradável diante de Deus, nosso Salvador, que quer que todos os homens se salvem e venham ao conhecimento da verdade" (1 Tm 2.3,4).
>
> *Sou cheia do Espírito?* – "E não vos embriagueis com vinho, em que há contenda, mas enchei-vos do Espírito" (Ef 5.18).
>
> *Sou santificada?* – "Rogo-vos, pois, irmão, pela compaixão de Deus, que apresenteis o vosso corpo em sacrifício vivo, santo e agradável a Deus, que é o vosso culto racional. E não vos conformeis com este mundo, mas transformai-vos pela renovação do vosso entendimento, para que experimenteis qual seja a boa, agradável e perfeita vontade de Deus" (Rm 12.1,2).
>
> *Sou sexualmente pura?* – "Porque esta é a vontade de Deus, a vossa santificação: que vos abstenhais da prostituição" (1 Ts 4.3).
>
> *Sou grata?* – "Em tudo dai graças, porque esta é a vontade de Deus em Cristo Jesus para convosco" (1 Ts 5.18).
>
> *Sofro por fazer o bem?* – "Porque melhor é que padeçais fazendo o bem (se a vontade de Deus assim o quer) do que fazendo o mal" (1 Pe 3.17). "Portanto, também os que padecem segundo a vontade de Deus encomendem-lhe a sua alma, como ao fiel Criador, fazendo o bem" (1 Pe 4.19).
>
> *Busco a Deus?* – "Bem-aventurados os que guardam os seus testemunhos e o buscam de todo o coração" (Sl 119.2). "Eu amo os que me amam, e os que de madrugada me buscam

me acharão" (Pv 8.17). "Então, dali, buscarás ao Senhor, teu Deus, e o acharás, quando o buscares de todo o teu coração e de toda a tua alma" (Dt 4.29).

Quando entendi que tudo que precisava fazer era *decidir* manter o foco no básico e minha vida agradaria a Deus, senti uma nova liberdade em meu coração. Eu podia escolher o que fazer, a quem servir e onde gastar meu tempo sem passar horas me preocupando com questões sobre ser ou não a vontade de Deus. Eu sabia que se simplesmente eu amasse a Deus e o buscasse, o resto da lista viria como um resultado natural, e a preocupação de estar ou não agradando ao Senhor seria reduzida ao mínimo.

Agradar as Pessoas

E quanto às pessoas? A quem agradar, quando e com que frequência? As novas perguntas são: "A quem eu desaponto e quanto?" Por saber que desapontei alguém, uma vez, e muito provavelmente desapontaria a várias pessoas, o que eu faria com toda a culpa?

Você descobrirá que quanto mais tem a dar, mais as pessoas vão querer de você — e as o número de pessoas que vão querer aumentará mais e mais. Porém Deus é muito claro. Você é uma só! Você é *uma* luz. Você é *um* grão de sal. Você não é uma marquise! Você não é uma mina ou um saco de sal. Todos que conhecem a Jesus são luzes (embora algumas sejam lanternas e brilhem apenas de vez em quando). Todas nós que conhecemos a Jesus somos pequenos grãos de sal que trabalham juntos rumo a um objetivo em comum de preservar o mundo onde ele nos salpicou. O mundo não descansa somente sobre nossos ombros, mesmo que as vezes pareça.

Jesus nos fez uma promessa, uma promessa que parece inacreditável: "Vinde a mim, todos os que estais cansados e oprimidos, e eu vos aliviarei. Tomai sobre vós o meu jugo [...] e encontrareis descanso para a vossa alma" (Mt 11.28,29). Deixando a irresponsabilidade de lado, como podemos viver uma vida sadia e que reflita o chamado de Jesus de descansar e alcançar o mundo? Eu tento agir de acordo com um princípio orientador simples. Agora, às vezes tenho que lutar para encontrar o caminho de volta em meio a uma agenda lotada, mas tento me basear neste princípio para decidir a quem agradar além de Deus:

Algumas pessoas conquistaram mais direito ao meu tempo. Parece simples o bastante, mas na verdade descobri que muitas mulheres têm dificuldade para discernir quem tem mais direito ao seu tempo. E as mulheres estão tão ocupadas com as necessidades imediatas de hoje que algumas podem não enxergar as ramificações de suas decisões em longo prazo.

Quem Tem os Direitos?

Há alguns relacionamentos que são tão vitais, tão importantes, que Deus os estabeleceu como prioridade nas Escrituras. Vejamos esse princípio em Gênesis. Havia três relacionamentos principais que Deus queria que fossem sustentados no jardim. O relacionamento do homem com Ele (eles caminhavam juntos no jardim, Gn 3.8), o relacionamento entre marido e mulher (os dois deveriam se tornar uma só carne, Gn 2.24) e a família (frutificai e multiplicai-vos, Gn 1.28). Quando Eva deu ouvidos à serpente, as prioridades foram afetadas para sempre. E quando Adão se escondeu com Eva em vez de alimentar seu relacionamento com Deus, todos os seres humanos desde então nascem com as chagas de sua decisão.

Quando Deus criou o homem e a mulher no jardim, instituiu a prioridade da família. A família é a primeira instituição — antes de Israel, antes da igreja, antes dos negócios e do comércio, antes da comunidade havia a família. E de todos os relacionamentos familiares, a relação entre marido e mulher é preeminente.

Quando você ficou diante de Deus e dos convidados em seu casamento e disse "Sim", assumiu o compromisso de colocar seu relacionamento matrimonial acima de todos os outros relacionamentos e responsabilidades. Para mim, fiz uma escolha consciente de trabalhar para me tornar um cônjuge independente porque é o que Bill precisa encontrar em mim como adjutora. Sendo casada com um homem com função ministerial, sei que sua agenda pode sofrer mudanças. Ele pode ser chamado por causa de uma tentativa de suicídio, uma emergência hospitalar, um adolescente que fugiu de casa ou diversas outras questões de vida ou morte. Decidi desde o início tentar manter minha vida e a vida de nossos filhos o mais normal possível, mesmo quando surgem imprevistos. Escolhi fazer atividades divertidas com amigas ou com as crianças quando Bill ficou fora da cidade durante seis semanas por causa do trabalho com a juventude no verão em que eu estava com um recém-nascido. Em outros verões, eu dirigi até onde Bill estava e fiquei em uma cabana, às vezes com amigos, às vezes só com as crianças. Algumas mulheres teriam perdido toda essa diversão porque não saberiam dirigir sozinhas, ou dirigir à noite, ou nas montanhas ou em algum outro lugar que não conhecessem. Vejo cada novo desafio como uma aventura. Uma aventura para ser vivida com a melhor atitude possível. Às vezes, tenho que deixar de lado os papéis tradicionais. Por exemplo, quando cresci, meu pai sempre colocava as bagagens no carro para viajarmos. Mas em nossa casa, descobri que podemos sair da cidade três horas antes se eu fizer esse serviço e simplesmente dirigir até o escritório para buscar Bill. Como valorizo essas três horas, não me importo de arrastar algumas malas até o carro! Pergunte ao seu cônjuge: "Que coisas, ações ou atitudes de minha parte o fazem sentir-se amado e bem cuidado?" Você pode se surpreender com as respostas. Há momentos em seu dia em que você sabe que terá a atenção total do seu cônjuge? Bill e eu tentamos conversar sobre o nosso dia e orar juntos toda noite antes de dormir. Alguns casais preferem conversar no café da manhã ou durante uma caminhada ao anoitecer. De alguma forma, por alguma razão, vocês devem conversar todos os dias. Há ocasiões em sua semana em que vocês podem ter um momento romântico? Bill e eu descobrimos que trabalhamos melhor quando separamos os negócios do prazer. Uma vez por semana, ele e eu praticamos exercícios e temos um café da manhã de negócios, quando tratamos de questões como responsabilidades no trabalho, necessidades no ministério e organização familiar. Uma noite por semana reservamos para o romance. Às vezes saímos, mas com frequência assistimos a um bom filme abraçados, preparamos um jantar à luz de velas para dois, conversamos perto da lareira ou fazemos uma caminhada noturna na praia. O custo da noite não é importante; estar juntos sim.

Mas escolher colocar seu cônjuge em primeiro lugar nem sempre é uma decisão romântica. Seu cônjuge pode se sentir mais amado e respeitado quando você administra bem o orçamento familiar, quando mantém a casa limpa ou quando ajuda os filhos nas tarefas escolares. Seu cônjuge também pode se sentir em segundo plano em relação a uma carreira ou projeto acadêmico. A maioria dos homens consegue se adaptar a um prazo definido de vez em quando, mas ninguém gosta de se sentir como se estivesse em segundo lugar o tempo todo. As pessoas não medem esforços para verificar suas taxas de colesterol porque sabem que se o coração ficar doente o corpo morrerá. Cerca de dez anos atrás, Bill e eu achamos que gastaríamos apenas alguns minutos para fazer um exame gratuito para análise do colesterol. Quando nos aproximamos do hospital, vimos uma fila ao longo do quarteirão, e todas aquelas pessoas estavam ali para o exame gratuito. Às vezes gostaria que houvesse um simples teste que as pessoas pudessem fazer para verificar se seu coração emocional por sua esposa está bem. Seria um sinal saudável na sociedade se houvesse filas de pessoas esperando para ver os resultados de um exame de coração quanto ao amor de suas vidas. Como você pode saber se seu coração está bem? Cada uma de nós tem alguns sinais e características que nos alertam se nosso relacionamento conjugal está caminhando em direção a problemas. Faça o teste abaixo para ver como está seu coração:

1. Você fica entusiasmada quando o carro dele entra — ou sai — da garagem? (Um coração saudável responde: "quando entra na garagem".)

2. Você pensa em maneiras de passar momentos românticos para obter mais sexo ou passa mais tempo pensando em como sair de encontros íntimos? (Sua vida sexual pode ser um barômetro de um relacionamento saudável ou não saudável.)

3. Você gosta de conversar com seu marido mais do que com suas amigas? (Você precisa desses dois tipos de relacionamento, mas ainda deve preferir conversar com seu esposo.)

4. Você ainda sonha com maneiras de reformar a casa, férias que possam passar juntos e lugares aonde gostariam de ir — um dia? Ou seus sonhos geralmente têm cenários em que você está sozinha ou com outras pessoas em vez de co seu marido?

Se você respondeu negativamente a apenas uma dessas perguntas, provavelmente precisa de férias com seu marido. Se deu duas respostas negativas — é hora de participar de uma conferência sobre casamento. Três ou quatro respostas negativas significa que é necessário aconselhamento. Bill e eu comemoramos nossos quinze anos de casados em um cruzeiro-jantar na Baía de San Diego. Foi tão romântico: velas, música agradável, luzes refletindo na água. Então o casal em uma mesa perto da nossa começou a conversar sobre contas, filhos e impostos! Em pouco tempo a conversa se tornou uma discussão. Eles falavam cada vez mais alto, causando desconforto às outras pessoas no navio. Por fim, a mulher disse aos prantos: "Não podemos falar assim. Este é o nosso aniversário de casamento". Então eles desistiram de conversar pelo resto da noite! Todo ano, em janeiro, o presidente dos Estados Unidos faz um discurso sobre o Estado da União, em que revê os objetivos e planos e prepara o país para o futuro. Bill e eu descobrimos que é bom fazermos nosso próprio encontro anual do "Estado da nossa União", em que conversamos sobre esperanças, sonhos, objetivos e prioridades. Nesses fins de semana, discutimos objetivos de longo prazo (5-10 anos), objetivos de curto prazo (3-5 anos) e objetivos imediatos para o ano em curso. Uma das questões que sempre fazemos nesses fins de semana é: "Daqui a 10-20 anos, quando eu olhar para trás, pensarei que foi importante?"

Tudo isso é muito bom e importante para mulheres casadas, mas e as solteiras? Se o casamento é tão importante assim, como elas decidem a prioridade dos relacionamentos? Depois de coletar dados com minhas amigas solteiras, elas parecem concordar em um ponto principal: Gaste tempo com aqueles que nutrem seu relacionamento principal com Deus. Para algumas, os pais e irmãos ainda estão no topo das prioridades. Para outras, o tempo com um grupo de amigos íntimos pode contribuir para fortalecê-las. Então uma pergunta-chave para as solteiras é: Meu relacionamento com Deus fica mais forte ou mais fraco depois de passar tempo com essa pessoa?

Para todas as mulheres, recomendo alguns relacionamentos-chave que acredito que formam uma "rede de sucesso" na vida:

Mentoras. Procure mulheres que já tenham feito o que você espera fazer, que tenham realizado e que tenham viajado aos lugares aonde você anseia ir, e, o mais importante, que tenham desenvolvido o caráter e a profundidade que você espera desenvolver. Telefone para essas mulheres e peça alguns minutos para conversar com elas. As mulheres mais ocupadas podem não ter muito tempo livre, então se coloque à disposição para trabalhar com elas como voluntária ou ofereça ajuda para que alcancem seus objetivos. Pergunte se você pode fazer parte do mundo dela de modo que a beneficie, e você perceberá que logo se beneficiará também.

Líderes de torcida. Você se lembra das frases que as animadoras de torcida costumam cantar enquanto agitam pompons? *Você consegue! Vá, lute, vença! Vitória!* Vivemos em um mundo tão negativo que uma das melhores decisões que você pode tomar é se unir a pessoas otimistas! Ser otimista é contagioso. Você terá mais esperança e mais energia, e atingirá mais objetivos se decidir que encherá sua vida de pessoas otimistas que acreditam em você e no chamado e visão que recebeu de Deus, e que estarão presentes para incentivá-la a seguir em frente.

Carregadoras de maca. Por muitos anos, eu fui aquela que corria para ajudar se alguém perdesse um ente querido ou se o filho ficasse doente ou em crise. Um mês de certa forma resume minha necessidade: Primeiro, Bill começou a se sentir mal, e foi diagnosticado que estava com hipertensão arterial por causa do estresse. Também tinha um histórico familiar de AVC. Ele estava no meio de uma transição na carreira quando nosso filho, Caleb, então com 13 anos, foi atingido em uma partida de futebol e sofreu uma ruptura no baço. Aconteceu uma hemorragia interna, uma tomografia, uma transfusão de sangue, dias no CTI e oito dias de internação no hospital onde fiquei ao seu lado 24 horas por dia, sete dias na semana. Finalmente ele ficou bem o suficiente para ir para casa e começar a se recuperar, mas precisaria estudar em casa durante várias semanas.

No dia em que voltou à escola, recebi algumas notícias desagradáveis do meu médico, alarmantes, porém solucionáveis. No dia seguinte, viajei para Nova York. Naquela noite, nosso filho do meio, Zack, se machucou jogando futebol e sofreu uma concussão e deslocamento do ombro. No dia seguinte, com a suspeita de ter fraturado o tornozelo, nosso filho mais velho foi afastado da partida que estava jogando. Na segunda-feira, meu irmão sofreu u infarto. (Oh, já mencionei que a geladeira, o carro de Bill e a máquina de lavar deram defeito nesse mesmo período?)

No dia em que fiquei na sala de emergência, sabia para quem telefonar para orar comigo, a quem pedir ajuda para cuidar de nossos filhos e até a quem pedir para lavar nossas roupas! Eu sabia quem eram nossas amigas carregadoras de maca. Aqui estão algumas formas como descobri quem eram elas: (1) eu orava com elas. Muitas estavam em meu grupo de mães intercessoras; (2) servia a Deus com elas. A maioria fazia parte de equipes de liderança e estudos bíblicos dos quais eu participava; e (3) enfrentei a dor com elas. Eu estive presente com elas em algum momento difícil, então sabia que conseguiriam lidar com minhas emoções e necessidades porque haviam trilhado o mesmo caminho da dor antes de mim. A melhor maneira de ter boas carregadoras de maca em sua vida é ser uma na vida de alguém.

Discípulas. Sua vida será mais vibrante e vivaz quando você passar o bastão para a próxima geração. O tempo com seus filhos ou com outras crianças, adolescentes ou mulheres que precisam aprender mais sobre Deus, trará um senso de realização. Saber que sua vida faz a diferença, com frequência uma diferença eterna, transformadora, fará uma diferença positiva em sua vida também. O texto em 3 João 1.4 resume meu sentimento: "Não tenho maior gozo do que este: o de ouvir que os meus filhos andam na verdade". Mary Bethune, uma das primeiras mulheres líderes do Movimento dos Direitos Civis na gestão de vários presidentes, fundou a Faculdade Bethune-Cookman porque acreditava que assim daria uma oportunidade melhor às pessoas. Mary declarou: "Invista na alma humana. Pode ser um diamante bruto. Quem sabe?".[10]

E aquelas Crianças?

Em uma pesquisa com 1.000 mulheres cristãs, Miriam Neff e Debra Kingsporn descobriu que dois terços das mulheres trabalham fora. Sessenta por cento não trabalham ao longo do ano por 40 ou mais horas semanais. A carga horária média de trabalho semanal para mães de filhos menores de 18 anos é 35 horas; para mães solteiras, 36.[11]

De acordo com Neff e Kingsporn, um terço trabalha porque são mulheres solteiras ou mães solteiras; um terço trabalha porque o marido está desempregado, estuda ou trabalha, mas ganha pouco. O último terço trabalha porque veem a atividade que desempenham como parte do seu chamado.[12]

A questão "trabalhar fora" *versus* "ser mãe em tempo integral" pode dividir mulheres mais rápido que qualquer outra. No entanto, acho que seria melhor reformular a questão e perguntar: "De que meus filhos precisam, e como posso suprir essas necessidades da melhor maneira?" Os filhos precisam de coisas diferentes em diferentes idades e fases. Logo, a questão não é "Devo ou não trabalhar fora?", e sim "Como posso suprir melhor as necessidades dos meus filhos?"

Viver com crianças pequenas pode significar que você mude sua atitude sobre o que constitui uma casa "limpa". Você pode se encontrar reformulando as prioridades. Lembro-me de nosso filho do meio ser muito curioso e querer que todos vissem o que ele via. Com frequência ele me chamava: "Mãe, venha aqui". Minha resposta padrão era: "Só um minuto, querido". Certa vez, depois de alguns "só um minuto, querido", fui até ele e disse: "O que você quer, Zach?"

"Nada. A linda borboleta foi embora. É tarde demais. Sempre é tarde demais."

E ele estava certo. Eu o estava deixando de lado mais e mais. Por estar trabalhando com a juventude naquela época, lembrei-me de que poderia chegar um dia em que ele não iria mais querer que eu me envolvesse em sua vida. Quanto mais eu o deixasse de lado agora, mais rápido esse dia chegaria, pois as crianças conseguem sentir quando não estamos interessadas. Naquele dia, fiz uma escolha consciente de que, tanto quanto possível, atenderia ao chamado do meu filho quando quisesse compartilhar algum momento empolgante, porque aqueles momentos acabariam rápido demais.

Crianças na fase escolar precisam de uma educação firme, então a cada ano Bill e eu nos perguntávamos: "Qual é a melhor escola para esse filho?" A resposta para essa pergunta pode mudar de acordo com a criança, a localização geográfica ou diversas outras variáveis; por exemplo, identificar a aptidão de uma criança e fornecer oportunidades para que se desenvolva nessas áreas. Crianças em fase escolar precisam de apoio para crescer e desenvolver uma identidade, então é importante tratar a questão de "De que forma nós como família garantimos que cada filho sentirá o apoio e receberá estímulo para seus talentos e aptidões?"

Adolescentes precisam de tempo, muito tempo, para que você os ouça enquanto falam sobre seu sistema de valores. A maioria dos adolescentes também precisa de algum espaço para ajustar sua aptidão e ter oportunidades de ouvir o chamado de Deus em suas vidas para tomarem decisões como vida sentimental, vocação e moralidade. Pergunte-se: "Como posso ser o ouvido atento, a caixa de ressonância e a fonte de oportunidades para ajustar o chamado deles? Ou preciso suprir outras necessidades da família para que meu marido possa ter mais disponibilidade para os adolescentes?"

Acrescente a essas perguntas questões de finanças. "O que meu filho realmente *precisa versus* o que ele *quer*?" Em nossos vinte anos de ministério, Bill e eu temos visto crianças excelentes que vêm de lares com mães em tempo integral, lares em que a mãe trabalha em casa e lares em que a mãe trabalha fora o dia todo ou meio expediente. E o oposto também é verdade. Temos visto crianças desordeiras provenientes desses quatro contextos. Assim, trabalhar ou não trabalhar não é a pergunta certa. Novamente, a questão é: *"Meu coração está voltado para o lar?"* Você está aprendendo sobre os estágios do desenvolvimento e conhece seus filhos bem o suficiente para identificar as mudanças nos estágios e as mudanças no caráter? É muito sábio ouvir aqueles que já passaram por essa situação. Como uma jovem mãe, constantemente me diziam:

> Passe tempo com seus filhos enquanto são novos e eles vão querer passar tempo com você quando forem mais velhos. Eles vão querer passar tempo com você mesmo quando os colegas não passarem tempo com a família.
>
> Eles crescem rápido. Aproveite os primeiros anos.
>
> Você não quer perder os primeiros passos e as primeiras palavras.
>
> Os anos pré-escolares são fundamentais. Uma mãe me disse: "O comportamento deles aos 4 anos será o mesmo aos 14 — a diferença é que eles serão maiores, e você não conseguirá mais carregá-los até o quarto!" (E acho que ela estava certa. Todos os meus filhos já passaram pela adolescência, e o temperamento básico deles é semelhante ao nível de obediência e temperamento aos 4 anos!)
>
> Pague agora ou depois. Esse foi um conselho que recebi sobre disciplinar desde cedo. E fico feliz por ter gastado tempo extra — e quero dizer *extra*, corrigindo atitudes e comportamentos nos anos iniciais e pré-escolares. Meus filhos adolescentes me tratam com respeito, e são responsáveis e prestativos enquanto muitas mães de adolescentes se sentem abandonadas, temerosas e insultadas.

Primeiro quem?

Patrick Morley diz em *The Man in the Mirror*: "Estabeleça suas prioridades de acordo com quem vai chorar em seu funeral". Isso é muito útil se você trabalha em seu próprio negócio ou no ministério. Como a descrição de atividades de Bill inclui um grande número de funerais, observei quem realmente comparece: a família! Eles viajarão de avião, de carro ou a pé se necessário para estar ao lado do túmulo. O outro grupo que estará lá são os amigos íntimos. Essas pessoas podem ter começado como clientes, membros da igreja, amigos da comunidade ou vizinhos, mas em algum ponto ao longo da trajetória desenvolveu-se uma lealdade, e você consegue ver sinais dessa lealdade nos momentos de crise em sua vida. Quem telefona para saber se você está bem? Quem fica ao seu lado durante uma crise? Quem estende a mão durante dificuldades financeiras, emocionais ou na carreira?

Outra pergunta que faço é: "Com quem escolhi me comprometer?" Essas pessoas também têm mais prioridade em meu tempo. Por exemplo, se me comprometo a discipular ou mentorear relacionamentos, aquelas pessoas ganhar um caminho para que possam me alcançar mais fácil. Também retorno primeiro as ligações de colegas nos negócios ou no ministério com quem formei algum tipo de aliança.

Também pergunto: "Quem pagou o preço para ter acesso a mim?" Minha mãe ganhou o direito quando passou noites em claro comigo. Minha irmã ganhou sendo minha amiga quando eu tinha dificuldade em fazer amizades. Meu irmão ganhou o direito quando me protegia. Meus mentores, quando me davam conselhos mais que necessários ou palavras de incentivo. Aqueles que trabalham incansavelmente ao meu lado no ministério ano após ano, investindo tempo ou dinheiro, ganham um nível ainda maior de acesso. E não apenas acesso; há pessoas que merecem minha lealdade, minha ajuda e minha amizade.

Sim, queremos ajudar a suprir necessidades, mas a necessidade não é o chamado. Só porque algumas pessoas passam a vida toda fazendo escolhas ruins e vivendo em desacordo com o plano de Deus não significa que você tenha que correr para colocar a vida delas em ordem quando estão sentindo a influência dessas escolhas. Se as resgatarmos cedo demais, pode ser que essas pessoas nunca dependam de Deus porque têm a nós. Também pode ser que nunca vivenciem a dor de suas consequências, e assim tomem a mesma decisão ruim outras vezes, pois sabem que você virá resgatá-las.

Então a próxima pergunta que me faço é: "Minhas ações e comportamentos em relação aos outros estão preservando minha integridade e caráter?" Nunca desejo ser impertinente quando há pessoas com alguma necessidade, mas também não quero sempre ser aquela que supre a necessidade. Só porque estou ocupada, não significa que quero que meus padrões caiam pessoal ou profissionalmente. Quando me vejo pegando atalhos, acende-se a luz amarela sinalizando atenção e eu reavalio. Quando começo a não querer que as pessoas apareçam para uma visita porque a casa está uma bagunça, ou quando sinto que as pessoas estão sendo deixadas em segundo lugar, eu reagrupo, reorganizo as prioridades e delego novamente. Para mim pode ser bom pedir ajuda a fim de que possa me concentrar mais naquilo que faço bem.

Pergunto: "Estou refletindo o caráter de Deus?" Vários anos atrás, eu estava saindo da cidade e alguém me telefonou querendo informações e livros sobre o nosso ministério. Freneticamente, me apressei para encontrar uma forma de conseguir os itens de livraria que queriam, como e quando iríamos ministrar palestras e uma série de outras coisas. Mais tarde, o avião, eu me perguntei: "Por que achei que isso não poderia esperar cinco dias?" Agora, algumas coisas não podem esperar cinco dias, mas nesse exemplo poderia ter esperado duas semanas e não mudaria nada! O versículo "Porque Deus não é Deus de confusão, senão de paz" (1 Co 14.33) me veio à mente. Tentei imaginar Deus correndo freneticamente pelo céu empurrando bênçãos em caixas de entrega expressa, e não parecia um retrato adequado! Então agora me pergunto: "Quais são as consequências caso eu não faça isso neste instante? Hoje? Amanhã? Esta semana? Este mês? Este ano?" E assim estabeleço prioridades com consequências em longo prazo em mente e não apenas pela adrenalina ou insistência.

Às vezes pergunto: "Se eu não suprir esta necessidade, há um ministério, recurso ou instituição que já esteja disponível para solucionar a situação?" Com frequência a resposta é sim. Então procuro não reinventar a roda.

"Estou fazendo agora o que me poupará tempo mais tarde?" É por essa razão que ensinei meus filhos a fazer parte da equipe que mantém a casa arrumada. Sim, o período pré-escolar e os anos elementares foram cheios de camas em que o lençol não ficava esticado e chãos mal varridos, mas agora me alegra o coração ver os meninos desempenhando tarefas como lavar roupas, limpar a garagem, lavar louças, etc. Como todos os nossos filhos realizaram pequenas tarefas quase a vida toda, todos nós temos mais tempo trabalhando em equipe. Isso significa que tive que desistir do meu domínio e precisei confiar que meu marido e

meus filhos realizariam a mesma tarefa, porém à maneira deles. Alguns anos atrás, todos os nossos meninos tinham algum compromisso importante na mesma noite. Um filho tinha uma cerimônia de premiação, outro iria a um encontro do time de basquete e o terceiro tinha uma partida de futebol. Cada um achava que a mãe deveria comparecer ao evento — e é claro que eles estariam em três lugares diferentes ao mesmo tempo. (É muito comum isso acontecer agora!) Quanto mais filhos você tem, mais isso acontecerá. Quanto mais compromissos você assume, mais provável é que tenha agendamentos duplos ou triplos. Então o que fazer naqueles dias em que todas as opções parecem estar no topo da lista de prioridades?

Orar. Pode parecer simplista, mas em relação àquelas decisões difíceis sobre planejamento de horários, depois de orar uma opção vem à tona ou às vezes surgem alternativas criativas. Minhas grandes perguntas geralmente são: "Qual é a pior coisa que pode acontecer se eu não for?" "Qual é a pior coisa que pode acontecer se eu não fizer isso?" Um filho pode se sentir desprezado — não muito, a menos que tenha a sensação de que se tornou um padrão ser deixado em último lugar no planejamento. Talvez seja uma oportunidade perdida. Geralmente não será algo que só aconteça uma vez na vida — mas às vezes é. Só haverá uma vez em que a filha é celebrará seus 15 anos, um casamento (é o que se espera!), uma formatura no Ensino Fundamental, no Ensino Médio e na faculdade. Nesses dias, as decisões parecem claras, mas nem sempre são. Eu estava em um evento para mulheres em um estádio em que Anne Lotz foi agendada para ministrar uma palestra com um ou dois anos de antecedência. Naquela noite, ela levou sua filha à plataforma e a apresentou a mais ou menos 35 mil mulheres que estavam reunidas ali. Parece que ela e a filha tinham um dilema de planejamento para resolver. Anne estava agendada para falar na mesma noite em que seria a formatura de sua filha na faculdade. Quando elas compartilharam como tinham orado e avaliado o debate, o estádio todo se pôs em pé e aplaudiu efusivamente a filha. Sua formatura seria memorável — sem dúvida — mas não tanto como um estádio lotado de mulheres que ficaram em pé espontaneamente e lhe deram um longo aplauso!

O princípio que vi demonstrado naquela noite foi o princípio do trabalho em equipe. Naqueles dias de agenda difícil, eu peço ajuda. Peço a opinião do meu marido e às vezes dos meus filhos. Se for um conflito no ministério, pergunto às pessoas envolvidas. Sabendo mais a respeito do que está planejado para o evento ou reunião, com frequência podemos obter mais informações necessárias para tomar uma decisão. Eu não pedia a opinião dos meus filhos quando eram pequenos (era uma responsabilidade adulta demais para eles), mas quando chegaram à pré-adolescência comecei a incluir a participação deles nas decisões sobre a agenda da família. Com frequência verifico com os meninos como eles acham que está o "tempo com a mamãe".

Recentemente meu filho mais velho disse: "Mãe, não me leve a mal. Fico feliz por se importar e perguntar, mas não fique paranóica. Sei que a senhora precisou faltar a alguns de meus jogos para manter calçados em meus pés e que seu dinheiro me permite praticar esportes. Não vou crescer e escrever um livro sobre 'uma mãe que foi uma dedicada líder cristã e por isso sou disfuncional'. Se eu me tornar um desajustado, será porque tomei decisões erradas. Mãe, sou um líder porque a senhora me mostrou como ser mandão e ainda assim amar as pessoas do jeito que você faz. (Acho que foi um elogio!)

Quando conversava sobre algumas escolhas na vida com Fern Nichols, fundadora do ministério de oração Mães em Contato, ela me disse algo que nunca esquecerei. "Pam, às vezes é a coisa certa, mas o momento é errado". Há tanta liberdade nessa declaração. Com frequência nos sentimos comovidas e queremos reagir quando ouvimos sobre questões sociais com as quais poderíamos ajudar; por exemplo, aborto, abuso infantil, gravidez na adolescência, desabrigados e inúmeras outras oportunidades em nossa comunidade, país ou no mundo. É nessas horas que reflito sobre o tempo. Eu me pergunto: "É o momento certo ou eu poderia fazer isso mais tarde em minha vida?" Planejando para a época em que os filhos não estarão mais em casa, fiz uma lista DF (Depois dos Filhos) que inclui opções como: tirar fotografias, aprender a pintar aquarelas, usar minhas habilidades de liderança em prol de movimentos em defesa da vida, trabalhar como voluntária em um escritório de campanha política, criar um centro para mulheres a fim de atender as necessidades de mulheres em transição (mães solteiras, empreendedoras de um negócio doméstico, mães em tempo integral, estudantes que estão retornando, mulheres que desejam assistência social, ex-presidiárias, etc.). Todas as opções são benéficas, e no passado participei de alguma forma em muitas delas, mas agora, por causa da idade dos meus filhos, minha atividade nessas áreas é limitada.

Então o que Faço com a Culpa?

Você conhece o sentimento. É o incômodo na boca do estômago. É a nuvem sobre a cabeça. A sensação de querer fugir, evitar, e entrar em um casulo para que não tenhamos que encarar a pessoa que acreditamos estar desapontada conosco. É aquele pressentimento de algo inevitável que lembra a música no clímax de um filme de suspense. Queremos saber que preço pagaremos por seguir em direção contrária ao *status quo*. Questionamos repetidas vezes em nossa mente se tomamos a decisão correta. Nosso peito fica apertado, o sono fica inconstante e a sensação é de que a cabeça está em uma prensa. Nós nos perguntamos se o aferidor de pressão sanguínea explodiria se fôssemos ao médico.

É a culpa. Como podemos afirmar de onde vem o sentimento de culpa? Como podemos afirmar se é a convicção do Espírito Santo, que desejamos ouvir, ou se é a culpa de Satanás, que não queremos ouvir?

Satanás irá:

Condenar. Ele acusará e repetirá acusações até que você se sinta uma prisioneira no corredor da morte. A Bíblia é clara ao afirmar que "nenhuma condenação há para os que estão em Cristo Jesus" (Rm 8.1). Condenação é um julgamento adverso, uma reprovação forte ou o resultado de ser julgado inadequado. É aquele sentimento irritante, corrosivo, de que não estamos à altura de algum padrão arbitrário e nunca estaremos. Estamos estagnadas na vida, presas na areia movediça da opinião pública ou, no mínimo, na opinião de alguém a quem desapontamos.

Confundir. A Bíblia mostra que Deus não é Deus de confusão. Quando Satanás tenta atingir sua mente, age de forma desleal. Ele lançará todo tipo de meias-verdades, propostas e uma série de declarações conflitantes. Seu objetivo é distraí-la e deixá-la tão preocupada que você não consegue seguir adiante em seu chamado. Ele quer que você fique absorta, e lançará distorções e concepções errôneas com a velocidade de torpedos para que você fique presa como um cervo diante de faróis. As acusações de Satanás a deixarão paralisada, imobilizada e atordoada com a dúvida.

Torna seu coração insensível. As acusações de Satanás a levarão a reagir exageradamente. Você se ouvirá dizendo palavras como "Quem se importa!", "Eu desisto!", "Por que tentar?", "Tanto faz!". Seu objetivo na vida se tornará protecionismo egoísta. Você passará de limites sadios para fortalezas muradas para protegê-la de todas as emoções — não só das ruins, mas das boas também. Quando seus muros defensivos se erguerem, tudo e todos ficarão à distância — não só as pessoas que a fazem se sentir mal, mas todas as pessoas.

Ser conivente com a compensação exagerada. Satanás a constrangerá até que você assuma uma responsabilidade que não é sua. Ela sussurrará mentiras até que você se sinta indispensável, insubstituível e uma soldada solitária. Você se ouvirá dizendo: "Eu sou a única! Se eu não fizer, ninguém fará!" Você cai de cabeça no papel de mártir. Andará com firmeza pela casa mostrando a todos que é você que está fazendo todo o trabalho. Proclamará seu martírio a quem quiser ouvir. "Eu era a única aqui ontem. Fiquei até as 4 horas da manhã. Só tomei banho e troquei de roupa. Não dormi."

O Espírito Santo será:

Coerente. Suas sugestões sempre estarão de acordo com a Palavra de Deus. Suas sugestões também serão as mesmas ou semelhantes dia após dia. Por exemplo, lembro-me de Deus querendo tratar do meu "pavio curto". Eu liguei o rádio e um pregador estava falando sobre ira. Abri revistas e encontrei artigos sobre ira. Eu até gritei com meus filhos para que parassem de gritar, e Caleb, o mais novo, disse: "Mãe, acho que Deus não gosta quando a senhora grita". *Ok, Deus, entendi a mensagem!*

Otimista. A correção e convicção do Espírito Santo pode ser forte, mas sempre é exposta em termos otimistas. Deus pode apontar que uma ação ou atitude está errada, mas não a chamará de estúpida ou a bombardeará com pensamentos sobre o quanto você é inútil e irrecuperável.

Esclarecedor. O Espírito Santo muito provavelmente apontará "por que" uma decisão foi errada ou incompleta. Deus a lembrará de consequências e objetivos em longo prazo e valores eternos. O convencimento dEle a impelirá a refletir e pensar em todos os detalhes de modo regular, mantendo o foco no resultado final. Deus a levará até a linha de chegada e a colocará na corrida de novo para que você possa correr melhor.

Específico. Em vez de insinuações vagas, Deus lhe diz exatamente o que precisa de correção. Ele não dirá: "Uau, você deve estar se sentindo péssima pelo que aconteceu ontem". Ele dirá palavras semelhantes a estas: "Há pouco, você usou palavras incisivas e sarcásticas para falar com Bill. Você quer feri-lo agindo assim? Olhe no rosto dele. Coloque-se no lugar dele."

Não Existe Fada Madrinha, Querida!

Cinderela era uma bela jovem que passou pelo infortúnio de perder a mãe e seu pai se casar novamente com uma mulher má. Quando seu pai morreu, a madrasta e as meias-irmãs a trataram cruelmente — como uma humilde serva. Felizmente, um dia sua fada madrinha apareceu na vida de Cinderela e criou um lindo vestido de baile, e transformou ratos e uma abóbora em cavalos e uma carruagem!

Muitas mulheres hoje estão vivendo a primeira parte da história de Cinderela. Estamos carregando fardos e responsabilidades que Deus não planejou para nós. Em nosso coração nós choramos, com a esperança de que uma fada madrinha surgirá para nos resgatar. Mas Deus não criou a vida para vivermos esperando que alguém apareça para intervir e mudar a nossa vida. Deus quer que assumamos a responsabilidade por nossas próprias mudanças de vida. Deus quer que *tomemos decisões* e então coloquemos o plano em prática.

A libertação da culpa não virá de uma fada madrinha ou de alguém que chegará e dirá superficialmente: "Tudo bem, esqueça". A libertação da culpa só virá quando aprendermos a discernir a voz de Deus da voz de Satanás. "A intenção da culpa é nos direcionar para a cruz, onde experimentaremos perdão e liberdade."[13] Enquanto analisa as expectativas que as pessoas têm em relação a você e sua vida, lembre-se de que limites sadios a levarão de volta para Deus. Ele irá lembrá-la: Você é sal — *um* grão. Você é luz — *uma* luz! Uma mulher sabe seu lugar nos plano divino quando sabe que recebeu talentos e capacidade, mas limitados, e que *apenas Deus* é ilimitado.

Pontos de Decisão

No início do capítulo, você aprendeu que é sal e luz. Também viu que a lista para esclarecer a vontade de Deus é relativamente curta. Qual é o princípio ou frase que você pode guardar a fim de ajudá-la a tornar as pessoas as decisões prioritárias em sua vida? Faça uma lista das pessoas em sua vida que conquistaram mais direito de obter seu tempo. Pense em ideias de como mantê-las no topo das prioridades.

O que você pode decidir fazer hoje para desenvolver seus relacionamentos mais vitais? (Deus, cônjuge, filhos, irmãos e pais?)

Dos relacionamentos na "rede de sucesso", de quais relacionamentos você mais precisa para manter o equilíbrio?

Converse com uma amiga de confiança e compartilhe quando você se sente mais vulnerável à culpa lançada por Satanás. Veja se consegue reconhecer algumas das mentiras comuns que ele usa para fazê-la se sentir culpada e derrotada. Substitua essas mentiras pela verdade.

OITO

Decida Cuidar do Eu
*Cuidar de si mesma para que possa cuidar dos outros
pelo resto da vida*

Você se arrasta pela porta. Seus braços estão cheios com mais trabalho do que você acha possível fazer, então joga a pilha de livros, papéis, pastas, arquivos e sacolas no chão. Você nem se preocupa em acender a luz, pois não quer ver o estado em que a casa se encontra. Não tem certeza se quer tomar um longo banho quente ou simplesmente se jogar na cama do jeito que está. Você está faminta, mas preparar alguma coisa para comer é desanimador. Sua cabeça está latejando, seu coração está acelerado e seu corpo está dolorido. Você está enjoada de café, de pessoas, de demandas, da vida. Quer trancar todas as portas e desconectar todos os telefones, faxes e e-mail, mas até isso parece trabalho. Você simplesmente se encosta na parede e desliza até ficar largada no chão. Sua cabeça se enterra entre os joelhos e você aperta os braços em torno de si mesma como se fosse um abraço. Você quer chorar, mas está cansada demais para isso. Você está esgotada e cansada de estar esgotada e cansada.

Estresse e Estafa

Em seu livro *Living the Life You Were Meant to Live* [Vivendo a Vida para a qual Você Foi Criado], Tom Peterson faz a seguinte observação:

> As pessoas me procuram reclamando de estafa. Eu lhes mostro que talvez estejam se aproximando da estafa, mas ainda não a experimentaram. A pessoa que de fato se tornou estafada passou por uma mudança irreversível... Costumo aconselhar altos executivos acerca dos funcionários sob sua supervisão. "Você permitiu que essa pessoa chegasse ao ponto da estafa. Você foi insensível às necessidades dela e quão perto estava da estafa. Agora é a hora de lidar com a questão de como vai reposicionar a pessoa".
> Os executivos frequentemente respondem: "Eu lhes darei férias — vários meses, se necessário. Deve ser revigorante".
> "Não", eu aviso. "A pessoa está esgotada. Não se pode acender aquela luz particular de novo. A pessoa não tem mais valor para você, ou para ela mesma, naquela posição ou setor. Descubra uma nova área para ela. Encontre alguém para substituir sua antiga posição. Os talentos da pessoa permanecem, mas ela perdeu toda a motivação para fazer o antigo trabalho, e nunca será capaz de recuperá-la novamente. *A estafa é irreversível*."[1] (grifo nosso)

Dr. Archibald Hart, em uma entrevista com a Focus on the Family, explicou a diferença entre estresse e estafa, sendo o estresse fundamentalmente biológico e a estafa mais emocional. O Dr. Hart vê o estresse como "funcionar em modo de emergência". O corpo usa adrenalina demais, o colesterol aumenta, a pressão sanguínea sobe, o coração acelera e as mãos ficam frias. E o resultado é o desgaste acelerado do corpo. Pode até causar depressão, mas é o resultado da exaustão física.

Por outro lado, a estafa é uma reação emocional que provoca desmoralização com frequência como resultado do sentimento de falta de afirmação, esgotamento de recursos e ausência de um sistema de apoio para ajudá-la a lidar com a situação. Há uma falta de visão e uma atitude "não me importo" que se desenvolve.[2]

O Dr. Hart explica que a estafa nos atinge sorrateiramente. "Nosso corpo consegue se adaptar a circunstâncias que em longo prazo se tornam severas para nós — como quando carregamos estresse demais por um período extenso. Depois de algum tempo nos acostumamos, e não o reconhecemos mais como o que de fato é — distresse."[3]

Dra. Kwang Já Park, diretora de Missionary Mobilization for Overseas Crusades [Mobilização Missionária para Cruzadas Internacionais], vê a estafa como um problema que pode ser evitado na vida das mulheres. "Vejo muitas líderes, até na faixa dos 20 ou 30 anos, tão cansadas. Elas choram muito. E aquelas que estão na menopausa, tão cansadas e chorando tanto, e nunca passei por isso." O segredo da Dra. Park foi revelado vários anos no ministério. Na Coreia, ela fazia parte de uma turma de seminário formada por 300 homens e 2 mulheres que seguiram para o ministério vocacional em tempo integral. Depois de servir como missionária na floresta amazônica por oito anos, ela voltou para casa de licença e pegou um livro escrito por um pastor proeminente na época. "Não me lembro do título ou da página, mas lembro-me de uma frase: 'Você precisa ter dois objetivos distintos: objetivos ministeriais *e* objetivos pessoais'." Ela guardou o livro e se matriculou no Seminário Fuller, não porque precisava de mais diplomas, e sim porque aprender reabastecia sua alma.

"Todo esse vá, vá, vá, vá e faça, faça, faça, faça. Não nos tornamos diferentes daqueles que estão envolvidos em negócios, apenas tentando avançar. Mas para os servos do Senhor, o crescimento espiritual e a maturidade pessoal são mais importantes."[4]

Em sua formatura em Fuller, pediram que ela deixasse uma mensagem para seus colegas. A mensagem foi sua vida. "Façam alguma por si mesmos, pelo seu crescimento, e vocês nunca ficarão esgotados..." Ela já havia experimentado esse princípio. Sendo a primeira coreana a assumir uma posição em tempo integral na igreja como diretora de educação cristã na Igreja Presbiteriana Young Nak, a Dra. Park viu a igreja aumentar de 600 para 8.000 membros em dezesseis anos — e nos primeiros dez anos desse período ela estava no seminário. Ela aproveitou seus dias de folga para renovar a energia em sua própria vida. "Esses objetivos me revitalizaram." Por mais de 58 anos, a Dra. Park dedicou sua vida a servir a Deus, e ainda está crescendo com vigor. E você? Existem algumas coisas que você faz por VOCÊ? O que reabastece sua alma?

Em Busca do Descanso Regular

O princípio do descanso regular encontra-se estabelecido no Antigo Testamento. Deus instruiu que um dia de sete fosse para o descanso, o sábado. Esperava-se que não trabalhássemos, viajássemos, cozinhássemos ou tivéssemos pessoas trabalhando para nós — estaríamos descansando em Deus. Deveríamos manter o foco no quanto Ele é bom para nós. Cada ano em Israel tinha aproximadamente 70 dias de festividades. Com os sábados e celebrações, os israelitas recebiam cerca de 120 dias de descanso por ano. Então Deus reservou um ano a cada sete para o descanso da terra. Não deveria haver plantio nem colheita — isso significava que os agricultores tinham o ano de folga também.

A cada cinquenta anos, havia o Ano do Jubileu. Nesse ano, não havia semeadura ou colheita. Durante esse ano, todos deveriam voltar para propriedade de sua família e para o seu próprio clã. Servos contratados eram libertos e dívidas eram perdoadas. Embora a vida não parasse por completo nos anos sabáticos ou no Ano do Jubileu, sofria uma mudança considerável. A maioria das pessoas não trabalhava. Famílias tornavam a se unir. Eram anos de reflexão, reagrupamento e transição.

Deus também estabeleceu o descanso na vida individual. No antigo Israel, os soldados não precisavam servir no exército no primeiro ano após se casarem. Nesses dias modernos, você tem estabelecido descansos sabáticos, celebrações e jubileu em sua própria vida? Educadores recebem períodos sabáticos para estudarem e descansarem a fim de terem mais para compartilhar quando retornarem. Você é diferente? Não se sente como se apenas doasse, doasse, doasse? Todo o mundo precisa de tempo para refletir, reagrupar e receber de Deus a fim de renovar as energias na vida.

O que a revitaliza? Há um presente que você possa se dar que irá desenvolvê-la como pessoa? Muitas mulheres têm esperanças e sonhos grandiosos para o ministério. Elas têm planos ambiciosos para os filhos e a família. Mas você tem um plano que satisfaça a você, um plano que desenvolverá seu "eu" interior? Dê a si mesma um presente — ou melhor, permita que Deus lhe dê o presente que Ele está esperando para reabastecê-la.

O Presente da Conexão Emocional

Há certos comportamentos que nos reconstroem e nos reabastecem, dando-nos a capacidade de prosseguir. Parece até que a comunidade científica descobriu a verdade que a Bíblia propôs há muito tempo: "[...] o maior destes é o amor" (1 Co 13.13). Vários profissionais no campo da psicologia, medicina e psiquiatria estão escrevendo sobre a conexão entre dar e receber amor e a boa saúde. Em uma pesquisa da Universidade de Yale, cientistas analisaram 119 homens e 40 mulheres que estavam passando por tratamento de angiografia coronária. Os pacientes que se sentiam mais amados e se sentiam mais apoiados apresentaram menos obstruções.[5]

Mais de 700 adultos foram analisados para verificar os efeitos da idade. Os pesquisadores concluíram que a falta de degeneração tinha mais a ver com os participantes que *contribuíam* para sua rede de apoio social do que com aqueles que recebiam dela. Quanto mais amor e apoio eles ofereciam, mais se beneficiavam disso.[6] Em uma pesquisa com cerca de 3.000 homens e mulheres com duração de nova a doze anos, os voluntários que ajudavam a outros uma vez por semana eram duas vezes e meia menos propensos a morrer durante o período de estudo do que os voluntários que não ajudavam.[7] (Então minha mãe estava certa. O que importa é o que damos, não que recebemos!)

Conexões emocionais no início da vida parecem afetar nossa saúde mais tarde. Em uma pesquisa de Harvard com acompanhamento durante 35 anos, 91% dos participantes em uma pesquisa que não se identificaram o relacionamento com a mãe como caloroso durante o seu crescimento receberam diagnósticos de doenças graves na meia-idade. Apenas 45% daqueles que descreveram seu relacionamento com a mãe como estimulante ficaram doentes. Da mesma forma, 82% dos que classificaram o relacionamento com o pai como baixo em calor emocional receberam diagnósticos de doenças severas na meia-idade comparados aos 50% que classificaram o relacionamento com o pai como caloroso e íntimo. Dos participantes que classificaram o relacionamento com *ambos*, mãe e pai, como baixo em calor emocional, 100% receberam diagnóstico de alguma doença na meia-idade.[8] (Isso de certo modo a deixa com vontade de pegar o telefone e entrar em contato com alguém a quem ama, não é?)

Em uma pesquisa com pacientes pós-cirúrgicos, aqueles que sentiam falta de uma participação regular em um grupo social organizado eram quatro vezes mais propensos a estar mortos seis meses depois da cirurgia. Aqueles que *não* eram afiliados a nenhuma religião de onde receber conforto e força eram três vezes mais propensos a estar mortos em seis meses, e aqueles que não tinham uma rede de suporte social nem religioso eram sete vezes mais propensos a estar mortos em seis meses.[9] (Agora aqui está uma nova motivação para acordar e sair da cama para ir à Escola Dominical, certo?)

Em uma pesquisa com mulheres com câncer de mama, um grupo recebeu o tratamento tradicional de radioterapia, quimioterapia e cirurgia, ao passo que o outro grupo recebeu o mesmo tratamento e mais 90 minutos semanais de sessões em grupo com outras sobreviventes do câncer ao longo de um ano. Depois que as mulheres foram monitoradas, o estudo mostrou que aquelas que participaram das reuniões em grupo durante o primeiro ano após o tratamento do câncer viveram duas vezes mais tempo do que as que não participaram! E todas as mulheres que não faziam parte do grupo de apoio morreram em cinco anos.[10]

Um especialista nessa área científica concluiu que:

> Quanto mais amigos você tem, mais saudável você é. No entanto, esse efeito se deve, quase exclusivamente, ao nível em que você conversa com seus amigos sobre quaisquer traumas que tenha sofrido. Mas aqui está o detalhe mais interessante. Se você sofreu um trauma sobre o qual não conversa com ninguém, a quantidade de amigos que tem não está relacionada com sua saúde. (O apoio social só protege sua saúde se você usá-lo com sabedoria.)[11]

O próprio Dr. Dean Ornish, um médico respeitado na área de tratamento de pacientes cardíacos e prevenção de doenças do coração, ficou em conflito com algumas escolhas da vida sobre oportunidades na carreira que estavam se apresentando. Um amigo lhe disse: "Se você estiver nadando no oceano e alguém lhe oferecer um grande saco cheio de ouro — uma grande oportunidade — se você pegar o saco de ouro e se agarrar a ele vai se afogar. Você vai se apegar a algo que o afastará do que mais alimenta sua alma? Ou você abre mão disso agora ou se tornará escravo daquilo que você mesmo criou e que lhe diz como viver".

Refletindo sobre essa conversa, o Dr. Ornish escreveu: "Quando minha autoestima era definida pelo que eu fazia, então eu tinha que aproveitar cada oportunidade importante que aparecia, mesmo se prejudicasse um relacionamento. Agora entendo que *o verdadeiro poder não se mede por quanto se tem, e sim por quanto conseguimos nos afastar*".[12] (Grifo nosso)

Você tem a habilidade de se afastar? As pessoas orientadas por tarefas, como eu, batalham muito com isso. Em um dia agitado, eu estava em minha mesa tentando preencher minha agenda o máximo possível antes de buscar meu filho na escola às 14h30. Eu estava correndo contra o tempo, e quando peguei o telefone para fazer uma ligação, olhei para o meu relógio — 14h30. O rosto do meu precioso filho de 8 anos brilhou em minha mente. Naquele momento eu entendi que os tentáculos da minha lista de afazeres tinham envolvido suas fortes garras em meu coração, e a única forma de lidar com isso era com uma ação rápida. Meus filhos eram mais importantes. Desliguei o telefone, empurrei a cadeira de rodinhas para me afastar da mesa e disse em voz alta com toda convicção: *"Pam, saia. Apenas saia!*

Abraços são importantes. Naquele dia foram mais importantes ainda, porque os braços amorosos de meu filho de 8 anos me lembraram do que realmente importa.

Dito isto, reconheço que se afastar não é fácil. Em determinado ponto em minha carreira, Bill e eu estávamos liderando duas organizações em crescimento e bem-sucedidas. Uma parecia ser bem gerenciável, e a outra estava nos dando muito trabalho e frustração. Na primeira organização, todos estavam seguindo na mesma direção; na outra, fomos confrontados com uma escolha difícil: fazer alguns remanejamentos e muitas mudanças, o que geraria aumento em nosso nível de estresse e nos tomaria o tempo necessário para cuidarmos de nossa saúde e de nossa família, ou nos afastar e deixar que outras pessoas conduzissem a organização. Lembro-me do dia em que tivemos que fazer essa difícil escolha. Eu estava prestes a fazer uma viagem internacional para ministrar uma palestra ao público mais difícil até o momento: esposas de militares em um período em que os Estados Unidos estavam prestes a entrar em guerra. Meu marido voltou para casa depois de uma reunião de liderança, e estava péssimo. Ele estava pálido e a pressão arterial estava aumentando. Ele foi para o quarto às 18 horas e ficou na cama durante todo o dia seguinte enquanto eu me preparava para ficar fora por duas semanas. Lembro-me de pensar: *Deus, não consigo acreditar que isso está acontecendo. Algumas coisas realmente mudaram nessa organização.*

Estamos tão estressados emocional, física, espiritual e profissionalmente. Meu coração está partido. Temos feito várias reuniões para tentar chegar a um consenso, e não está adiantando. Nós tentamos de verdade, Deus. O médico disse que Bill precisa diminuir o nível de estresse, mas ontem à noite orei para que o estresse não o matasse. O preço está alto demais. Socorro!

Eu estava transtornada e com medo por Bill e por nossa família. Queria colocar Bill em uma mala e levá-lo comigo no avião. Ele precisava de uma pausa. Nós precisávamos de uma pausa. Centenas de pessoas ficariam chateadas se nos afastássemos daquela organização, mas quando pensei nas milhares que poderiam perder a chance de ouvir Bill falar ou na perda drástica que os meninos e eu enfrentaríamos sem Bill em nosso mundo, a decisão se tornou clara: *afaste-se.*

Trabalho significativo é importante, mas a conexão emocional é mais importante, e viver o seu chamado é mais importante ainda. Corra em direção a Jesus. Ele lhe dará a sabedoria e a força para se afastar daquilo que não é saudável e para seguir rumo a mudanças que serão melhores para você.

O Presente do Contentamento

Meyer Friedman, médico pioneiro do conceito da personalidade tipo A, destaca algumas pesquisas na área de comportamentos tipo A. Primeiro pensavam que pelo simples fato de alguém ter personalidade tipo A corre mais risco de ter uma doença cardíaca, mas descobriram que o risco só era maior para as pessoas com um componente ou traço em particular — hostilidade! Assim, o problema não são os movimentos rápidos, e sim a sua atitude ao agir desta forma!

O Dr. Archibald Hart concorda:

> Distúrbios emocionais como medo, ansiedade, depressão e raiva podem demonstrar o aumento no nível de adrenalina e do colesterol... No que diz respeito às características de personalidade, descobriu-se que duas "dimensões" estão associadas com o colesterol elevado:
>
> - *hiperatividade* (competição excessiva, agressividade e impaciência)
> - *controle excessivo* (senso de responsabilidade exagerado, conformismo e baixa autoestima)

Esses dois traços de personalidade estão associados com o padrão de comportamento tipo A, que também é conhecido por produzir níveis mais altos de adrenalina. Outro fator psicológico que contribui para o recrutamento de colesterol parece ser a "sensação de impotência"... quando uma pessoa se vê em uma situação sobre a qual se sente incapaz e não tem controle do resultado, nível de colesterol aumenta significativamente, assim como o nível de adrenalina... Só existe uma forma de fazer dieta e praticar exercícios de modo saudável e que diminua o estresse, e é evitando a frustração, o excesso de competitividade e a hostilidade enquanto faz isso.[13]

Tratando pacientes que sofreram infarto, o Dr. Friedman observou que os maiores sucessos na prevenção de um novo infarto era integrar os pacientes em um pequeno grupo de apoio. Ele declarou: "Talvez mais do que qualquer outra coisa que um líder possa fazer por esses pacientes é fornecer-lhes o que muitos não receberam adequadamente na infância — amor incondicional e afeto de uma respeitada figura paterna ou materna".[14]

Você está conectada emocionalmente? Você está dando a sua vida aos mais novos que você em idade ou no crescimento espiritual? Você está permitindo que sua agenda reflita sua própria necessidade de conexão emocional? Onde você recebe amor?

O Presente do Cuidado Físico

O melhor presente de encorajamento que já recebi foi de um colega que ajuda profissionais ocupadas no ministério e cuidarem de si mesmas. Dr. Earl Henslin me pediu que descrevesse o presente do exercício de uma forma que me sentiria motivada a recebê-lo. Então me deu um exemplo de uma pessoa que calculava quanto estava ganhando ao se exercitar uma hora por dia. Por exemplo, se uma hora de exercícios por dia ajudá-la a trabalhar uma hora extra, então você ganhou uma hora de salário. Ou se praticar exercício por uma hora a torna mais criativa, então você ganhou o resultado positivo de criatividade adicional. E se uma hora de exercício todos os dias ajudá-la a viver mais, então você ganhou anos de produtividade, e aqueles anos podem ser gastos da maneira que você e Deus considerem que valha a pena.

Para mim, ter uma forma de mensurar o valor de uma hora de minha produtividade renovou minha motivação. Na história da minha família, doenças cardíacas são recorrentes. Meu pai tinha nove irmãos — e a maioria deles percebeu os primeiros sintomas de problemas cardíacos antes dos 35 anos! Um irmão morreu aos 36 anos, e mais alguns morreram na faixa dos 50 ou 60 anos. Quase todos os meus tios e tias foram submetidos a cirurgias do coração.

Motivação para viver tem sido uma verdadeira motivação para que eu pratique exercícios pelo menos um pouco todos os dias. Eu digo a mim mesma: "Você morrerá se não se exercitar hoje". Sei que Deus criou meu corpo para funcionar sob certos princípios de saúde, e se eu segui-los, tudo funcionará melhor. Mas na realidade, reservar tempo para me cuidar é um desafio. Descobri que se eu agendar duas vezes mais exercícios e duas vezes mais tempo com minha família do que o mínimo necessário para funcionarmos bem, então se for preciso interromper algo ainda terei a exigência mínima em minha agenda. Se eu tivesse apenas o mínimo, as interrupções roubariam o que é vital em minha agenda. Assim, se algo é vital, agende duas vezes sempre que possível! (Para mim, vital é tempo com meu marido, com meus filhos, momentos a sós com Deus, exercícios e tempo para preparar refeições saudáveis. Quais são suas atividades vitais?)

Gosto muito do teste que Daniel propôs ao chefe dos oficiais do rei. Daniel queria frutas e legumes saudáveis em vez da rica comida da mesa do rei, então pediu ao oficial que testasse sua saúde em contraste com aqueles que comiam a comida do rei. Após dez dias, Daniel e seus amigos "pareciam mais saudáveis e mais fortes do que todos os jovens que comiam a comida da mesa do rei" (Dn 1.15, NVI).

Teste o sistema. Algumas pessoas são motivadas quando conseguem calcular o valor monetário de um exercício. Por exemplo, se a dona de um negócio ou uma mulher que trabalha por comissão está ganhando 50 mil dólares por mês, ganha em média 24 dólares por hora. O benefício de praticar exercícios é que ela fica mais alerta e com o pensamento mais claro, e assim pode realizar uma hora extra no mesmo período de tempo, e agora está com mais 24 dólares por dia. Se mensalidade da academia custa um dólar por dia, então a cada dia de trabalho ela agora ganhará mais 23 dólares por causa do acréscimo de tempo e produtividade. Se houver 20 dias úteis no mês, ela ganhará 460 dólares a mais por mês, ou 5.220 dólares por ano.

Se ela estiver com 35 anos quando tomar essa decisão, então ganhará mais 165.600 dólares a mais quando estiver com 65 anos do que uma mulher sedentária. Se acrescentarmos o fato de que ela provavelmente viverá mais, digamos que dez anos a mais que a média, poderá ganhar quase 555.200 dólares a mais ao longo da vida se fizer essas horas extras durante dez anos. Some esses dois valores e ela terminaria com um ganho potencial de 720.800 dólares ao longo da vida por pagar 9.600 dólares em mensalidades na academia. Praticar exercícios poderia lhe dar o lucro de 711.200 dólares. Uma mensalidade de 20 dólares não parece tão cara quando se olha o retorno em potencial.

Sei que o dinheiro não deve ser nosso motivo principal na vida. Mas também sei que as mulheres, em geral, tendem a não valorizar a si mesmas ou o seu tempo. Observando as consequências em longo prazo de uma decisão, por meio de uma série de modelos, às vezes podemos obter retrato mais claro do valor intangível de uma escolha.

Se acrescentarmos a esse paradigma as lentes da longevidade, no sentido de que podemos ser pessoalmente saudáveis o suficiente para nos envolvermos de modo ativo na vida de nossos netos, ou prolongar nosso ministério até a próxima geração, então os resultados positivos de uma vida disciplinada na prática regular de exercícios se torna uma prioridade mais alta.

Dr. Michael Roizen, professor de Medicina e chefe do Departamento de Anestesia e Cuidados Intensivos na Escola de Medicina Pritzker da Universidade de Chicago, escreveu um livro chamado *RealAge: Are You as Young as You Could Be?* [Idade Real: Você É tão Jovem quanto Poderia Ser?]. Dr. Roizen me explicou o conceito de RealAge [Idade Real]:

> *RealAge* é uma medida válida cientificamente para verificar quão rápido seu corpo está envelhecendo. *RealAge* é diferente da sua idade no calendário, que é simplesmente o número de aniversários que você completou; sua *RealAge* diz exatamente quão rápido você está envelhecendo. Por exemplo, tenho 35 anos de idade de acordo com o calendário, mas minha *RealAge* é 38. O livro *RealAge* nos apresenta 44 passos cientificamente provados para retardar ou reverter o envelhecimento e quanto cada um

desses passos muda sua *RealAge*. Gosto de pensar na *RealAge* como uma unidade monetária para a saúde. Se eu lhe der 50 dólares, você saberia que pode cortar o cabelo ou pagar o jantar, mas não teria dinheiro suficiente para comprar uma casa e teria dinheiro demais para uma xícara de café. Esse é o potencial do dinheiro; ou seja, ele nos leva a valorizar nossas escolhas e tomar decisões que são racionais para nós. *RealAge* é como dinheiro no sentido de dar valor às nossas escolhas. Nenhum de nós fará tudo, mas a *RealAge* nos permitirá saber o que cada fator provoca em nossa idade a fim de que possamos fazer escolhas que são racionais para nós.

Dr. Roizen acredita que mesmo as mulheres ocupadas têm opções. Ele diz: "Todos têm que fazer suas próprias escolhas. O que é viável para uma mulher é difícil para outra. Descobrir sua *RealAge* e escolher o que você quer fazer para tornar sua *RealAge* mais jovem requer apenas 30 a 40 minutos. E é divertido. Você aprenderá como pode recuperar esses 30 minutos muitas vezes mais tornando-se mais jovem. Depois de analisar os fatores, você pode escolher fazer as coisas que a interessam a fim de torná-la mais jovem. Quase todas as mulheres conseguem retardar o envelhecimento. O programa oferecerá a cada pessoa recomendações específicas alcançáveis".[15]

Dana Demetre, uma enfermeira e profissional de saúde autora de *The LifeStyle Dimensions Program* [Programa de Dimensões do Estilo de Vida], encoraja mulheres a equilibrar sua vida física, mental, emocional e espiritualmente. Ela encoraja as mulheres a dar pequenos passos de volta à saúde.

Em vez de fazer dieta, Demetre incentiva as mulheres a pensar de forma ativa. "Achamos que nosso estilo de vida sedentário é normal porque é tudo que conhecemos. A mulher norte-americana média só queima entre 1.500 e 1.800 calorias por dia. No entanto, no início dos anos 1990, ela queimava entre 2.000 e 3.000 por dia! [...] As pessoas andavam por todos os lugares e ficavam envolvidas em trabalho físico todos os dias. [...] A fim de fazer mudanças em longo prazo e manter-se ágil na vida, você deve fazer uma mudança de estilo de vida que aumente essas atividades."[16]

Uma das mudanças que fiz recentemente é caminhar em grupo em vez de organizar encontros para tomar café com aquelas mulheres que desejam agendar um horário para tratar de questões emocionais ou líderes com quem preciso estar em contato.

Até beber mais água ajudará a maioria das mulheres. Devemos beber entre 100 e 200 mililitros de água por hora. Se você fica acordada das 7 às 23 horas, então isso é cerca de 2 a 4 litros de água por dia ou mais de dois quartos do mínimo de água necessário por dia. Aqui está o problema — café ou refrigerante não contam. Na verdade, para cada gole de cafeína que você bebe, é preciso um gole extra de água! Cafeína é um diurético, o que significa que reduz a água tão necessária ao seu corpo.[17] Não desanime. "Pequenos passos, regularmente, contribuem para um grande caminho ao longo do tempo", declara Demetre.[18]

Quando demonstramos cuidado conosco, refletimos o caráter de Deus. Deus cuida de nós. Nós somos "templo do Espírito Santo" (1 Co 6.19). Você é "templo de Deus" (1 Co 3.16). Isso significa que nosso corpo é casa do Criador que o criou. Nós nos tornamos o seu templo no momento em que recebemos a Cristo em nossa vida.

Se Deus me avisasse que estava vindo visitar minha casa, eu mobilizaria minha família toda. Esvaziaria e arrumaria armários e gavetas. Espanaríamos o pó, esfregaríamos, lavaríamos, passaríamos o aspirador e até limparíamos as janelas e a garagem! Eu faria o possível para que tudo estivesse pronto para a visita dEle; mas Ele não está visitando — Ele já vive aqui. Por estar sempre por perto, eu me esqueço do quanto é importante cuidar do seu lugar — eu! Deus quer que eu observe todos os meus hábitos e práticas saudáveis à luz de como Ele me vê — um templo. Um lugar que é santo, onde habita a verdade e que proclama as Boas Novas de amor, alegria, paz, paciência, bondade, benignidade, fé, mansidão e temperança (veja Gl 5.22,23).

Pelo fato de Deus estar interligado com nosso corpo, nossas emoções e nosso espírito, quando uma área reage positivamente ao seu plano, todas as outras áreas são afetadas de modo positivo também. O salmista retransmite essa ligação em um exemplo em Salmos 30.10-12:

> Ouve, Senhor, e tem piedade de mim; Senhor, sê o meu auxílio. [Um clamor por ajuda emocional.] Tornaste o meu pranto em folguedo; [a ajuda emocional veio, então há uma resposta positiva física] tiraste o meu cilício e me cingiste de alegria; [recebeu um revestimento de auxílio

emocional] para que a minha glória te cante louvores e não se cale; Senhor, Deus meu, eu te louvarei para sempre [ocorre um resultado espiritual positivo].

Desfrutar do presente da saúde física pode ajudá-la espiritualmente também.

O Presente da Oração

Uma igreja decidiu testar o poder da oração. Oitenta nomes foram escolhidos na lista telefônica e a igreja orou por eles durante três meses. Ao mesmo tempo, mais 80 nomes foram escolhidos na lista telefônica, mas esse grupo não recebeu oração. No final dos três meses, ambos os grupos recebera, uma ligação de membros da igreja. Dos 80 que não receberam oração, apenas um respondeu de modo favorável, mas do grupo que recebeu oração, 69 convidaram membros da igreja para uma visita, e 45 convidaram os grupos de oração da igreja para um café, um lanche — e um momento de oração![19]

A ciência médica já relacionou o poder da oração à longevidade e à recuperação de pacientes. Dr. Dale A. Matthews, da Universidade de Georgetown, revisou 212 pesquisas e descobriu que três quartos mostraram uma correlação positiva entre compromisso religioso e boa saúde. Em uma pesquisa em São Francisco, 393 pacientes foram divididos em dois grupos. Metade recebeu oração, e a outra metade não. Ninguém sabia em que grupo cada um estava. Aqueles que receberam oração tiveram menos complicações de saúde.[20]

Se a oração é tão boa para os outros e para nós, então por que é utilizada tão pouco? Acho que é porque vemos a oração mais como uma tarefa do que como um relacionamento. Oração não é algo que faço, oração envolve *Alguém* com quem eu converso. Para mim, a melhor oração é quando consigo ser eu mesma enquanto converso com Deus. Algumas coisas me ajudaram a nutrir esse relacionamento.

Saber com quem estou conversando. Quanto mais aprendo sobre Deus, seu caráter e personalidade, mais quero conversar com Ele. Estudei os nomes de Deus, os nomes de Jesus e os nomes do Espírito Santo. Tenho feito estudos sobre os atributos de Deus e me aprofundado em estudos indutivos da Bíblia para ver como Deus trabalha com e por meio das pessoas. À medida que conheço a Deus, ganho motivação para orar porque percebo mais e mais o privilégio que é orar. Tenho uma confiança crescente de que conversar com Ele fará diferença em minha vida. Quando reflito sobre sua soberania e onisciência, que Ele vê tudo, sabe de tudo e tem todo o poder para fazer qualquer coisa que considere melhor, minhas lutas parecem mais seguras em suas mãos. É quando paro de gastar tempo para conhecê-lo por meio do estudo bíblico que minha motivação para encontrá-lo diminui.

Saber que não há problema em ser verdadeira. Grande liberdade surge de saber que Deus sabe tudo a meu respeito e me ama apesar de mim mesma. Por quase 25 anos, Bill e eu desfrutamos da oração mesmo sendo verdadeiros e vulneráveis diante de Deus. Quando oramos, se nossa mente se dispersa, simplesmente começamos a orar por aquela área da vida. Supomos que por nossa mente se voltar para isso, é uma questão que precisamos tratar — ou Deus quer que examinemos. Por exemplo, posso começar orando por um de meus filhos, mas então minha mente se volta para o prazo de um trabalho. Oro por essa questão até me sentir em paz ou livre desse fardo. Em seguida, volto a orar pelo meu filho. Oro até por pensamentos pecaminosos se eles surgirem. Se eu estiver tentando manter o foco em Deus e seus atributos, mas uma cena da televisão, um comercial ofensivo ou um pensamento cruel surge em minha mente, eu oro e entrego essa área a Deus. Confesso que estou errada e peço a Deus que leve meu pensamento cativo. Se o conflito demorar, pergunto ao Senhor se é uma questão que preciso tratar com uma mudança de estilo de vida. Pode ser a ponta de um *iceberg* expondo um problema mais profundo.

Também permito que minhas emoções sejam reais. Se me sinto desapontada com Deus, eu digo a Ele. Também lhe digo a verdade sobre si mesmo — não porque Ele precisa ouvir, mas porque eu preciso. Eu poderia dizer algo como: *Deus, não aguento mais pessoas que não cumprem suas responsabilidades. Se o Senhor realmente controla tudo e tem todo poder, e eu sei que tem, como não faz simplesmente as pessoas executarem o que precisa ser feito? Sei que nos deu o livre-arbítrio, mas também sei que o Senhor age por meio da oração. Então agora vou pedir que o Senhor faça essas pessoas desejarem fazer o que é certo! Deus, também sei que tenho sido preguiçosa e teimosa em minha vida, então me conceda sua graça. Mas também me ajude a manter o seu padrão de desejar a excelência — principalmente por me sentir como se quisesse desistir, do mesmo modo como o restante desistiu. Talvez no fundo, Deus, eu esteja com inveja porque parece mais fácil para as outras pessoas do que para mim. Ajude-me a solucionar essa ira porque não posso liderar pessoas se estou furiosa com elas, e não posso liderar pessoas se estou furiosa com o Senhor, então me mostre por que estou tão furiosa. Estou com medo de quê? Por que estou pensando que o Senhor me deve alguma coisa? O Senhor não me deve nada. O Senhor já se entregou na cruz. Isso deveria ser o suficiente para mim! Por que estou tão perdida aqui?* Ao seguir o processo de pensamento dessa oração, você pode ver que quanto mais real eu era, mais eu me rendia. O foco mudou dos outros para Deus e então para o que eu precisava que Deus fizesse em mim.

"Real" é diferente para as pessoas: Pode significar chorar, andar com passos largos, gritar ou ficar tão quebrantada que mal consegue falar. O segredo é comprometer seus pensamentos honestamente ao Deus da graça, porque só então você fica livre para receber dEle. Se finjo ser alguém ou alguma coisa que não sou, a quem estou enganando? Deus pode ver que é uma encenação! Descobri que se conto a verdade a meu respeito *e* conto a verdade sobre Deus, então as respostas vêm.

Oração é um relacionamento, não é apenas um espaço de tempo. Tento incluir a oração em minha vida naturalmente, mas também tento ver que é natural reservar tempo para orar. Sim, eu oro sem cessar. Por exemplo, estou orando agora sobre como escrever estas palavras. Tento procurar maneiras de conversar com Deus. Se estiver sozinha em meu carro, sempre suponho que minha prioridade é conversar com Ele. Eu oro enquanto faço natação, o que na Califórnia ocorre várias vezes por semana. Também descobri que caminhar e orar é uma combinação que funciona bem, porque ninguém pode interromper. Tenho lembretes mentais para orar: fotos em minha mesa, artesanatos em minha geladeira e bilhetes em meu espelho. Também uso tarefas específicas diárias como lembretes para orar. Por exemplo, toda vez que dobro as roupas, oro por minha família. Eu poderia escolher me sentar e assistir à televisão ou ouvir um CD motivacional nesses momentos, mas optei por usar algumas tarefas diárias específicas como uma sirene emocional para me lembrar de orar e conversar com Deus.

Todas as noites, na cama, Bill e eu oramos juntos. Entendo que nem todas as mulheres têm a liberdade de orar *com* seu cônjuge, mas podem ter a oportunidade de orar *pelo* cônjuge.

Para muitas mulheres, é melhor orar pela manhã e conversar com Deus ao longo do dia. Por ser uma pessoa que não funciona bem de manhã, espero uma hora mais ou menos para orar antes de iniciar minhas atividades, e sempre oro enquanto realizo os afazeres de minha lista e agenda para o dia e avalio prioridades.

Eu costumava pensar que não era espiritual se não orasse de certa maneira (de joelhos), ou por determinado período em um momento específico do dia. Descobri que essas expectativas exteriores, autoimpostas, na verdade estavam me impedindo de ser honesta com Deus. Eu faço, contudo, como um desafio, para que atinja novos objetivos para essa parte do meu relacionamento com Ele, mas me recuso a acreditar que algumas pessoas são mais espirituais do que outras simplesmente porque preferem diferentes estilos de oração. A comparação pode ser uma armadilha que a impedirá de descobrir seu próprio relacionamento com Deus.

Com diferentes idades e fases da vida, nosso relacionamento com Deus mudará e se adaptará. Quando eu era solteira, descobri que gostava muito de ir a piqueniques ou caminhadas com Deus e passava horas expressando meus pensamentos a Ele. Como jovem mãe, aqueles momentos de amamentação de madrugada com uma criança em meu colo eram os favoritos. Quando meus filhos cresceram, o carro se tornou meu lugar de consolo e santuário. Uma poltrona de avião se torna um lugar santo enquanto passo horas ali. Então Deus me tem como audiência cativa, e assim deixo para orar por grandes problemas e decisões durante essas longas viagens. Descobri que não é o onde, o como ou o quanto que é tão importante quanto a atitude de querer conversar com Deus sobre tudo na vida. É o desejo de esperar pelo tempo com Deus que me ajuda a saber que minha conexão está forte. Quando o desejo desvanece, então sei que é hora de um pontapé inicial: um retiro, um período sozinha, uma nova ideia ou rotina para despertar meu momento de devocional.

Já mencionei que Bill e eu construímos nossa própria casa. Meu trabalho durante boa parte do projeto era segurar um nível no alto para verificar se uma parede ou assoalho estava no prumo ou nivelado — no lugar certo. O objetivo é que o nível mostre uma bolha no centro das marcas do instrumento. Se não estiver nivelado ou no lugar certo, a bolha deslizará de um lado ou para o outro. Minha paz pessoal funciona como aquela bolha. Quando minha vida de oração está no lugar certo, sinto uma paz emocional. Minha paz pessoal é como aquele suspiro profundo que geralmente me acompanha quando entro em uma banheira. De forma semelhante, quando me sinto relaxada e revigorada pela presença de Deus em minha vida, sinto um suspiro profundo em meu espírito, e um "aaahhh" de oásis. Essa sensação é um indicador de que estou mais perto do equilíbrio que Deus tem para minha vida.

O Presente da Celebração

Barbara Johnson acrescenta humor e celebração em sua vida tirando folga no primeiro dia de cada mês. Também faço brincadeiras — o dia todo, quase todos os dias. Uma piada ou história engraçada terá prioridade em relação a quase qualquer coisa. Telefono para Bill e deixo uma mensagem engraçada. Apareço em seu escritório e deixo um bilhete divertido embaixo da porta se ele estiver em reunião ou sessão de aconselhamento. Ele interrompe meus escritos com: "Então você ouviu a...". Livros e DVDs humorísticos fazem parte do nosso orçamento! Meus amigos sabem disso, então recebo muitos e-mails engraçados.

"Bobagem é um assunto muito sério", diz o Dr. Lee Berk, do Centro Médico da Universidade Loma Linda. Patty Wooten, uma enfermeira e autora do livro *Compassionate Laughter: Jest for Your Health* [Riso Compassivo: Brinque pela sua Saúde], concorda. Enquanto Wooten visita seus pacientes vestida de palhaço, Berk e seu companheiro de pesquisa, Dr. Stanley Tan, foram pioneiros em um novo campo da medicina: *psiconeuroimunologia*, ou os efeitos do riso no sistema imunológico.

Os médicos exibiram vídeos engraçados a pacientes e então observaram uma diminuição nos hormônios do estresse e um aumento nos anestésicos naturais; um aumento de células "T", que ajuda a organizar a reação do sistema imunológico; um aumento do anticorpo imunoglobulina A, que combate infecções respiratórias; mais interferon gama, um hormônio que estimula o sistema imunológico; células B, que produzem anticorpos que combatem micro-organismos nocivos; e mais Complemento 3, que ajuda os anticorpos a penetrar células infectadas ou disfuncionais.[21]

Esse campo da medicina começou quando Norman Cousins recebeu alívio para sua doença degenerativa ao rir assistindo a vídeos engraçados. Até nosso cérebro se beneficia. Peter Derks, da Faculdade de William e Mary, observou: "Quando entendemos uma piada, há uma mudança na atividade das ondas cerebrais; resolvemos uma incongruência".[22] Embora o riso não substitua o medicamento tradicional, é um excelente recurso a ser utilizado em prol da boa saúde.

Gosto muito de um marcador de páginas que peguei em um aeroporto: "Não faz sentido ser pessimista — não funcionaria mesmo!"

O Presente da Esperança

Rir é um bom remédio. E a esperança também. Na maior parte da minha vida de casada, um de nós ou ambos administramos nossos próprios negócios. Qualquer empreendedor descobre rapidamente que com frequência é oito ou oitenta. Quando há trabalho, geralmente há aos montes. Quando enfrentamos prazos como esses, acendemos "uma luz no fim do túnel das celebrações". Só de pensar que em uma semana poderemos estar em alguma praia ensolarada lendo um bom livro em ótima companhia faz o trabalho parecer mais leve.

Quando trabalho com mulheres passando pelo trauma de um divórcio inesperado, encorajo-as a fazer alo agradável por si mesmas todos os dias. Pode ser algo simples como um banho de banheira ou ler uma revista feminina, mas todos os dias, de alguma forma, elas devem se permitir ter esperança. Audiências devem ser seguidas de um jantar com uma amiga cristã de confiança ou com seu grupo de apoio. Fins de semana sem os filhos são momentos para permitir que Deus renove sua vida. Conferências, ler um livro na praia, lazer com outras amigas cristãs podem renovar a esperança.

Se estiver passando por um período de escuridão por causa de um filho rebelde, uma doença, por estar cuidando de um ente querido ou passando por alguma outra transição difícil na vida, coloque uma luz no fim do túnel. Planeje algo em sua agenda que lhe permitirá receber de Deus.

Dê uma festa particular. Quais são algumas coisas que custam pouco ou nada que a ajudam a celebrar a vida? Faça uma lista com essas opções. Escolha um dos itens da lista para fazer esta semana. Enquanto você celebra, a esperança se revitaliza. Por exemplo, quando viajo pelo aeroporto Chicago O'Hare, me divirto atravessando o pavilhão interno de luzes e música que se estende pela esteira rolante. Posso correr pelas outras áreas do aeroporto, mas paro e aproveito o tempo simplesmente desfrutando desse breve oásis de arte. Em dias menos profissionais, passeio pela seção infantil de uma livraria e leio livros de criança — sem meus filhos! Ou faço meu próprio dia de *spa*, que inclui um banho de banheira à luz de velas, máscara facial e loção do Havaí (não custa muito, mas preciso encomendar para tê-la à mão!). Alguns dias, a celebração é simplesmente uma caminhada durante o pôr do sol.

Receba o Presente

Dr. Hart apresenta algumas palavras de sabedoria que podem prolongar a vida de muitas de nós: "Para evitar doenças cardiovasculares e outros distúrbios relacionados ao estresse, não basta comer os alimentos certos e manter o colesterol baixo. Isso é importante, mas não é o suficiente! Não basta praticar exercícios e nem tirar férias regularmente. Para se proteger... você deve aprender a interromper a produção de adrenalina quando ela não é mais necessária... Isso significa controlar o problema em sua fonte".[23]

Dr. Hart incentiva alguns métodos simples, porém práticos, para controlar o uso excessivo de adrenalina: dormir de oito a dez horas por noite e aprender a lidar com emoções negativas, fortes (então, na próxima vez que alguém disser "Relaxe!", aceite a sugestão e coloque-a em prática). Exercícios e um período diário para relaxar irão ajudá-la a lidar com sua inclinação a uma sobrecarga de adrenalina. Ele também recomenda planejar em sua agenda um tempo de recuperação após períodos de alta adrenalina. (Um comentário adicional: Estudos comprovam que GANHAMOS peso se DEIXARMOS de dormir — uau, isso é bom. Os médicos estão dizendo que não há problema em descansar!)

Quando viajo, trabalho no avião durante o voo, mas guardo um novo livro para a viagem de volta. Ao estabelecer recompensas saudáveis, o trabalho se parece menos com trabalho. E o sistema de recompensas começou com Deus: "Todos os que competem nos jogos se submetem a um treinamento rigoroso, para obter uma coroa que logo perece; mas nós o fazemos para ganhar uma coroa que dura para sempre" (1 Co 9.25, NVI). Deus nos recompensará pelo nosso trabalho, mas observe como o versículo começa — com um treinamento rigoroso. Se não zelarmos por nossa vida, ninguém mais o fará. Deus quer que você se valorize. Gosto da interpretação de Paulo sobre o que é uma "coroa". "Porque qual é a nossa esperança, ou gozo, ou coroa de glória? Porventura, não o sois vós também diante de nosso Senhor Jesus Cristo?" (1 Ts 2.19). A esperança, gozo ou coroa de Paulo eram os relacionamentos. Pessoas são a recompensa. *Você* é a coroa de alguém. Provavelmente, você é a coroa de muitas pessoas.

Quando observo a forma como as coroas são tratadas pelas vencedoras de desfiles ou por monarcas, percebo que sempre são manuseadas com cuidado. Coroas recebem tratamento especial. Você pode se permitir receber um pouco de carinho, amor e cuidado hoje?

Pontos de Decisão

Como você está cuidando do seu templo? Você está em equilíbrio emocional, físico, mental e espiritual?

Que escolhas de estilo de vida você acha que Deus gostaria que você fizesse a fim de que possa receber o presente da esperança de novo? Você precisa de mais conexão emocional, atividade física, nutrição ou descanso, ou é a contemplação ou celebração que renovaria sua esperança?

Há alguém cujo impacto em você não é saudável? *Afaste-se*, coloque algum espaço em sua agenda e peça a Deus que lhe mostre uma forma mais saudável de se relacionar com essa pessoa. (Isso pode significar diminuir o tempo com ela ou receber aconselhamento juntas, etc.) Isso é algo que você está fazendo e que está aumentando o seu nível de estresse? De que coisa(s) você precisa *se afastar* para se aproximar do melhor que Deus planejou para você?

Faça uma festa para si mesma! Dê-se um presente hoje. Escolha uma área para começar a dar pequenos passos. Lembre-se, "pequenos passos, regularmente, contribuem para um grande caminho ao longo do tempo!".

NOVE

Decida Ser Ousada
Fazendo as Escolhas Estratégicas Corajosas

E xiste um pecado, um pecado secreto, que alguém está guardando agora. Ela diz a si mesma: "Não é nada demais, é pessoal. Não fere ninguém...". A inveja abre caminho para o ciúme, o ciúme abre caminho para o flerte, o flerte abre caminho para a oportunidade, a oportunidade abre caminho para a tentação, a tentação abre caminho para a possibilidade, a possibilidade abre caminho para a curiosidade, a curiosidade abre caminho para a empolgação, a empolgação abre caminho para um convite, o convite abre caminho para um caso, um caso quebra os votos de um casamento, a quebra dos votos de casamento fere:

O coração do marido
O coração dos filhos
O coração dos pais
O coração dos amigos
O coração do pastor
O coração do líder
O coração do Senhor
Seu testemunho

Seu futuro
O futuro de seus filhos
Suas finanças

Seu pecado secreto se move como ondas.

Havia um pecado, um pecado secreto, que alguém estava guardando. Ele se tornou um pecado, um pecado público, e agora todos estão chorando.

Pastor Tony Folio, da Sunrise Church em San Diego, é conhecido por declarar: "O pecado o leva mais longe do que você queria ir; o mantém mais longe do que você queria ficar; e custa mais do que você queria pagar!"

Bill e eu calculamos que para o pecado de alguém que comete adultério *cada* um de nós deve gastar *aproximadamente 100 horas de tempo no ministério* ajudando os que se feriram (e isso se a pessoa se arrepende). Isso inclui tempo ajudando o adúltero a realinhar sua vida. Se ele ou ela não se arrepende, e continua pecando ou pede o divórcio, o número de horas dobra rapidamente para mais de 200 horas de tempo no ministério. E não é apenas o tempo do pastor que é afetado. *Todos que fazem parte da vida da pessoa que pecou e que são um apoio para sua vida e família gastam uma quantidade similar de tempo e energia. Centenas de horas são gastas na tentativa de superar as consequências da escolha errada da pessoa.* O ato sexual dura apenas alguns momentos, mas reparar os danos demora centenas de horas, que poderiam ser mais bem aproveitadas. E não é só o pecado da infidelidade que causa essas ondulações — *todo pecado causa*.

Compare as horas e horas ao *momento instantâneo* que leva para obedecer. O Espírito de Deus fala ao seu coração: "Não faça isso. É pecado.".

Você diz: "Tudo bem, Senhor. Obrigada pela orientação do seu Espírito Santo". É isso! Em segundos, a obediência se concretiza. As pessoas com frequência perguntam a líderes como eu — e como muitas de vocês — como conseguimos fazer tantas coisas. Acho que este é o segredo: nós obedecemos. (E se estivermos cercadas por aqueles que também obedecem, nosso marido, filhos, colaboradores, etc., nossa vida é muito mais simples por causa da obediência.) A obediência poupa tempo! Obedecer é uma Decisão Ousada. A obediência é estratégica para uma mulher que quer mais da vida!

O Perfume da Obediência

Assim como o pecado deixa uma onda de destruição e devastação, a obediência deixa uma onda de esperança, alegria e paz.

Depois do seminário, Bill e eu voltamos para a mesma igreja que nos enviara para lá e servimos no ministério de jovens. Uma de nossas famílias favoritas estava se mudando para Atlanta. As circunstâncias em torno da mudança eram tensas. Carol, agora uma mãe solteira, estava saindo da equipe de juventude para concluir um curso de graduação e encontrar um novo começo para si mesma e para seus três filhos adolescentes.

Eles estavam empacotando seus pertences na bela casa colonial, e eu queria fazer uma visita rápida para me despedir e oferecer apoio moral. Eu havia telefonado com antecedência para perguntar se podia ir e se Carrie, sua filha adolescente, poderia tomar conta de meus dois filhos pequenos por alguns minutos enquanto eu conversava com Carol. Carrie concordou e eu me dirigi até lá. Entrei e dei um abraço em Carol, e então ela chamou Carrie, que estava no andar de cima. "Já vou! Só um minuto", respondeu a filha.

Eu segurava meu filho de dois anos pela mão enquanto seguíamos para a cozinha. Vi uma linda boneca antiga, pronta para ser empacotada.

— Oh, Carol. Que linda! — exclamei. — Não vejo uma boneca como essa desde que eu era uma menininha. Minha bisavó tinha uma, e lembro-me de gostar muito de segurá-la, abraçá-la e de olhar para ela. Não fazem mais bonecas tão lindas.

— Oh, obrigada. Sim, é difícil encontrar bonecas de porcelana como esta. E essa é especial. Pelo menos foi o que disse a amiga que me deu. Ela era uma vizinha, uma senhora muito gentil, a quem eu costumava ajudar com algumas coisas de que precisava em sua casa, e quando ela empacotou seus pertences para se mudar com a família por causa de sua saúde debilitada, quis que eu ficasse com a boneca.

Carol estava conversando comigo da cozinha, onde preparava um chá. Eu estava em pé na sala de jantar, com a boneca de porcelana em uma das mãos e meu filhinho na outra. Gentilmente, coloquei a boneca onde a havia encontrado.

Dei alguns passos à frente e então ouvi um barulho. Olhei para trás. Meu filho havia conseguido alcançar a frágil boneca de porcelana, e a segurou por uma das pernas. Por ser muito pequeno, a cabeça da boneca se despedaçou ao bater no chão de madeira da casa de Carol.

Eu chorei. Carol chorou. E isso fez meu filho chorar. E então Carol colocou os braços em volta de mim e meu filhinho, e ficamos chorando na sala de jantar por um momento. Sei que repeti "Sinto muito" dezenas de vezes. Eu me sentia péssima. Tinha ido oferecer conforto, e Carol é que estava me confortando. Tantos de seus sonhos e esperanças haviam se despedaçado diante aos seus pés recentemente, e agora eu havia quebrado mais um tesouro. Eu sabia que não poderia restituí-lo. A boneca era insubstituível. E mesmo se eu conseguisse encontrar uma em algum antiquário, nunca teria condições de comprá-la. Mal conseguíamos pagar as contas. Carol disse algo tão notável quanto as palavras que sempre dizia: "Aprendi a ver que as coisas, por mais belas que seja, ainda são apenas coisas, Pam. Relacionamentos são meus tesouros mais preciosos. Agora, vamos tomar um pouco de chá". Já se passaram vinte anos desde aquela manhã, e ainda me lembro como se fosse ontem. Obediência é assim. Deixa um perfume de vida, saúde e esperança onde ela acontece. A obediência é doce, e seus efeitos transformam o mundo. Como podemos cultivá-la em nossa vida?

Uma Conexão de Coração para Coração

Nos capítulos 14—17 de João, Jesus repete as informações mais importantes que seus discípulos precisam saber quando o manto do ministério é transferido para eles. Repetidas vezes, Cristo enfatiza a obediência. Ele o faz de maneiras variadas, mas a mensagem é a mesma. Ele explica: "Aquele que tem os meus mandamentos e os guarda, este é o que me ama; e aquele que me ama será amado de meu Pai, e eu o amarei e me manifestarei a ele" (Jo 14.21). O segredo para ser uma mulher a quem Deus pode usar está claro. A resposta para como saber a vontade de Deus está estabelecida. *Obedeça*. Jesus continua para responder ao questionamento mais profundo em nosso coração: "Mas como sabemos a que obedecer?"

"Se alguém me ama, guardará a minha palavra, e meu Pai o amará, e viremos para ele e faremos nele morada" (Jo 14.23). Quando perguntamos "Deus, qual é a tua vontade?", estamos buscando uma lista concreta de "sim e não". Queremos uma lista por escrito do que fazer. Queremos a pauta da reunião. Mas Deus quer uma *conexão* conosco.

Vocês São os Ramos

Em João 15.1-17, Jesus nos dá um retrato do nosso relacionamento com Ele. "Eu sou a videira, vós, as varas" (Jo 15.5). Essa é uma imagem dos vinhedos muito comuns nos montes e vales de Israel. Jesus é a videira. Todos os nutrientes vêm dEle. Suas raízes penetram o solo para buscar tudo de que precisamos, e então Ele nos fornece. Tudo que temos que fazer é receber e florescer! Não somos qualquer tipo de ramo — somos ramos podados. "Toda vara em mim que não dá fruto, a tira; e limpa toda aquela que dá fruto, para que dê mais fruto. Vós já estais limpos pela palavra que vos tenho falado" (Jo 15.2,3). *Você está limpa*, pronta para crescer e preparada para frutificar.

Como ramos limpos, não podemos decidir simplesmente nos afastar e agir por conta própria. Nós morreríamos. Um ramo deve estar ligado à videira para produzir frutos. Por isso Jesus conclui o versículo 5 dizendo: "[...] quem está em mim, e eu nele, este dá muito fruto, porque sem mim nada podereis fazer".

Sem Ele, sem fruto. É como uma fórmula matemática: A + B = C. Jesus em mim + eu nEle = fruto. Então o que significa estar nEle, e como conseguimos isso? Nesse caso, o significado é *morar*, continuar, habitar, resistir, estar presente, ficar, persistir, permanecer — em outras palavras, não ir a lugar nenhum![1] É como se armássemos uma tenda e fixássemos residência nEle. Gosto de dizer que estou acampando em quem Deus é.

Os resultados de estar nEle encontram-se no versículo 11. "Tenho-vos dito isso para que a minha alegria permaneça em vós, e a vossa alegria seja completa". E alegria não é uma das coisas que nós mulheres mais procuramos? Amamos a sensação de estar no topo do mundo, em paz com nós mesmas e com as pessoas ao nosso redor. E amamos o entusiasmo e a aventura de ver um plano se concretizar. Amamos a agitação, a vivacidade, a vibração da profunda conexão emocional. Embrulhe todas essas emoções e mais alguns sentimentos positivos e temos o nosso retrato da alegria. Jesus está dizendo que a profunda paz de que "tudo dará certo, não importa o que aconteça" é sua alegria, e ela só vem quando estamos nEle. Não existe outra forma de termos a sensação de que as peças estão se encaixando. Isso só acontece quando estamos, permanecemos, ficamos ou *acampamos* nEle!

Somos Amigos

Jesus passa para um novo retrato, mais íntimo. No versículo 15 Ele declara: "Já não vos chamarei servos, porque o servo não sabe o que faz o seu senhor, mas tenho-vos chamado amigos, porque tudo quanto ouvi de meu Pai vos tenho feito conhecer". Afinal, fomos comprados por um preço — seu sangue. Todavia, Ele quer que sejamos mais que o povo "que lhe pertence". Ele sabe como a nossa mente funciona.

Você já pegou dinheiro emprestado com alguém? Toda vez que encontra a pessoa você se sente culpado. Você sabe que a pessoa sabe que você está devendo. Talvez ela não a trate de maneira diferente, mas você sabe que existe alguma coisa, e nem você nem ela dizem nada. Se você continuar devendo, talvez queira evitar essa pessoa porque se sente mal por não ter quitado a dívida. Jesus não quer um relacionamento tenso construído sobre o alicerce da culpa. Ele quer ser nosso amigo, embora ainda tenhamos uma dívida com Ele e sempre a tenhamos! Ele sabe que não há dinheiro, não há trabalho, não há nada que possamos fazer para pagar o que Ele fez por nós no calvário, então muda completamente o relacionamento. Ele nos chama de amigos.

Minha melhor amiga quer o melhor para mim. Ela está disposta a ser incomodada para ver que tenho o que preciso para ser bem-sucedida em tudo na minha vida, lar, trabalho, ministério e relacionamentos. Ela e eu conversamos regularmente, e quando conversamos é em um nível profundo. Pelo meu tom de voz ao telefone, ela sabe quando estou estressada ou desanimada. Pela minha linguagem corporal, ela sabe se estou me sentindo bem ou se estou ansiosa.

Se eu descrevesse meu relacionamento com meu marido, também acrescentaria que ele quer saber tudo sobre mim e eu quero saber tudo sobre ele. Iríamos até o fim do mundo para ajudar um ao outro. Sei que ele morreria por mim. Sei que ele abriria mão de suas vontades, necessidades e desejos se eu precisasse dele. Quando estamos afastados por causa do ministério ou do trabalho, sentimos o peso de estarmos separados. Uma vez eu lhe disse: "Querido, não me sinto bem sem você". Sinto que quando estamos juntos somos muito mais fortes, pensamos de forma mais clara e formamos uma equipe vencedora.

A amizade com Jesus é tudo isso e muito mais. Ele conhece cada um de nossos pensamentos. Conhece cada necessidade antes de nós mesmas. Vê a nossa vida na totalidade e como se relaciona na história, e pode trabalhar para o nosso bem. Ele criou o tempo, então pode ver do início ao fim o que é melhor para nós, e tem o poder de realizar todos os seus planos para nós. Ele colocou em nós o seu Espírito Santo, e descreve o que o fruto do Espírito produzirá em nossa vida se nos rendermos: "amor, gozo, paz, longanimidade, benignidade, bondade, fé, mansidão, temperança" (Gl 5.22,23). Em João 16, Ele afirma que o Espírito Santo nos convence do pecado, da justiça e do juízo, e nos guiará em toda a verdade, e glorificará a Deus (veja Jo 16.8,13,14).

Se sou amiga de Deus, vou querer saber tudo sobre Ele. À medida que o conheço, então saberei o que Ele quer que eu faça.

O Quadro Completo

Há certos métodos que me ajudam a conhecer a vontade de Deus. Gosto de compará-los da mesma forma que aprendemos a interpretar as Escrituras. Se estiver perdida em uma cidade, pego um mapa. Se não tiver um, vou ao ponto mais alto que puder encontrar a fim de me situar olhando o panorama geral. Isso também é verdade em relação a discernir a vontade de Deus. Mulheres que reservam tempo, energia e empenho para estudar a Bíblia de capa a capa se sentem mais confiantes na habilidade de ouvir a voz de Deus. Ter um entendimento global da Palavra de Deus nos ajuda a entender a Deus e como Ele trabalha. Ao expor o quadro completo em sua vida regularmente, sua estrutura para ouvir a voz de Deus fica no lugar.

Tente uma dessas ideias para expor o quadro em sua vida:

Ler a Bíblia toda em um ano. Há muitos programas para ajudá-la. Talvez sua própria Bíblia tenha um plano de leitura em um ano. Meu modo preferido de ler a Bíblia é usando um recurso para devocional chamado *Walk Thru the Bible* [Caminhe pela Bíblia].[2] É uma revista que recebo em casa mensalmente e orienta a leitura bíblica a cada dia. Ela apresenta informações históricas, gráficos, diagramas e reflexões práticas que me alimentam emocional, espiritual e intelectualmente.

Estudar a Bíblia cronologicamente. Tenho um pôster em meu escritório mostrando como a Bíblia veio de sua forma original em papiros até chegar à Bíblia em minha própria língua que está em minha mesa hoje. Ver a Bíblia e como Deus sustentou sua Palavra me dá confiança de que Ele me sustentará também. Ao ver como Deus tinha um plano para homens e mulheres ao longo da história, recebo a garantia de que Ele tem um plano para mim também. Gosto de usar uma Bíblia cronológica, compilada na sequência em que os livros foram escritos. Ao observar a cronologia, compreendo a lição de que Deus é um Deus de ordem. Ele estabelece fundamentos e edifica sobre eles. Ele chamou Israel e lhe deu uma missão de mostrar o caráter divino a todos com quem tivesse contato. Estabeleceu a família. Chamou Abraão, e depois Moisés, para liderar uma nação, o povo escolhido. Instituiu a lei para ser um tutor de certo e errado. A lei mostrava às pessoas que, por si mesmas, não conseguiriam encontrar o padrão. Quando precisaram de um salvador, ele enviou um Salvador.

Ao ver o quadro completo, obtenho uma filosofia de vida que é o pano de fundo de minhas decisões diárias. Por exemplo, porque Deus primeiro instituiu a lei e *só então* responsabilizou os homens, como mãe também devo instruir primeiro antes de disciplinar. Como as pessoas poderiam obedecer quando não havia uma regra a ser obedecida? Por Deus ser um Deus de ordem, e agir pacientemente ao longo da história, se estou agitada forçando uma decisão, e tudo parece incerto, obscuro e confuso, então existe a chance de que essa decisão não é a vontade de Deus. Por ver repetidas vezes que Deus fez um chamado a pessoas de modo individual, mesmo quando estava dando instruções para nações inteiras, suponho que Deus hoje chama indivíduos e então desenvolva um ministério em torno dessas pessoas. O fato de que Deus abençoa pessoas e não programas é uma filosofia que percebi observando o quadro completo. Eu poderia me sentir esgotada se pensasse que tenho voltar a moral de uma nação a Deus sozinha, mas se olhar o quadro completo, verei que Deus trabalhou com líderes e ajustou a integridade deles, e então houve um efeito em cadeia entre o povo. Posso observar minha própria integridade, e não preciso achar que sou um cão de guarda do mundo. O impossível só se tornou possível porque eu dei um passo para trás e contemplei o quadro em sua totalidade.

Conhecer o caráter de Deus. Fazendo estudos temáticos da Bíblia, como o que a Bíblia diz sobre dinheiro, sexo, poder, filhos e maternidade, consigo ter uma visão geral do coração de Deus em qualquer assunto. Isso me ajuda a conhecer melhor o caráter de Deus. Estudo seus nomes. Os nomes do Pai, do Filho e do Espírito Santo revelarão quem Deus é de modo enriquecedor. Estudando quem Deus é, consigo entender como Ele pensa, age e se relaciona com as pessoas. Quando estou em uma situação difícil, principalmente quando tenho que tomar decisão complexa, dou um passo para trás e pergunto: "O que o caráter de Deus quer que eu faça?" Encontro encorajamento em 1 João 4.16: "Deus é amor, e aquele que permanece no amor permanece em Deus, e Deus, nele" (ARA). Assim, quando quero saber o que é estratégico, qual é a melhor decisão, pergunto: "O que o amor faria?"

Observar as coisas no contexto. Um ponto-chave para aprender a interpretar a Bíblia com precisão é analisar um versículo no seu contexto. Que versículos giram em torno dele, que capítulos vêm antes e depois, e qual o assunto tratado nesses capítulos? Em que livro está escrito? Quem escreveu esse livro, para quem e por quê? Ao observar o contexto de um versículo, obtenho esclarecimento em seu significado.

Descobri que isso também se aplica à tomada de decisões. Quando pessoas contratam funcionários, costumam verificar seu histórico e referências. É uma forma de conhecer a pessoa em seu contexto. Antes de deixar meus filhos em uma creche, eu os acompanhei. Ao ver o ambiente, aprendemos um pouco sobre as pessoas, seus valores e prioridades.

Mantenha o Foco no Quadro

Depois de olhar o quadro completo, começamos a restringir o campo de visão. Ao estudar a Bíblia, podemos fazer esboços, diagramas e estudos de palavras. Quando tomo uma decisão, gosto de ter o máximo de informação possível. É comum que eu diga: "Teremos que conversar sobre isso novamente. Preciso de mais informações para tomar a decisão". Faço quadros, listas de prós e contras, e gráficos se achar que me ajudarão a ter uma visão mais clara do assunto.

Quando colocamos a Palavra de Deus como base de nossa vida diária, ganhamos a habilidade de ver as coisas mais perto da maneira de Deus. Jesus explica isso na frase "vós, em mim, e eu, em vós" (Jo 14.20). Paulo diz: "Nós temos a mente de Cristo" (1 Co 2.16).

A Palavra de Deus mostra o quanto é importante proteger o nosso coração. "Sobre tudo o que se deve guardar, guarda o teu coração, porque dele procedem as saídas da vida" (Pv 4.23). Meu filho Zach é skatista. Ele faz todo tipo de manobras radicais, mas também usa equipamentos de proteção e um capacete. Deus tem equipamentos de proteção para usarmos também. Quando usamos esses equipamentos, a vida é mais segura! Verifique as partes da armadura mencionada em Efésios 6.13-17:

Portanto, tomai toda a armadura de Deus, para que possais resistir no dia mau e, havendo feito tudo, ficar firmes. Estai, pois, firmes, tendo cingidos os vossos lombos com a verdade, e vestida a couraça da justiça, e calçados os pés na preparação do evangelho da paz; tomando sobretudo o escudo da fé, com o qual podereis apagar todos os dardos inflamados do maligno. Tomai também o capacete da salvação e a espada do Espírito, que é a palavra de Deus.

O cinto da verdade. O que é a verdade e onde encontrá-la? Várias vezes, Cristo diz nos Evangelhos: "Eu lhes digo a verdade...". Jesus é a verdade, e João explica que Jesus também é: "E o Verbo se fez carne e habitou entre nós, e vimos a sua glória, como a glória do Unigênito do Pai, cheio de graça e de verdade" (Jo 1.14). O Verbo encarnado é a verdade, e a Palavra escrita que Ele nos deu é a verdade: "Santifica-os na verdade; a tua palavra é a verdade" (Jo 17.17). A Palavra liberta: "E conhecereis a verdade, e a verdade vos libertará" (Jo 8.32). Quando tomar decisões, pergunte: "Qual é a verdade nesta situação?" Então pegue uma concordância bíblica ou use um programa da Bíblia no computador para encontrar a verdade sobre o assunto.

A couraça da justiça. O que é a justiça e como encontrá-la? "Porque nele [no evangelho] se descobre a justiça de Deus de fé em fé, como está escrito: Mas o justo viverá da fé" (Rm 1.17). Nós nos tornamos justas vivendo da fé. "Creu Abraão em Deus, e isso lhe foi imputado como justiça" (Rm 4.3). Essa justiça está posicionada na armadura para guardar o seu coração.

O evangelho da paz. Parte da armadura de Deus é calçar os pés com a paz. "E, vindo, ele [Jesus] evangelizou a paz a vós que estáveis longe e aos que estavam perto" (Ef 2.17). Eu viajo muito, Você pode viajar muito ou pouco, mas aonde quer que nossos pés nos levem, precisamos nos certificar de que compartilhar as Boas Novas de paz com Deus e com o próximo é possível por meio de seu Filho. Quando estiver diante de uma decisão difícil, pergunte: "Esta decisão tratará os outros de forma correta? Esta decisão trará paz ou divisão?".

O escudo da fé. Romanos 10.17 diz: "De sorte que a fé é pelo ouvir, e o ouvir pela palavra de Deus". A Palavra! *Vá até as pessoas que conhecem a Palavra e peça a opinião delas.* Encontre pessoas que falarão a palavra da verdade em sua vida. Aquelas palavras a protegerão de tomar decisões instáveis.

O capacete da salvação. O capacete da salvação é diferente? "E em nenhum outro há salvação, porque também debaixo do céu nenhum outro nome há, dado entre os homens, pelo qual devamos ser salvos" (At 4.12). Esse versículo é sobre Jesus, o Verbo vivo. Como a salvação acontece?

> Se, com a tua boca, confessares ao Senhor Jesus e, em teu coração, creres que Deus o ressuscitou dos mortos, serás salvo. Visto que com o coração se crê para a justiça, e com a boca se faz confissão para a salvação. Porque a Escritura diz: Todo aquele que nele crer não será confundido.
> (Rm 10.9-11)

A Palavra escrita conta a história do Verbo vivo e nós acreditamos. O poder está na Palavra. Se estiver confusa, pergunte-se: "Estou ouvindo as fontes externas aqui? Estou dando mais valor à Palavra e às pessoas que conhecem a Palavra, ou estou confiando nas opiniões de pessoas sem uma fé pessoal em Deus?"

A espada do Espírito. Hebreus 4.12 nos lembra que "a palavra de Deus é viva, e eficaz, e mais penetrante do que qualquer espada de dois gumes, e penetra até à divisão da alma, e do espírito, e das juntas e medulas, e é apta para discernir os pensamentos e intenções do coração". A espada mais afiada é a Palavra. Esta é a questão mais difícil de todas: "Estou seguindo o caminho mais fácil só porque a Palavra me deixa desconfortável?"

Tenho certeza de que entendeu a ilustração. O poder para obedecer é abastecido pela Palavra de Deus. Quanto mais temos a Palavra de Deus em nós, mais iremos vivê-la. Mas não é fácil manter a verdade da Bíblia no centro da nossa vida. Isso requer trabalho. Minha amiga Robin e eu estávamos conversando certo dia. Nós duas estávamos em plena meia idade: cuidando de adolescentes, cuidando dos pais, cuidando do cônjuge, cuidando de nossa própria saúde, cuidando da liderança para algumas questões importantes na época. Nós duas lamentávamos o fato de quão difícil é manter um senso de paz pessoal. "Eu sei, Robin. Tudo que posso fazer para continuar é voltar à verdade da palavra de Deus. Fazer escolhas estratégicas a fim de obedecer e viver o que tenho aprendido todos esses anos requer toda a minha energia. A Bíblia é clara ao mostrar que a vida é uma batalha, e também deixa claro que o caminho da vitória é pela armadura de Deus — que é a verdade de Deus. Acho que se estivéssemos em uma guerra, em uma batalha real, teríamos que ajustar constantemente nossa armadura e nos certificar de estarmos com ela."

Robin replicou: "Parte da armadura de Deus são os calçados da paz. Acho que podemos encorajar uma a outra perguntando: 'Você está com seus calçados?'" Esse simples compromisso de amizade tem sido muito útil para que Robin e eu nos mantenhamos em paz permanecendo na Palavra, memorizando-a e orando uma pela outra. Para nos ajudar a manter nossa prioridade de sermos mulheres que *decidiram* viver estrategicamente, costumamos perguntar uma a outra: "Está usando os calçados?"

O Sinal de Entrega

Ao perguntar: "O que o Senhor acha, Deus?", estou contando até dez espiritualmente, e essa pausa momentânea dá a Deus a oportunidade de me guiar em vez de eu seguir adiante sem consultá-lo. Romanos 6.13 revela claramente as opções e os resultados: "Nem tampouco apresenteis os vossos membros ao pecado por instrumentos de iniquidade; mas apresentai-vos a Deus, como vivos dentre mortos, e os vossos membros a Deus, como instrumentos de justiça". Tudo que temos que fazer é nos entregar. Entregar significa oferecer voluntariamente algo de valor e deixá-lo sob o controle de outra pessoa. Assim como diante de uma placa de "preferência" fazemos uma pausa e cedemos o lado direito da pista para o outro carro, entregar significa que fazemos uma pausa, refletimos sobre a vida e então obedecemos à lei da terra. No nosso caso, entregamos nossa vontade em obediência a Deus.

É hora de outra fórmula matemática. Se $A + B = C$ e $A + D + C$, então B e D devem ser o mesmo. Permanecer e entregar têm o mesmo impacto — eles nos tornam *amigas* de Cristo.

As pessoas costumam me perguntar como faço tantas coisas em tão pouco tempo. Olhando de fora, as pessoas conseguem ver os 20 livros que escrevi em menos de dez anos. Elas veem a agenda de viagens, e então visualizam todas as responsabilidades diárias geradas por um lar, filhos e casamento. E quando leem que na maior parte desse tempo também era esposa de pastor e dirigia o *Masterful Living*, que por um período incluía um programa de rádio semanal, elas balançam a cabeça sem acreditar. Elas não conseguem imaginar. Minha agenda é mais visível. Acho que se muitas de nós gastássemos algum tempo para escrever o que realizamos — ou precisamos realizar — facilmente nos sentiríamos sobrecarregadas. Em vez de ficar sobrecarregada, como disse antes, eu simplesmente escolhe ser obediente. Eu pergunto: "Qual é a próxima, Deus?"

Eu poderia lhe dizer para arranjar mais tempo no seu dia. Eu faço, você faz, todas nós fazemos. Somos multitarefas, compramos agendas e calendários, arquivamos, empilhamos, temos blocos para anotar recados telefônicos que permitem um registro em três vias. Compramos organizadores e programas de computador que nos mantêm no caminho certo, e algumas de nós pagamos pessoas para organizarem nossa vida ou temos assistentes particulares — e tudo isso contribui para termos mais tempo em nosso dia —, mas o que não dizem é *como* gastar esse tempo. Só Deus diz isso. O segredo é a obediência.

Tudo que sei é que quando permaneço em Cristo, quando me entrego à sua liderança e tento fazer *o que Ele quer que eu faça e quando Ele quer que eu faça*, tudo funciona. É como calçar uma luva. Eu sou a luva. Quando me coloco nas mãos dEle, eu me movo para onde Ele se move. Uma luva não pode se mover de modo independente. De alguma forma, enquanto eu permaneço como uma luva e não tento ser a mão, tudo funciona. Momento a momento, funciona.

A obediência mantém nossos pensamentos no caminho certo, e nossos pensamentos mantêm nossas ações no caminho certo, e, o mais importante, acredito que a obediência mantém as emoções de uma mulher no caminho certo! Laurie McIntyre, líder de mulheres na igreja Elmbrook, afirma: "Pensamentos são os precursores de todas as suas ações".[3] Ao levar nossos pensamentos cativos 2 Coríntios 10.5 nos instrui, obtemos a habilidade de seguir a liderança de Jesus. A imagem verbal para levar os pensamentos cativos é a figura de algemá-los e lançá-los em uma prisão.[4]

Somos nós decidindo prender um pensamento. Costumo dizer: "Não vá até lá!" e "Qual é a verdade aqui?" Então fico com a verdade — por isso é tão importante conhecer a verdade. A verdade é o guarda da prisão da mente. É por isso que a verdade liberta. A verdade coloca os falsos pensamentos na prisão.

Quando seguimos o padrão de não levar os pensamentos cativos, nossos padrões de pensamento racional começam a se desgastar. Não conseguimos mais pensar com clareza. Por exemplo, estas histórias relatam como pessoas começam a pensar quando não permanecem na verdade e não levam os pensamentos cativos. Uma mulher escreveu para Abigail Van Buren, colunista de um jornal:

> Querida Abby,
> Sou uma mulher liberal de 23 anos que toma pílula há dois anos. Está se tornando dispendioso, e acho que meu namorado deveria dividir as despesas, mas não o conheço o bastante para conversar sobre dinheiro com ele.

Conhece o bastante para fazer sexo, mas não para tratar de finanças... hummm... Há um ditado que afirma que vigaristas são tão idiotas que acabam sendo pegos. O que você acha?

> Um homem da Carolina do Sul foi ao posto policial local, colocou uma sacola de cocaína no balcão, informou ao atendente que o produto estava mal cortado, e pediu que o vendedor fosse preso imediatamente.

> Em Indiana, um homem dirigiu-se ao caixa em uma mercearia e exigiu todo o dinheiro. Quando o funcionário lhe entregou o dinheiro, ele fugiu — deixando sua carteira no balcão.

> Um homem decidiu assaltar um banco. Ele entregou um bilhete ao atendente e disse-lhe para encher uma sacola com o dinheiro. Depois de receber a sacola, achou que estava volumosa demais para ser carregada sem que chamasse a atenção. Então preencheu um recibo e pediu que o funcionário do banco depositasse o dinheiro em sua conta.

Eu diria que esses sujeitos foram longe demais sem a orientação que vem da verdade! Discrição e clareza de pensamento saem pela janela quando a Palavra não está em sua vida. A honestidade se torna uma atividade que pode existir ou não.

Um irmão em nossa igreja elabora programas de computador para o sistema da justiça criminal. Um policial contou uma história a um amigo nosso sobre um homem que ele havia prendido e apresentado para que fosse feito um reconhecimento. Parece que o bandido que roubara a carteira de uma mulher havia dito: "Passa a bolsa". A mulher, observando os presos enfileirados, não tinha certeza de que o criminoso estivesse ali, então pediu ao policial que mandasse cada um dos homens dizer: "Passa a bolsa". O primeiro homem disse: "Quero sua bolsa", passa logo!" Outro homem deu um passo à frente e disse: "Não foi isso que eu disse. Eu disse: 'Hei, senhora, passa a bolsa!'" (Pelo menos ele foi honesto — só que tarde demais!)

Bill e eu já ouvimos casos surpreendentes como esses. Uma mulher, depois de quebrar o Rolex do marido, disse: "Não entendo por que ele está tão bravo comigo".

Um homem que dormiu com a namorada nos relatou: "Deve ter sido a vontade de Deus, porque o sexo foi muito bom. Estou me sentindo ótimo!".

"Ela me olhou de um jeito engraçado, então não vou mais à igreja." (Sério, disseram isso mesmo!)

Palavras de uma mulher que teve um caso com o marido de sua melhor amiga e, por fim, casou-se com ele: "Sei que foi a vontade de Deus que eu me casasse com ele porque na noite do nosso casamento havia um arco-íris em torno da lua".

Uma nova amiga e eu nos sentamos na lateral do campo enquanto nossos filhos jogavam futebol. Ela descobriu que meu marido era pastor, então começou a conversar comigo sobre questões espirituais. Um dia, ela levantou a questão de leitura das mãos. Perguntei por que ela quis que lessem sua mão. Ela respondeu que queria ajuda para saber o que fazer no futuro. Expliquei que Deus gostaria muito de fazer isso por ela. Sua resposta foi: "Oh, Ele fez, quando leram minha mão". Expliquei que Deus nunca nos diz para fazer algo que se oponha ao que está escrito em sua Palavra, e sua Palavra diz que videntes, cartas de tarô e coisas semelhantes são consideradas adivinhação, e não devemos nos envolver com elas. (Veja Dt 18.10-14.)

— Mas está tudo bem com Deus. A vidente orou antes de ler minha mão.

— Mas Deus não é esquizofrênico. Se Ele diz para não fazer, significa que não devemos fazer. Não importa se a pessoa usa palavras ou atitudes cristãs, isso não é cristão. Não é o fato de orarmos, e sim *a quem oramos* que importa.

Maus pensamentos se estabelecem onde não existe a verdade. Quando mais nos recusamos a levar nossos pensamentos cativos, pior o pensamento se torna. É como se um calo se formasse em nosso coração e ficássemos insensíveis à orientação de Deus. Onde falta verdade, surge uma doença do pensamento. Por outro lado, onde existe a verdade, há também clareza e estratégia, frutos positivos, de longo prazo.

Seja Ousada! Vale a Pena

Os primeiros livros cristãos que li eram escritos em prosa poética, por Ann Kiemel Anderson. Em uma de suas histórias, ela compartilhou que sua mãe sempre lhe dizia: "Vale a pena seguir a Jesus". Essa expressão, "Vale a pena", ficou gravada em minha mente na época em que era caloura na faculdade. Sempre que chegava a um lugar onde era emocionalmente desafiador seguir a Jesus, "Vale a pena!" ecoaria em meu coração e mente, e eu me sentia encorajada a obedecer.

É mais fácil obedecer quando permaneço na verdade de que Deus me ama e tem sempre o melhor para mim. Paulo declara: "Que diremos, pois, a estas coisas? Se Deus é por nós, quem será contra nós? Aquele que nem mesmo a seu próprio Filho poupou, antes, o entregou por todos nós, como nos não dará também com ele todas as coisas?" (Rm 8.31,32). Davi orou em Salmos 17.8 sabendo que Deus responderia: "Guarda-me como à menina do olho, esconde-me à sombra das tuas asas". Jeremias 31.3 promete: "Há muito que o Senhor me apareceu, dizendo: Com amor eterno te amei; também com amável benignidade te atraí". E em Salmos 32.8 temos a certeza: "Instruir-te-ei e ensinar-te-ei o caminho que deves seguir; guiar-te-ei com os meus olhos". Crer que Deus me ama me atrai à obediência.

Quando eu estava namorando Bill, cheguei a um ponto decisivo em meu relacionamento com ele e com Deus. Eu havia feito uma lista com as características da pessoa com quem gostaria de me casar com base em características que observei em Cristo e seus discípulos no Novo Testamento. Era uma lista de qualidades internas: amoroso, que respeitasse as mulheres, bom ouvinte, gentil e compassivo. Bill se enquadrava na lista. Nossos corações e planos estavam seguiam na mesma direção, mas por estarmos permitindo que Deus remodelasse nossos padrões de namoro, nós dois estávamos em um território novo emocionalmente. Uma semana, em meu período devocional, fiquei impressionada com o fato de que no próximo fim de semana em que me encontrasse com Bill precisaria saber onde eu estava em relação aos limites físicos. Eu sabia que meu antigo padrão de permitir que o rapaz assumisse o comando não era muito prudente, então deixei que Deus ficasse no controle dessa vez. Estudei e analisei os versículos que embasavam minha decisão de me manter virgem. Mas também via um padrão, e à medida que orava me convenci de que nosso relacionamento físico precisava progredir somente depois de medidas de compromisso tangíveis. Quando Deus dizia "Eu te amo", Ele demonstrava! Achei que este seria um bom princípio.

Naquele fim de semana, Bill e eu nos sentamos em uma rocha durante o pôr do sol e conversamos por horas enquanto admirávamos o oceano. Foi um dos melhores dias da minha vida. Eu me senti tão estimada, tão amada, tão desejada. Bill tinha uma lista de perguntas para me fazer, e a maioria era acerca de nossos limites físicos. Até que ponto achávamos que Deus queria que fôssemos e quando? Conduzimos nossa conversa de mãos dadas, abraçados e caminhando de braços dados. Já tínhamos decidido que Deus era claro sobre sexo só depois do casamento — o problema era tudo entre esses dois momentos que nos preocupava e nos deixava confusos. Vi que na lista havia o tópico "beijar", e sabia que Deus tinha me preparado para aquele fim de semana.

Mas Bill encerrou o assunto e não me perguntou sobre isso. Ele me levou para o apartamento de minhas amigas onde eu estava morando para que eu me arrumasse para nosso encontro à noite. E aquela noite foi especial também. Comemos fondue em um jantar romântico e caminhamos pelo centro da cidade passando por pontes e riachos, sob luzes à gás em uma noite enevoada. Caminhamos e conversamos, e conversamos e caminhamos, e eu estava ficando com frio, então Bill me envolveu em seus braços e me levou até o carro para me levar de volta para casa. Ele foi para o seu lugar, e eu entrei também. Foi ali que ele me perguntou: "Pam, posso beijá-la?"

Meu corpo queria se lançar em seus braços e deixá-lo me beijar repetidas vezes, mas o Espírito Santo dentro de mim me lembrou das conversas com Deus em meus devocionais ao longo da semana. "Bill, eu quero dizer sim, mas não posso. Sabe, arruinei todos os meus relacionamentos passados por não observar bem essa área da minha vida. Eu valorizo demais o nosso relacionamento para dizer sim. Então até que você esteja pronto para se comprometer comigo como a pessoa com quem gostaria de se casar, tenho que dizer não. Se quiser me dar um beijo no rosto, tudo bem... ou então... não. Eu me importo com você, mas me importo ainda mais com Deus... então...". Eu me acalmei enquanto Bill me olhava em silêncio. Ele limpou meu rosto banhado em lágrimas com a ponta dos dedos por um momento, segurou minha mão e me levou para casa em total silêncio por 20 minutos.

Na porta, eu lhe disse mais uma vez que o dia fora maravilhoso e o quanto eu gostava de estar com ele; Bill murmurou algo sobre me buscar às 8 horas para o café da manhã.

Abri a porta e irrompi em lágrimas. Minhas amigas correram em minha direção. "O que houve? O que houve?"

Contei-lhes a história e disse: "Estou com tanto medo de ter dito adeus ao melhor homem que já tive na minha vida. Eu sabia apenas que Deus estava me preparando e que tinha uma escolha: a vontade de Bill e a vontade de Deus em minha vida. Tive que escolher Deus".

Uma de minhas amigas tentou me confortar: "Pam, todas nós conhecemos Bill, e ele quer o melhor de Deus na vida dele e na sua. Você precisa confiar no caráter dele. Se ele realmente for o homem bom que aparenta ser, saberá como lidar com isso".

Outra disse: "Você tem que confiar em Deus. Afinal, Ele a colocou nessa situação!"

Então oramos juntas. Elas dormiram e eu continuei acordada por mais um tempo, imaginando como seria o dia seguinte.

Bill estava sorrindo quando foi me buscar de manhã. Ele me levou a um desfiladeiro com uma paisagem linda onde contemplamos o brilho do sol sobre as ondas do oceano. "Pam, eu não disse nada ontem à noite porque não sabia o que falar. Nunca estive diante de uma mulher tão comprometida com Deus como você. Só estar com você já fortalece minha caminhada com Deus. Pam, eu estava ferido e constrangido ontem à noite. Eu me senti como se fosse o responsável por proteger nossa pureza; por isso fiquei quieto. Mas quero que saiba que concordo plenamente com você. Você é a melhor coisa que já me aconteceu, e não quero que nosso relacionamento desmorone porque não fomos vigilantes quando a nossa sexualidade. Não vou brincar com seu coração. Quando estiver pronto para me casar com você, então pedirei para beijá-la." Alguns meses depois, na mesma casa de praia onde me pediu um beijo pela primeira vez, Bill se ajoelhou, cantou uma canção que compôs especialmente para mim e então me pediu em casamento. É claro que minha resposta foi "Sim!". Então ele perguntou: "Posso beijá-la?"

"Sim!!!" E foi um beijo pelo qual valeu a pena esperar. Bill e eu refletimos com frequência sobre essa decisão ousada de obedecer a Deus na difícil área da sexualidade. Chegamos à conclusão de que nossa escolha de esperar nos obrigou a encontrar outras formas de transmitir nossos sentimentos e expressar nosso amor. Por isso, nosso relacionamento romântico se fortaleceu e nosso relacionamento sexual no casamento sempre foi muito rico, excitante e pleno — mesmo quase 25 anos depois! E agora temos um ministério internacional com foco no matrimônio! Um de nossos livros sobre casamento, *Men Are Like Waffles — Women Are Like Spaghetti*, foi traduzido em seis idiomas! Com frequência somos convidados para participar de programas nacionais e internacionais de rádio e televisão, até *talk shows* transmitidos a bilhões de pessoas! Ouse obedecer — vale a pena!

Eu a Encorajo a Pular!

Nossa decisão estava em uma área indefinida, uma área para a qual a Bíblia não apresenta detalhes específicos. Tudo que fizemos foi ouvir a voz do Espírito Santo sussurrando que Deus queria que colocássemos em prática aqueles versículos que incentivam um coração e mente puros. Por causa do nosso conhecimento da Bíblia e pelo fato de nosso coração estar em harmonia com a orientação de Deus em nossa vida, quando Deus falou ao meu coração, não foi ambíguo. Nós ouvimos claramente o que o Espírito Santo queria que fizéssemos — só tivemos que escolher obedecer. Foi uma sensação de risco, mas é assim que nos sentimos quando somos ousadas! Foi um risco que valeu a pena. Obediência é confiar na *pessoa* de Deus. Então a questão-chave, o ponto de decisão, é "Quão bem conheço a Deus? Eu realmente confio nEle com toda a minha vida? E se confio nEle, o que Ele está pedindo que eu faça a fim de que minha vida reflita uma vida de caráter?"

Assim como uma criança na borda de uma piscina, seu amado Pai celestial está dizendo: "Pule! Pule em minha direção! Pode confiar em mim! Sei o que é melhor para você!" Ouse ser diferente. Ouse obedecer. Agora, pule!

Pontos de Decisão

Existe uma decisão para a qual você precisa de esclarecimento? Experimente um dos métodos do quadro completo e veja se consegue enxergar a perspectiva de Deus sobre a questão.

Há uma questão que esteja dificultando que você obedeça a Deus? Ao olhar para trás em sua vida, você vê algumas decisões cruciais quando obedecer fez a diferença? Há momentos cruciais em que gostaria de ter obedecido? Tente escrever uma lista com cinco ou seis vezes em que você sabe que a obediência fez a diferença no curso de sua vida. Lembre-se, Deus tem os seus melhores interesses em mente!

Encontre um versículo que fale sobre o cuidado de Deus ao seu coração e memorize-o. Você está se sentindo emocionalmente abalada por causa de alguma circunstância? Pergunte-se: "Qual é a verdade acerca dessa situação? Qual é a minha parte? Qual é a parte de Deus?" Ruth Graham, esposa do evangelista Billy Graham, afirma: "Você faz o possível e confia que Deus fará o impossível".[5] Deus se importa mais do que você acerca de descobrir e caminhar na vontade dEle! Ele a conduzirá. Meu versículo favorito que mostra a cuidadosa orientação de Deus é Isaías 30.21: "E os teus ouvidos ouvirão a palavra que está por detrás de ti, dizendo: Este é o caminho; andai nele, sem vos desviardes nem para a direita nem para a esquerda". O segredo é ter ouvidos que ouçam a voz suave do Espírito Santo e um coração disposto a seguir a orientação.

Você tem uma decisão a tomar? É uma decisão difícil e você não tem certeza do que fazer? Conhece alguém que realmente parece conhecer bem a Deus? Marque um encontro. Peça que seu conselheiro espiritual ore por você e compartilhe versículos relacionados à sua decisão. Então reserve tempo para refletir sobre como Deus quer que você obedeça ao que está lendo.

Talvez você saiba exatamente quando e onde sua vida saiu do rumo. Diga a Deus que está arrependida e que deseja ajuda para caminhar em obediência agora. Se puder, retroceda e corrija os erros. Caso seja tarde demais para corrigir, pelo menos volte atrás e peça desculpas a alguém que possa ter ferido com suas ações. Isso lhe dará a sensação de estar se arriscando, mas lembre-se: Deus estará segurando a sua mão e caminhando com você ao longo da jornada. A escolha certa é sempre a escolha da obediência.

DEZ

Decida Deixar um Legado
Dedicando sua Vida ao que mais Importa

Eu estava esperando ansiosamente por essa viagem a Oklahoma. Meu pai crescera nesse Estado, e ministrar lá seria como uma volta para casa. Após desembarcar, dois líderes me encontraram no aeroporto. Percebi de imediato que essa viagem seria diferente de muitas outras. O entusiasmo deles era contagiante. Senti a graça de Deus com esse grupo enquanto conversávamos no almoço. Ninguém comeu muito, porque quanto mais conversávamos, menos importante a comida se tornava. Depois do almoço eles me perguntaram se eu queria parar em um monumento histórico local, e respondi que sim.

O monumento era o local do atentado a bomba em que um edifício federal em Oklahoma City, ocorrido em 19 de abril de 1995. Uma cerca de arame guardava o local do edifício, agora nivelado, que desde então se tornou um memorial. A cerca estava coberta de lembranças ao longo de vários quarteirões. (Mais tarde eu soube que havia depósitos cheios de presentes dados espontaneamente pelo público.) Enquanto caminhava ao lado daquela cerca, percebi que nunca mais seria a mesma mulher. Na cerca havia presentes deixados por pessoas que visitavam o local. Centenas e centenas de adolescentes devem ter deixado suas pulseiras "WWJD?".[1] Havia camisetas de clubes, grupos de jovens e igrejas com assinaturas e versículos escritos. Havia presentes de Natal e de aniversário, como se fossem para as vítimas que morreram no atentado. Coroas de flores com homenagens e poemas e fotos das vítimas decoravam a melancólica cerca como luzes de Natal em torno de uma lápide de um quilômetro. Bíblias abertas em versículos reconfortantes específicos estavam afixados como sinais de esperança. Hinários abertos na página de hinos como "Sou Feliz com Jesus" pontilhavam a cerca. Em uma extremidade do memorial encontra-se uma escultura alta e branca de Jesus, de cabeça baixa, com uma placa aos seus pés onde está escrito simplesmente "Jesus chorou" (Jo 11.35). Naquele fim de semana, enquanto eu conversava, chorava, lia e orava com aquelas queridas mulheres de Edmond, Oklahoma, percebi que elas tinham uma vantagem em relação a quase todo o restante do mundo. Elas tinham prioridades. Ficar face a face com a brevidade da vida mudou-as para sempre.

No mundo de hoje, todas nós já nos deparamos com a brevidade da vida. Dois garotos entraram em uma escola em Littleton, Colorado, em 20 de abril de 1999, e começaram a atirar. Dois aviões atingiram as torres do World Trade Center em 11 de setembro de 2001. Moro em San Diego, e em 2003 nos viram semanalmente dizer adeus a integrantes do exército que entregaram suas vidas para nos manter livres e para dar liberdade aos que estavam presos. Enquanto escrevo estas linhas, o maior incêndio na história da Califórnia assolou minha cidade natal, reduzindo a cinzas a vida de dezenas de pessoas.

É Vida ou Morte

Era um dia de trabalho normal naquela manhã de abril em 1995. Às 9h02, xícaras de café estavam na mão ou na mesa de muitos funcionários no prédio. A maioria das pessoas no prédio era mulheres, muitas mães solteiras, tentando prover o melhor para a família. Algumas delas aproveitavam o benefício de ter uma creche à disposição no segundo andar do prédio.

Às 9h02, uma bomba explodiu e vidas foram interrompidas. Todos os sobreviventes, tanto de dentro quanto de fora, tiveram que fazer uma escolha sobre o que era realmente importante, o que era de fato significativo, e então seguir em frente. Para a maioria, foi uma decisão de fração de segundo. Anos de lições sobre moral que ouviram na igreja, em casa e na comunidade vieram à tona em sua mente. *Pessoas são mais importantes*.

Logo apareceram cartazes pela cidade, declarando uma fonte de esperança e encorajamento. Em um deles estava escrito: *Deus é o nosso refúgio e fortaleza* (Sl 46.1), e em outro simplesmente *O bem vencerá o mal*.

Como poderíamos imaginar que poucos anos mais tarde, no dia 11 de setembro de 2001, milhares de inocentes perderiam a vida por causa do mal. Quando as Torres Gêmeas desabaram, nossos corações desabaram; mas quando soubemos o que policiais, bombeiros e os passageiros do voo 93 fizeram para tentar salvar vidas, nossos corações se encheram de esperança. Em dias drásticos, as prioridades se tornam claras: salvar *pessoas*. O World Trade Center alojava algumas das mais proeminentes e poderosas organizações e empresas, mas aqueles papéis importantes pareciam tão insignificantes quando os confetes que se tornaram à luz da necessidade de resgatar *pessoas*.

Filhas da Luz

Como o bem pode vencer o mal? A ideia de ser luz e a ideia de ser templo de Deus estão conectadas. Assim como o Templo em Jerusalém era o símbolo da santidade, da justiça e verdade de Deus, nós também, como igreja, somos representantes da justiça de Deus na terra. Paulo expressa essa ideia quando afirma: "Porque, noutro tempo, éreis trevas, mas, agora, sois luz no Senhor; andai como filhos da luz" (Ef 5.8).

Assim como a luz emanava do Templo e proclamava a glória de Deus, a luz de Deus emana de nós e proclama seu poder transformador. Ao fazer isso, nossa vida expõe as trevas de uma vida ímpia.

Vivendo juntos como um corpo, edificamos uns aos outros e crescemos em maturidade. Como família, descobrimos que nossas atitudes e valores mudam quando o amor se torna o critério e nossa vida. Como templo de Deus, descobrimos nossa vida adotando a santidade que expõe o mal como ele é. Viver em unidade como um templo santo significa rejeitar as trevas e edificar nosso compromisso com a bondade, a justiça e a verdade.[2] Como a igreja, uma reunião de pessoas que amam a Deus, expõe o mal? Realizando cruzadas ou protestos? Raramente. O mal é exposto quando se apresenta um exemplo de justiça.

Paulo explica da seguinte forma: "Mas todas essas coisas se manifestam, sendo condenadas pela luz, porque a luz tudo manifesta. Pelo que diz: Desperta, ó tu que dormes, e levanta-te dentre os mortos, e Cristo te esclarecerá" (Ef 5.13,14). Como filhas da luz, revelamos a escuridão pelo que ela é. Na luz irradiada pela santidade do povo de Deus, o mal se revela como mal.[3]

Então como ficou o Templo quando a glória de Deus se estabelece? Em 1 Reis 8.10,11 temos a explicação de como ficou o Templo construído por Salomão quando a glória de Deus encheu o lugar: "E sucedeu que, saindo os sacerdotes do santuário, uma nuvem encheu a Casa do Senhor. E não podiam ter-se em pé os sacerdotes para ministrar, por causa da nuvem, porque a glória do Senhor enchera a Casa do Senhor". O texto de 2 Crônicas 7.1-3 acrescenta detalhes: "E, acabando Salomão de orar, desceu fogo do céu e consumiu o holocausto e os sacrifícios; e a glória do Senhor encheu a casa. E os sacerdotes não podiam entrar na Casa do Senhor, porque a glória do Senhor tinha enchido a Casa do Senhor. E todos os filhos de Israel, vendo descer o fogo e a glória do Senhor sobre a casa, encurvaram-se com o rosto em terra sobre o pavimento, e adoraram, e louvaram o Senhor, porque é bom, porque a sua benignidade dura para sempre".

O profeta Ezequiel tenta explicar como era a glória de Deus para ele: "Como o aspecto do arco que aparece na nuvem no dia da chuva, assim era o aspecto do resplendor em redor. Este era o aspecto da semelhança da glória do Senhor; e, vendo isso, caí sobre o meu rosto e ouvi a voz de quem falava" (Ez 1.28). Posteriormente ele observa: "Então, se levantou a glória do Senhor de sobre o querubim para a entrada da casa; e encheu-se a casa de uma nuvem, e o átrio se encheu do resplendor da glória do Senhor" (Ez 10.4). Essa é a imagem que Deus está tentando explicar quando diz que somos filhas da luz. Sua glória, revelada por meio de nossas vidas, provocarão um forte impacto nas pessoas.

Vocês são filhas da luz não parece dizer o que devemos fazer ou ser, mas sim *quem somos* porque permanecemos na presença dEle. A presença de Deus provoca um efeito natural em nós — e no mundo ao nosso redor.

Há momentos em que podemos ponderar, planejar e pensar sobre nossas ações e reações, mas esse título de *filhas da luz* parece nos levar à conclusão de que quando estamos em Cristo *somos* diferentes. Temos reações totalmente diferentes, mesmo quando não há tempo para pensar, questionar, racionalizar e nem mesmo para elaborar um fluxograma ou esboçar um plano de negócios. "Portanto, vede prudentemente como andais, não como néscios, mas como sábios, remindo o tempo, porquanto os dias são maus" (Ef 5.15,16). Deus amplia a imagem ao declarar: "Porque todos vós sois filhos da luz e filhos do dia; não somos da noite nem das trevas. Não durmamos, pois, como os demais, mas vigiemos e sejamos sóbrios" (1 Ts 5.5,6). *Vós sois filhos da luz e filhos do dia.* Você e eu devemos estar alertas e no controle de nossos sentidos.

O Coração de uma Embaixadora

Exames de direção são elaborados para avaliar o tempo de reação de uma pessoa a fim de verificar se é capaz de evitar obstáculos e parar a tempo de evitar um desastre. O médico examina analisa sua reação quando bate em seu joelho para ver se seus reflexos estão funcionando. Como filhas da luz, nosso reflexo natural é caminhar na luz. Aqueles que não estão em comunhão com Deus são atraídos pelas trevas. Quem está ligado a Cristo é atraído pela vida que emana da luz.

Quando andamos na luz, nosso coração deseja obedecer. Temos um anseio intrínseco para servir. Quanto mais perto da luz, mais propensos somos a querer obedecer e servir. Nós confiamos em Deus, então o servimos. Acho que é porque quando conhecemos a Deus de modo pessoal, nosso papel muda de uma cidadã da sociedade para uma embaixadora. Assim como embaixadores procuram reconciliar países, buscamos a reconciliação das pessoas com Deus. Pelo fato de termos um coração voltado à reconciliação, nossas prioridades mudam. Conseguimos ver o que é extremamente necessário. Pessoas tornam-se a prioridade.

"De sorte que somos embaixadores da parte de Cristo, como se Deus por nós rogasse. Rogamos-vos, pois, da parte de Cristo que vos reconcilieis com Deus" (2 Co 5.20). A necessidade se torna clara por causa do apelo de Deus por intermédio de nós. *Você é uma embaixadora!* Deus está oferecendo reconciliação com Ele. Quando olhamos as pessoas, devemos ter o mesmo coração das pessoas no local do atentado à bomba em Oklahoma City, ou os mesmos pensamentos do capitão e da tripulação do *Titanic* naufragando: Quantos podem ser resgatados? O máximo que pudermos resgatar. Quem está em maior perigo? Precisamos alcançá-los primeiro. Esse é o coração de uma embaixadora de Cristo.

Embaixadores que servem em países estrangeiros percebem que nunca se sentirão totalmente confortáveis no país que os acolhe porque não é sua terra natal. Isso também se aplica a nós. Se realmente temos o coração de embaixadoras, percebemos que nossa cidadania está no céu (veja Fp 3.20). Embaixadores também procuram aprender o idioma e a cultura do país que os acolhe a fim de que possam ser mais eficazes. Embaixadores querem o melhor para o povo do país que os acolhe — o melhor no sentido físico, emocional, social e político, mas principalmente o melhor no sentido espiritual. Provérbios 13.17 explica o resultado de um coração que deseja o melhor para o povo que o acolhe: "Um mau mensageiro cai no mal, mas o embaixador fiel é saúde" (Pv 13.17). Embaixadores dão o que é necessário, quando é necessário.

Uma Saudação do Céu

Eu estava me preparando para viajar à Alemanha e me sentia completamente inadequada. Eu havia sido convidada para falar nesse evento havia dois anos. Para mim, era um evento simples de treinamento de líderes quando assumi o compromisso pela vez. Fiquei entusiasmada e confiante, mas agora minhas orações expressavam desespero enquanto eu implorava que Deus me usasse de alguma forma para levar esperança e auxílio a um público para o qual eu me sentia indigna de falar: esposas de militares que no dia anterior haviam se despedido de seus cônjuges e os viram partir para a guerra no Oriente Médio. (Mencionei esse fato em um capítulo anterior. Aqui estão mais alguns detalhes.)

Senhor, o que falarei? Como posso começar? Acessei meu e-mail para criar uma resposta automática de "Estarei fora da cidade" e vi que uma amiga tinha enviado uma mensagem com o início perfeito. Aqui está um trecho do discurso "Stand Up for America Rally" [Comício Levante-se a Favor da América], de Beth Chapman:

> Estou aqui esta noite porque homens e mulheres do exército dos Estados Unidos entregaram sua vida pela minha liberdade. Não estou aqui esta noite porque Sheryl Crow, Rosie O'Donnell, Martin Sheen, George Clooney, Jane Fonda ou Phil Donahue sacrificaram a vida por mim.
>
> Se minha memória estiver correta, não foram astros do cinema ou músicos, mas militares dos Estados Unidos que lutaram na costa de Iwo Jima, nas florestas do Vietnã e nas praias da Normandia...

No dia 7 de dezembro de 1941, não há registros de astros do cinema abrindo caminho pelas águas flamejantes de Pearl Harbor. No dia 11 de setembro de 2001, não há fotos de astros do cinema como "escudos humanos" para os escombros e corpos que caíam do World Trade Center. Havia somente policiais e bombeiros — funcionários públicos mal remunerados que deram tudo que podiam sem esperar nada em troca...

Ao longo do curso da história, este país permanece livre, não por causa de astros do cinema ou ativistas liberais, mas por causa de homens e mulheres valentes que... entregaram suas vidas para que todos nós pudéssemos viver em liberdade. Afinal — "Ninguém tem maior amor do que este: de dar alguém a sua vida pelos seus amigos".

Milhares e milhares de lápides brancas pontilham o cemitério Arlington.[1] Quantos desses nomes você conhece? Embaixadores de Cristo nem sempre são bem conhecidos — na verdade, a maioria é desconhecida para as massas, mas aplaudida pelo céu. Mulheres cristãs, crendo em Deus para liberdade, trabalharam por trás do Muro de Berlim até a queda do comunismo. Mulheres, algumas novas na fé, inflamaram a chama de esperança pelas igrejas subterrâneas na China, Sudão e outros países hostis ao cristianismo. Mulheres, crendo que todas as pessoas são criadas iguais, transmitiram o amor de Cristo na África do Sul, um país dividido em dois pelo *apartheid*. "Mulheres da igreja" foram as primeiras a acender o movimento sufragista que conquistou para as mulheres o direito de votar. Foram mulheres que amavam a Deus que escreveram a Declaração de Sentimentos que foi lida em Seneca Falls, Nova York, na igreja Wesleyana. Essas mulheres são embaixadoras que às vezes correm grandes riscos. Enquanto escrevo este livro, recebi um e-mail com um pedido de oração de um missionário europeu:

> No Paquistão, há uma linda menina de 15 anos chamada Saleema que é cristã. Ela ganhou para Cristo sua melhor amiga, de 14 anos. A menina mais nova ficou tão entu-

---

[1] **N. do T.:** O cemitério Arlington é o mais conhecido e tradicional cemitério militar dos Estados Unidos.

siasmada acerca do cristianismo que contou aos pais, e eles a mataram! Tudo indica que a menina de 15 anos será executada em público. Precisamos orar por essa menina para que ela receba força e saiba lidar com o que vier a lhe acontecer, seja o que for.

Inícios Humildes

Embaixadores podem se levantar de inpicios obscuros. Em 31 de outubro de 1896, em um cortiço em Filadélfia, uma menina de 12 anos, vítima de abuso, deu à luz sozinha. Talvez o bebê não chegasse a lugar nenhum, mas uma vizinha ouviu o choro da criança e foi resgatá-la. Posteriormente, a criança foi levada para a igreja, onde aprendeu a cantar. Aos 5 anos, ela fez sua primeira apresentação diante da pequena congregação. Ethel cresceu nas ruas, praticamente se cuidando sozinha. Ela viajou com um grupo negro de variedades antes que seus vocais no jazz a levassem ao famoso Cotton Club, onde apresentou a canção "Stormy Weather", que declarou ser um retrato de sua vida. Apelidada de Mama Stringbean, Ethel Waters tornou-se a primeira estrela do rádio negra e depois uma famosa atriz de cinema. No entanto, as canções de sua juventude estavam em sua alma. Em 1957, em uma cruzada de Billy Graham, ela entregou novamente sua vida a Deus. Nos anos seguintes, sua canção tema passou a ser "His Eye Is on the Sparrow", e ela viajou com a cruzada de Billy Graham, como uma embaixadora que cantava a esperança, proclamando a milhões de pessoas que o amor de Deus pode superar qualquer coisa na vida.[4] Ser uma embaixadora é um chamado. Em seu livro *The Call* [O Chamado], Os Guinness afirma: "Primeiro e antes de tudo, somos chamado a Alguém (Deus), não a alguma coisa (como ser pai ou mãe, política ou ensino), ou a algum lugar (como o centro da cidade ou a distante Mongólia).[5] [...] Não há chamado a menos que exista Alguém chamando".[6] Romanos 1.6 confirma claramente nosso chamado à *pessoa* de Deus. "Entre as quais sois também vós chamados para serdes de Jesus Cristo." *Vocês são chamadas!*

O chamado é pessoal. Jesus chamou os Doze pelo nome. Deus chamou Abrão, Jacó e Moisés como indivíduos. O Senhor enviou Ananias a Paulo. Deus a chama como uma pessoa. Ele a conhece e a chama.

O chamado é permanente. "Porque os dons e a vocação de Deus são irrevogáveis" (Rm 11.29, ARA).

O chamado traz propósito. Jesus designou doze apóstolos, e então lhes deu poder, autoridade e um plano. O Espírito Santo disse aos líderes da Igreja Primitiva: "Apartai-me a Barnabé e a Saulo para a obra a que os tenho chamado" (At 13.2). Paulo foi chamado para ser um apóstolo (Rm 1.1). Nós somos chamadas, e então Deus nos dá nossos propósitos.

O chamado leva a uma vida de princípios. A oração de Paulo em 2 Tessalonicenses 1.11 nos dá uma dica acerca do estilo de vida de uma pessoa que recebeu um chamado: "Pelo que também rogamos sempre por vós, para que o nosso Deus vos faça dignos da sua vocação e cumpra todo desejo da sua bondade e a obra da fé com poder". Que parceria maravilhosa! Pelo poder de Deus, Ele cumprirá todos os *seus* bons propósitos e toda obra por *sua* fé. Podemos experimentar essa liberdade ao sermos chamadas. Parece que o único pré-requisito é que Deus nos considera dignas. Então vamos observar para o que somos chamadas. Você e eu somos chamadas: para buscar a Cristo, tomar nossa cruz e seguir a Cristo;[7] de acordo com o propósito de Deus;[8] para sermos livres;[9] para uma esperança;[10] paz;[11] uma vida santa;[12] para receber a herança eterna prometida;[13] para sofrer;[14] para herdar uma bênção;[15] para sermos servas de todos.[16]

Parece que quem vivem de fato o seu chamado ter a força interior e sabedoria para subir a escada do sucesso mais fácil. Ela terá propósito, liberdade, esperança, paz, santidade, uma herança, uma bênção, perseverança e uma atitude positiva de *serva*.

Depois do 11 de setembro, saindo do Shea Stadium após uma partida do New York Mets em uma tarde de verão, um menino de 8 anos com uma luva de beisebol se aproximou de um policial que estava organizando o trânsito e pediu um autógrafo em sua luva. "Você não prefere o autógrafo de um jogador? Por que o autógrafo de um policial?"

O menino respondeu: "Porque vocês ajudaram a salvar o mundo".

Quando temos um coração de serva, Deus pode nos usar. Cada uma de nós, servindo ao próximo, lado a lado, levará a causa de Deus adiante. Nós nos tornamos pedras vivas, pequenos atos de serviço estabelecendo um alicerce que expressa o amor de Cristo: "Vós também, como pedras vivas, sois edificados casa espiritual e sacerdócio santo, para oferecerdes sacrifícios espirituais, agradáveis a Deus, por Jesus Cristo" (1 Pe 2.5). As palavras *casa espiritual* são as mesmas usadas por Jesus a Pedro que Cristo disse que estava edificando sua igreja sobre a rocha. Cada uma de nós é uma pedra na casa espiritual que Deus está edificando. *Você é uma pedra viva* agora! Deus apresenta três outras imagens verbais para mostrar o valor de um coração de servo. Em 1 Coríntios 3.9, Paulo afirma: "Porque nós somos cooperadores de Deus; vós sois lavoura de Deus e edifício de Deus". *Cooperadores de Deus* significa que colaboradores de Deus, o que dá dignidade ao nosso trabalho, não importa o que façamos. Deus é o parceiro principal no empreendimento de cada vida, mas nos permite trabalhar com Ele.

Lavoura de Deus é o retrato de nosso papel de serva. O campo fica abandonado a menos que o sol brilhe e o lavrador lance sementes e cuide das necessidades da plantação. Eu cresci em uma fazenda. Meu trabalho todo verão era cuidar do nosso jardim. Os primeiros dias eram os mais difíceis. Tínhamos que arar o barro duro, compacto, e então plantar as sementes, regar e arrancar as ervas daninhas. O solo se tornava cada vez mais valioso à medida que investíamos mais tempo nele. Assim somos nós. Quanto mais tempo Deus investe em nós, mais nos tornamos disponíveis para sermos usadas.

Edifício de Deus é uma imagem arquitetônica.[17] Quando Bill estava concluindo os estudos, trabalhou como desenhista arquitetônico, e eu o ajudava. Ninguém sabia que as paredes do desenho eram pintadas por mim. Isso realmente não importava, desde que todas as especificações estruturais fossem precisas. Isso se aplica a todo o processo de edificação. Você sabe o nome de todos os carpinteiros, bombeiros hidráulicos, marceneiros, pedreiros, etc. que construíram a casa onde mora? Provavelmente não. Da mesma forma, Deus está dizendo que a vida ainda tem um propósito, mesmo quando você não recebe o crédito pelo trabalho.

O que É Necessário?

Clayton Hoskinson, um investigador do Departamento de Serviços Humanos de Oklahoma, estava organizando o trânsito no dia do atentado. No meio da manhã, uma névoa fina se tornou uma chuva torrencial. Ele estava com frio, molhado e sentindo-se péssimo. Um carro velho, que mal podia funcionar, entrou no cruzamento. O motorista abriu a janela. "É aqui que devo deixar as botas?", ele perguntou.

"Eu não tinha informação nenhuma sobre uma necessidade de botas. O homem tinha ouvido um apelo no rádio pedindo botas com ponteiras de metal. Eu lhe disse que poderíamos colocar as botas junto com outros itens, e ele abriu totalmente a janela e me entregou as botas. No carro com ele estavam uma mulher, um bebê e duas crianças pequenas. Quando peguei as botas, percebi imediatamente que eles estavam aquecidos no carro. Ao olhar para dentro, vi que o homem estava descalço.

— Essas botas são suas? — perguntei.
— Sim — ele respondeu acenando com a cabeça.
— Senhor, ninguém espera que entregue suas próprias botas — eu disse enquanto tentava devolver as botas pela janela.

Com lágrimas nos olhos, ele disse:
— Há pessoas lá que precisam mais delas do que eu.[18]

Steven Davis, cabo do corpo de bombeiros de Oklahoma City, havia rasgado suas botas enquanto escavava os escombros em busca de sobreviventes. Ele recebeu um par de botas e dentro encontrou um bilhete: "Deus abençoe o homem que calçar essas botas, que ele seja forte na busca por vidas". Sua esposa emoldurou o bilhete, e toda vez que ele o vê pensa: "Deus o abençoe também, meu amigo".[19]

Não se Trata de Você

Quando se temos uma visão do céu, colocamos as pessoas acima dos lucros. Em Oklahoma City, mercados doaram produtos do seu estoque. Um funcionário do governo chegou à cidade com 55 centavos no bolso, ficou por duas semanas, e no dia em que foi embora os 55 centavos continuavam em seu bolso. As pessoas da cidade cuidaram de cada necessidade pela gratidão por seu serviço e liderança. Quando as estações de televisão precisaram de um local para transmissão, o dono de uma loja de computadores doou sua loja, fechou seu negócio e recusou o pagamento de lucros que a rede de TV ofereceu porque não queria se beneficiar da dor alheia. Minhas companheiras de almoço eram casadas com médicos, e os profissionais dessa área trabalharam sem parar durante meses. Todos se envolveram e fizeram o que precisava ser feito.

Porém a imagem mais forte de um verdadeiro embaixador, um verdadeiro servo, foi o fluxo constante de bombeiros valentes correndo para as torres do World Trade Center na manhã de 11 de setembro. Eu estava em meu carro alguns dias depois, ouvindo um programa de rádio e tentando processar a tragédia que havia abalado o país todo. Com a queda das Torres Gêmeas, a confiança da nação foi desafiada, a segurança do povo foi aturdida e prioridades foram reorganizadas. Um homem telefonou para o programa de rádio que eu havia sintonizado e resumiu tudo que significava fazer parte dos Estados Unidos em uma época como essa.

Ele contou a história de um de seus melhores amigos que trabalhava no World Trade Center. Ele foi um dos afortunados que estava em um andar baixo o suficiente para ser evacuado do prédio. Enquanto descia as escadas para sair da área de risco, ele passou por bombeiros e outros profissionais de resgate que estavam subindo as escadas para salvar a vida daqueles que ficaram presos no prédio. Ele disse que olhou nos olhos deles e percebeu que não estavam planejando se tornarem conhecidos. Eles estavam indo fazer seu trabalho e resgatar o máximo de pessoas possível, mesmo sabendo que isso provavelmente lhes custaria a própria vida.

Ele prosseguiu: "As pessoas dizem que têm medo do inimigo porque eles provaram no 11 de setembro que estavam dispostos a pagar qualquer preço pela sua causa. Eu, porém, não tenho mais medo. Vi heróis de verdade que posso apontar para meus filhos. Vi esses bombeiros que estavam dispostos a pagar qualquer preço para manter nossa liberdade e salvar vidas, e sabia que nunca seríamos derrotados".

O que as pessoas veem em seus olhos? Que preço você está disposta a pagar para trazer a esperança e a ajuda de que as pessoas precisam? O que está disposta a sacrificar para transmitir o amor de Deus às *pessoas* que precisam desesperadamente dele? Você está disposta a ser uma heroína da fé? Edmund Burke afirmou: "A única coisa necessária para o triunfo do mal é homens bons não fazerem nada".

Em Filipenses 2.4,5,8, somos desafiadas: "Não atente cada um para o que é propriamente seu, mas cada qual também para o que é dos outros. De sorte que haja em vós o mesmo sentimento que houve também em Cristo Jesus, [... que] humilhou-se a si mesmo, sendo obediente até à morte e morte de cruz".

Em Littleton, depois da tragédia em Columbine, vários estudantes do Ensino Médio se converteram à fé em Cristo. Depois do 11 de setembro, uma renovação de fé e temor a Deus percorreram a nação. Por um tempo, todos cantavam "God Bless America" [Deus abençoe a América]. Em Oklahoma, ocorreu um reavivamento. Igrejas, lotadas de pessoas, construíram templos maiores porque cada pessoa está transmitindo a mensagem de esperança aos seus conhecidos. E há um sentimento de melancolia sagrada que permeia os relacionamentos. Vivenciei isso de imediato em minha viagem a Edmond.

Há um foco singular que capta o coração das pessoas que encontrei. Em seus ouvidos ressoam versículos como "Pois que aproveitaria ao homem ganhar todo o mundo e perder a sua alma?" (Mc 8.36); "E como aos homens está ordenado morrerem uma vez, vindo, depois disso, o juízo" (Hb 9.27); e "E em nenhum outro há salvação, porque também debaixo do céu nenhum outro nome há, dado entre os homens, pelo qual devamos ser salvos" (At 4.12).

É importante lembrar-se de que Deus não obriga as pessoas a virem a Ele. As pessoas têm uma escolha. Já ouvi desculpas como: "Oh, não quero conhecer um Deus que pode mandar pessoas para o inferno". Deus não nos manda para o inferno — nós mesmas nos dirigimos para lá. Escolhemos viver longe dEle ou escolhemos entregar nosso coração a Ele. Por exemplo: se eu fosse casada com um homem mau, e estivéssemos discutindo, e eu sentisse medo por minha vida e quisesse sair, se o homem bloqueasse a porta, isso é crime. Chama-se obstrução de passagem. Eu poderia telefonar para o 190 e ele seria preso. Deus não bloqueia nossa passagem. Deus é cavalheiro. Ele não força ninguém, mas em vez disso oferece um relacionamento de amor. A escolha é nossa de ter ou não um relacionamento com Ele. É uma escolha sobre a qual cada pessoa merece ouvir. Mas como ouvirão se ninguém lhes contar, escrever ou der alguma informação? É o nosso chamado claro como embaixadoras.

Lentes Novas

Nas corridas pelos corações e almas da humanidade, muitas coisas perdem a importância quando vistas pelas lentes da eternidade. O banheiro que precisa de uma nova camada de tinta vai para o final da lista quando olhamos as pessoas na vizinhança com os olhos do "para sempre". O marido imperfeito, com todas as falhas, parece excelente quando pensamos na alternativa de nunca mais tê-lo por perto. Lavar louças e fraldas e levar as crianças para atividades que fazem parte do cotidiano delas tornam-se ações santas à luz da eternidade.

Bill Bright, fundador da Cruzada Campus para Cristo, considerava qualquer período com alguém por mais de alguns minutos como um compromisso divino. Temos toda a eternidade para louvar a Deus, cantar para Ele e viver em comunhão com os crentes, mas só temos esta breve vida para contar aos outros sobre Ele e sobre o plano que lhes oferece. Deus poderia ter nos levado direto para o céu no momento em que recebemos sua graça e amor, mas em vez disso escolheu nos deixar aqui. As metas são altas no jogo da vida. Cada uma de nós ficará diante de Deus e prestará contas. Naquele dia, a prioridade dEle será: "Você me conhece? Você aceitou meu Filho em sua vida como pagamento por suas imperfeições?" Milhões e milhões de pessoas ainda precisam ouvir as Boas Novas do grande amor de Deus de uma forma que consigam entender e aceitar. Nós somos sua voz para um mundo perdido e que está morrendo. Hoje pode parecer um dia como outro qualquer, mas foi assim no dia 19 de abril de 1995 em Oklahoma City. Foi assim no dia 11 de setembro em Nova York.

Desde a faculdade tento tomar todas as minhas decisões com base em uma única pergunta: "Como isso contribuirá para levar pessoas a Jesus?" Às vezes, ter uma van é uma ação estratégica para que eu possa levar mais crianças e adolescentes a eventos para ouvirem sobre Deus ou crescerem em Cristo. Construímos nossa casa com o evangelismo em mente — sala e cozinha maiores para hospitalidade. Mas outras vezes sei no fundo do meu coração que sou eu que desejo um novo papel de parede, não Deus. Sou eu que desejo uma roupa nova quando Deus quer que a esposa de um missionário fique com esse dinheiro. Quando peso meus motivos agora, milhares de rostos de Oklahoma City, do World Trade Center, das salas de uma escola no Colorado, passam como um flash em minha mente.

E o rosto de minha amiga Diane. Diane e eu fazíamos parte da equipe de ginástica, de torcida e do clube de dança. Com frequência, se eu não estivesse com minha irmã, Deney, estava com Diane.

Na comemoração de 20 anos do Ensino Médio, leram o nome dos alunos de minha turma que haviam morrido. Entre esses estava um rapaz que eu havia namorado, um que minha irmã tinha namorado e uma amiga das aulas de dança. Eu me lembrava de quase todos na lista, e recordei momentos quando Deus tinha me dado a oportunidade de contar a cada um deles minha história pessoal de fé.

Lembro-me bem das desculpas: *Deus, e se eles me rejeitarem? E se eu perder a amizade deles? E se me fizerem perguntas e eu não souber responder? E se rirem de mim? E se não se interessarem?* Fiz todas essas perguntas — e outras mais. Eu almejava uma desculpa plausível para não compartilhar minha fé. Tentei a *Estou ocupada demais, Deus, Não tenho conhecimento suficiente, Deus*, e a espiritual *Tenho certeza de que alguém fará isso melhor do que eu, Deus*. Tentei até a desculpa *Não sei se é o momento certo, Deus*, mas aquela voz calma e suave continuava me impulsionando. Em cada caso, eu disse sim e dei um passo adiante e compartilhei minha história de como Deus tinha redimido a minha vida e a esperança que oferecia a cada um desses amigos. Conversei com eles, um por um. Alguns responderam de imediato outros não. Tudo que sei é que Deus me pediu e eu disse sim e obedeci.

Deus me pediu para compartilhar minha fé com minhas amigas líderes de torcida no Ensino Médio. Só duas foram à minha casa naquele dia. Eu me senti como se tivesse fracassado. Diane telefonou e disse que queria ir, mas teria que trabalhar, então marquei um almoço com ela. Durante o almoço, falei de Cristo da única forma que sabia — lendo *Four Spiritual Laws* [As Quatro Leis Espirituais]. Diane queria fazer a escolha de receber Cristo em sua vida naquele dia, mas estava com medo. Ela estava morando com um rapaz, e achava que ele não gostaria mais dela caso se tornasse religiosa. Quando expliquei que não era uma religião, e sim um relacionamento, ela disse que pensaria a respeito. E cumpriu sua palavra.

Levei Diane à igreja algumas vezes durante o período do Ensino Médio, e de vez em quando nos primeiros anos da faculdade. Às vezes ela ia a algum evento especial na igreja, às vezes apenas conversávamos. Fomos ao casamento uma da outra (ela se casou com o rapaz com quem morava).

Mas uma série de mudanças de cidade fez com que nosso relacionamento se tornasse ocasional nos anos seguintes. Na comemoração de 10 anos de formatura, retomamos contato. Seu primeiro casamento tinha terminado, e eu poderia dizer que ela estava magoada. Ela estava desempregada e grávida, sem um marido à vista. Conversamos um pouco naquela noite. "Diane, Deus tem um plano maravilhoso para sua vida, e ficarei feliz em ajudá-la a descobri-lo Deus a ama. Ele quer o melhor para você, mas é necessário dar o primeiro passo e pedir que Ele entre em sua vida."

Ela tinha muitos questionamentos, então começamos a trocar correspondências. Ela era uma mãe solteira tentando reorganizar sua vida. Enviei um presente quando sua filhinha nasceu e um cartão quando conseguiu um novo emprego. Ela queria saber mais sobre Deus, então enviei alguns materiais que achei que poderiam ajudá-la a tomar a decisão de entregar sua vida ao Deus amoroso que a criara. Então as cartas pararam de chegar. Eu escrevia, e minhas cartas eram devolvidas pelo correio. Eu me perguntava se tinha feito algo errado.

Na reunião seguinte, descobri por que as cartas pararam de chegar. Diane estava voltando para casa de carro depois de um longo dia em seu novo emprego. Ela dirigiu o carro para uma barragem. Duas crianças pequenas ficaram órfãs.

Contei ao meu irmão sobre minha amiga Diane depois da reunião naquela noite. Bret me mostrou as notícias da noite. Fotos do carro da princesa Diana destruído passavam na televisão. Diane e Diana tinham uma agenda repleta de atividades e planos importantes, porém a escolha mais importante que precisavam ter feito era a escolha de entregar a Deus o controle do seu coração. Só Ele sabe se essa escolha foi feita.

Mas na noite da reunião de 20 anos da minha turma, vivi algo de que nunca me esquecerei. Eu me senti como se minha vida tivesse agradado a Deus. Os fragmentos voltaram para o lugar. Enquanto os nomes dos meus colegas de classe falecidos eram lidos em um momento de silêncio, senti a humildade de que eu, uma mulher que começou a vida como uma criança trêmula, insegura, fora tão transformada a ponto de, quando mais foi preciso, dizer sim a Deus e compartilhá-lo com outras pessoas.

Eu gostaria de poder afirmar que sempre digo sim quando sinto aquele empurrãozinho da eternidade. Contudo, eu digo sim com mais frequência porque o nome daqueles colegas de classe e aqueles rostos e histórias de uma cerca de arama em Oklahoma City estão gravados em meu coração e mente. Creio que Deus quer ajudar a juntar os pedaços de nossa vida para que não nos sintamos tão fragmentadas e estressadas. Mas *sei* que a peça mais importante, uma peça do canto, que organiza o quebra-cabeça e ajuda a unir todas as outras peças, é como meu coração responde à vida quando coloco a grade da eternidade sobre os rostos pelos quais eu passo a cada dia.

Quando olho para as pessoas e para as tarefas da vida pelos *olhos do para sempre*, ganho perspectiva e clareza. Coisas que eu pensava serem tão importantes, tão essenciais, ficam em segundo plano. Outras vezes, coisas que à primeira vista parecem insignificantes podem crescer em importância sob o microscópio do céu.

Havia uma mulher, nova em nossa congregação, que lutou contra o câncer por muitos anos. Márcia esteve doente por todo o período em que a conheci. Fui visitá-la em um pequeno condomínio. Eu sabia que ela continuava trabalhando, apesar das dores. Seu mundo parecia pequeno. Quando ela faleceu, eu pensei: *Preciso ir ao seu funeral. Não deve haver muitas pessoas lá. É muito mais doloroso para a família quando poucas pessoas compareçam ao funeral.* Então, mesmo não conhecendo Márcia muito bem, eu fui. Ao entrar no estacionamento, tive dificuldade para encontrar um lugar para estacionar. No decorrer do funeral, meu marido deu oportunidade para que pessoas na congregação falassem. Várias pessoas foram à frente para falar sobre como uma mulher, uma mulher que sorriu em meio à dor do câncer todos os dias durante dez anos, havia tocado suas vidas. Muitos nunca tinham conversado sobre questões espirituais até que a conheceram. Mas Márcia ouvia. Ela ouvia perguntas absurdas, ouvia corações partidos, ouvia algumas pessoas que talvez nunca tivessem sido ouvidas antes — e ela fez a diferença.

Coração em Chamas

Na Califórnia, todo outono temos ventos secos e quentes chamados ventos de Santa Ana. Quando eles sopram por qualquer período, o risco de incêndios aumenta. Certa noite, percebi que um incêndio que havia começado mais cedo naquele dia agora estava atingindo as montanhas em torno de nossa igreja. Ainda estava a quilômetros de distância, então entrei para preparar tudo para o estudo bíblico que eu estava liderando. Eu acompanhara as notícias ao longo do dia. Pessoas e animais estavam sendo evacuados de todas as cidades ao nosso redor. O vento estava afastando o incêndio de nossa cidade — até aquela noite.

Saí novamente para avaliar a situação enquanto as mulheres começavam a chegar para o estudo. Rapidamente nos reunimos e decidimos que o que Deus queria de nós naquela noite não era estudo bíblico, e sim que entrássemos em ação. Peguei a lista telefônica de nossa igreja e dividimos por nomes a fim de conseguirmos telefonar e verificar a situação dos moradores daquela área, principalmente os membros mais idosos da igreja. Nós os informamos acerca da mudança do vento, oferecemos auxílio para evacuação e informações sobre abrigos de emergência. A maioria das mulheres do grupo de estudo também ofereceu suas casas. Enviei uma mensagem para meu marido, e nossa igreja logo se tornou um abrigo de emergência para evacuação. Bill assumiu o abrigo, prestando auxílio a qualquer pessoa necessitada durante toda a noite, enquanto eu fiquei responsável pelo telefone, como uma despachante, prestando informação a famílias que haviam se separado e amigos em busca de pessoas queridas que viviam na região. Então, a cada 20 minutos mais ou menos, eu telefonava para alguns amigos que moravam em uma região mais alta depois de um pequeno lago distante do incêndio. E eu orava. Bill e eu não dormimos naquela noite, mas não importava. As pessoas estavam seguras, e isso era tudo que importava.

Enquanto dirigíamos e avaliávamos os danos causados pelo incêndio, Bill e eu não podíamos fazer nada além de observar um local surpreendente. Duas cruzes de madeira haviam resistido ao fogo enquanto casas, moitas e árvores não haviam resistido. As cruzes pareciam ser um sinal de esperança e orientação para nossa comunidade, um lembrete do que realmente importa na vida: *pessoas e o relacionamento delas com Deus.*

O Presente

Eram 3 horas da manhã em Oklahoma City. Fazia frio, ventava e chovia enquanto o tenente da polícia Jim Spearman permanecia no perímetro do local da explosão. Por causa do mau tempo, os líderes da equipe de busca e resgate estavam se revezando na guarda fora do local. Jim observou três pessoas em pé ao norte da barricada: um adolescente, uma menina mais nova e uma mulher. Ele achou muito estranho que em uma noite como aquela e com o aquele clima alguém estaria por ali. Ele se aproximou do grupo. O garoto caminhou à frente e perguntou a Jim se sua irmã mais nova poderia falar com ele. A mulher arrumou a menina, que aparentava 9 anos de idade. A menininha segurava um ursinho desgastado e perguntou: "Você poderia entregar esse ursinho a um daqueles bebês no hospital?"

A mulher explicou que a menina não dormia direito desde a explosão e estava preocupada com as vítimas crianças. Ela havia acordado uma hora antes e perguntou se poderia ir ao local da explosão. O ursinho fora um presente que ela ganhou em seu primeiro aniversário.

Jim lhe disse que levaria o ursinho para o posto do Exército de Salvação e eles com certeza entregariam a uma das crianças no hospital. A menininha entregou o ursinho. Jim se abaixou e perguntou: "Qual é o seu nome?"

Ela respondeu: "Isso não é importante".[20]
Senhor, dá-me um coração como o dessa menininha. Que eu possa entregar tudo que é valioso para mim e permitir que seja usado por ti. Que as pessoas vejam a ti, e não a mim. São 9:02 em nosso mundo todos os dias. Dá-me olhos que enxerguem o para sempre. Senhor, "vamos lá".

Pontos de Decisão

A partir de uma tempestade de ideias, escreva uma lista de maneiras como você poderia contribuir com algo que poderia ser usado para transmitir informações sobre quem é Jesus. Ofereça seus bens para serem usados pela igreja, por um grupo jovem ou por uma organização paraeclesiástica.

Faça uma lista de pessoas que você conhece e que ainda não conhecem a Cristo. Depois de cada nome, escreva os interesses e necessidades de cada pessoa. Existe uma forma tangível de você começar a transmitir o amor de Jesus a essas pessoas em sua lista?

Agora pense em sua comunidade. Quem são as pessoas em mais alto risco em sua cidade? Quais são os "grupos de risco": mães solteiras, crianças que pertencem a minorias, os pobres? Existe uma forma de você provocar um impacto em pelo menos uma dessas vidas?

Como você pode pegar o que é comum em sua vida e usar para o propósito extraordinário de proclamar o amor de Deus? Seu cartão de Natal poderia incluir informações sobre Jesus? Sua correspondência pessoal tem um versículo no final? Você poderia fazer amizade com alguém na academia, na vizinhança ou em uma loja em vez de sair apenas com o mesmo grupo de amigas?

Ore e peça a Deus (1) que lhe mostre as pessoas com os olhos dEle e (2) que lhe dê um senso de urgência quando lidar com pessoas e a necessidade que têm de conhecê-lo de modo pessoal.

GUIA DE ESTUDO

Guia de Estudo e Perguntas para Pequenos Grupos

Esta seção foi feita para a mulher que deseja ir a um ponto mais profundo com Deus. Cada capítulo terá uma tarefa semanal seguida por perguntas para debate em pequenos grupos. A tarefa pode ser uma questão com muitas facetas, ou várias questões. À medida que você trabalha para entender novas verdades a cada dia sobre aquele tópico, descobrirá que Deus a conduziu por sua Palavra, e terá uma visão mais ampla, mais profunda e mais rica sobre o tópico do capítulo. Você pode então escolher facilitar ou participar de um pequeno grupo que se reúna uma vez por semana e debater sobre o capítulo, as tarefas da seção Pontos de Decisão e se aventurar em um Lugar mais Profundo com Deus. Você pode decidir fazer atividades e debater sobre elas com uma amiga de confiança, uma mentora, filha, nora ou com seu cônjuge. As perguntas simplesmente ajudarão a facilitar um debate.

Capítulo 1: Decida Decidir

Um Lugar mais Profundo

Leia o livro de Rute. No capítulo 1, observe a dor profunda que Noemi deve ter sentido. Qual era a causa da dor de Noemi? Qual é a dor que você está sentindo neste momento? Com frequência, para as mulheres, a dor está ligada ao nosso autoconceito ou àqueles relacionamentos vitais que alimentam nossa visão de nós mesmas. Noemi estava tão deprimida, com tanta raiva e ferida que até mudou seu nome para expressar a amargura que sentia em seu interior. Noemi fez uma escolha muito importante no capítulo 1. Ela voltou atrás, voltou para o lugar onde sabia que Deus a encontraria, voltou para um lugar onde as pessoas a conduziriam a Deus, voltou para um lugar que ela sabia que seria uma fonte de provisão física, emocional e espiritual. Quando a vida se torna confusa, volte atrás.

Onde são esses lugares em que você sabe que ouve Deus falar em sua vida? Se você está se sentindo esgotada, desconsiderada ou negativa acerca de sua vida, pense em um tempo em que sentia o gozo da presença de Deus. Feche os olhos. Pense em uma época em que sentia repouso nEle. Acho que um dos motivos por que nadar é tão terapêutico para mim é o fato de que quando tudo ficava difícil demais em minha casa quando eu estava crescendo, eu ia para os fundos do pasto com minha Bíblia e me sentava, batendo os pés nas águas frias do riacho enquanto lia a Palavra, orava e conversava com Deus. Era meu oásis particular. Eu sentia a alegria de Deus enquanto desfrutava de sua presença. Eu a encorajo a encontrar um lugar onde possa passar algum tempo sozinha com Deus quando se sentir estressada. Faça desse lugar um espaço onde você possa se livrar de todas as distrações. Faça um lugar onde você possa estar a sós com Deus para compartilhar o que está em sua mente e coração. Ele nos diz para o buscarmos quando estivermos cansadas e sobrecarregadas, e Ele nos dará descanso (Mt 11.28,29). A ideia central é se render. Abra mão do seu jugo pelo jugo que Ele designou para você. O que você está carregando que parece pesado demais? Que pensamentos negativos sobre si mesma você está ouvindo, mas gostaria que Ele substituísse? Você anseia ouvir o aplauso de Deus, sentir sua aprovação? Em um período devocional, leia os seguintes versículos e pergunte-se: *Por Deus já estar fazendo tudo isso para mim, não suprirá minhas necessidades agora?* (Lc 15.10; Jo 14.2,3; Mt 11.28-30; Ap 21—22). Escreva uma carta para Jesus. Conte-lhe todas as coisas pesadas, negativas, no jugo que você está carregando. Conte-lhe como se sentiu ao se render quando leu os versículos. Conte-lhe o que você gostaria de ver acontecer em sua vida como resultado deste estudo.

Perguntas para Juntar as Peças

1. Pense no último elogio que você recebeu. Qual foi o motivo? Foi um elogio externo: "Que vestido lindo!" ou "Seu cabelo ficou ótimo!" ou foi um elogio interno sobre o seu caráter: "Você é tão zelosa" ou "Você é mesmo uma amiga fiel". Tente descrever como se sente ao receber cada tipo de elogio.

2. Converse sobre sua resposta à tarefa da seção *Pontos de Decisão*. Como você descreveria uma mulher "que tem tudo"? Como essa descrição é diferente de sua vida neste momento? Você acha que é possível "ter tudo"? Por quê? Descreva uma ocasião em que você se comparou a alguém ou comparou sua vida com a de outra pessoa. Quando isso aconteceu? Como você se sentiu como resultado da comparação? Nos próximos dias, leia os seguintes versículos sobre como lidar com a inveja e o ciúme:

    Provérbios 14.30
    1 Coríntios 13.4
    1 Pedro 2.1-3
    Romanos 12.14-21
    2 Coríntios 12.20—13.8
    Provérbios 23.17
    Tito 3.3-8
    Romanos 13.13,14
    Gálatas 5.19-25
    Provérbios 24.1,2
    Tiago 3.13—4.3
    1 Coríntios 3.3-9

Encontre um novo plano para usar quando se sentir tentada a se comparar. Explique como lidará com esses sentimentos negativos na próxima vez que eles surgirem.

3. Qual é a sua definição de significativo? Esse capítulo argumenta que se você se vê pela perspectiva de Deus,

tem uma visão mais precisa do que é significativo, do que agrada a Ele. Por que você acha que saber como Deus a vê causará um impacto em seu modo de pensar nas próximas semanas?

4. Você tem uma área específica em que se sente desapontada, ou acha que pessoas específicas estão desapontadas com você? Ore com alguém e entregue essas áreas ao cuidado de Deus enquanto você faz a sua parte ao longo deste livro.

Capítulo 2: Decida Ser Autêntica

Um Lugar mais Profundo

Vejamos uma comparação verdadeira/falsa. Vamos começar pela falsa.

Falsa. Leia o livro de Eclesiastes. Salomão, o homem mais sábio na história, escolheu não acreditar em Deus como sua fonte de significado. Sublinhe e marque falsas fontes de significado na margem de sua Bíblia com um "F", de falsa. Faça uma lista de áreas de falso significado que observa na vida de Salomão. Quais são os resultados negativos para cada área? No geral, qual era o estado de ânimo de Salomão como resultado de aceitar falsas fontes de significado? Em que fonte de falso significado você é mais tentada a confiar em vez de confiar em Deus? Há algumas palavras de sabedoria de Salomão que podem ajudá-la quando se sentir tentada a aceitar uma falsa fonte de significado?

Verdadeira. Crie sua própria carta de amor de Deus. Primeiro faça uma lista de quaisquer fraquezas, pontos de apoio ou falsas fontes de significado que você tenha adotado. Escreva palavras-chave que descrevam essas áreas.

Agora, depois de cada uma, escreva palavras-chave que sejam o oposto desses termos negativos. Procure versículos na Bíblia usando as palavras positivas. Tente encontrar versículos que descrevam Deus com termos semelhantes aos traços positivos em sua lista. Escolha de cinco a dez versículos preferidos e junte-os. Se quiser, personalize os versículos para que a mensagem pareça vir direto de Deus para você. (Veja o exemplo na seção Pontos de Decisão.)

Perguntas para Juntar as Peças

1. Quais são as fontes de significado mais comuns que você vê promovidas na televisão e nas revistas: A mídia faz com que você se sinta significante ou insignificante? Como? Por quê?

2. Pense em como foi sua criação. Houve histórias infantis, positivas ou negativas, que ajudaram a formar sua identidade? Algum relato de sua família que formou um conceito errado de significado em seu pensamento?

3. Que áreas de falso significado você é mais vulnerável a acreditar e adotar?

4. Considerando todos os exemplos no capítulo e o exemplo de Salomão, qual será o resultado se uma pessoa continuar aceitando falsas fontes de significado?

Capítulo 3: Decida Superar

Um Lugar mais Profundo

Leia a história do rei Saul (1 Sm 9—16; 18—19; 23-7,28; 31.1-6). Tente fazer um diagrama de sua progressão descendente. Que decisões-chave ele tomou que o impulsionaram a um padrão destrutivo?

E você? Consegue identificar seu lado obscuro e o que acontecerá se não tratar dele, não o mantiver sob observação ou vencê-lo?

Perguntas para Juntar as Peças

1. Escreva o nome de alguns líderes, astros ou celebridades de nossos dias que não se preocuparam com sua bagagem, com o lado obscuro. Que resultado você vê na vida deles?

2. "Nosso passado influencia nosso futuro." Como você acha que sua criação ou suas escolhas pessoais no passado afetam o modo como se vê hoje?

3. Que encorajamento você recebeu de aprender que Deus já vê suas imperfeições e ainda a ama? Como isso a motiva a querer abrir seu coração e permitir que Deus a desenvolva nessas áreas imperfeitas?

4. Que tarefas da seção Pontos de Decisão você concluiu? Como se sente agora que deu um passo adiante para tratar dessa área?

Capítulo 4: Decida Revelar a Verdade

Um Lugar mais Profundo

Aceitando a escolha dEle. Leia estes versículos sobre ser escolhida. Você descobriu novos conhecimentos ou aplicações que podem ajudá-la em sua vida esta semana?

João 13.18
1 Tessalonicenses 1.4
Romanos 11.5
1 Pedro 2.9
Colossenses 3.12
Romanos 8.33
1 Pedro 1.2
Colossenses 1.27
Atos 22.14
Tiago 2.5
Efésios 1.11

Fracasso a partir da perspectiva de Deus. Leia os seguintes versículos sobre fracasso. O que provoca o fracasso aos olhos de Deus e como Ele lida com isso? Como isso a ajuda a lidar com o fracasso?

Mateus 26.41
2 Pedro 1.10
1 Coríntios 10.12
Hebreus 4.11
Romanos 3.23
1 Timóteo 6.9

Lucas 8.13
2 Pedro 3.17

Perguntas para Juntar as Peças

1. Que tipo de envelope você acha que é?

2. O que você acha que e impede de ser um envelope de Deus?

3. Você tem um método com o qual se sinta confortável para compartilhar a esperança de Deus? (Como em *As Quatro Leis Espirituais, A Estrada Romana, O Livro sem Palavras* ou uma pulseira com as cores que lembram as partes da mensagem do evangelho.) Vá a uma loja de produtos cristãos e encontre um recurso com o qual você se sinta confortável para partilhar acerca do seu relacionamento com Deus. (Leve o recurso à reunião do pequeno grupo.)

4. Você aprendeu algo que a ajudará a lidar com a crítica?

5. O que você aprendeu que a ajudará a lidar com o medo do fracasso ou a se recuperar de um fracasso?

6. Pense em alguém que poderia aproveitar a mensagem de esperança. Coloque algo em um envelope e envie encorajamento de Deus a alguém esta semana.

(Observação: Se você for a líder de um grupo, esta é uma boa semana para lembrar as pessoas de não usarem nomes reais ou completos quando descreverem circunstâncias que poderiam deixar a pessoa em uma situação constrangedora.)

Capítulo 5: Decida Fazer o Melhor
Um Lugar mais Profundo

A seguir estão alguns versículos sobre o tempo. Que novo conhecimento ou lembretes de verdade você pode extrair de cada um deles?

Gênesis 1.3-5
Gálatas 6.9
Efésios 5.15,16
Eclesiastes 3.1-8,11,17
1 Coríntios 4.5
Salmos 145.15
Eclesiastes 8.5,6
Salmos 75.2
1 Pedro 5.6

Procure os seguintes versículos que contêm as palavras "vaidade", "nuvem" ou "névoa". A partir da utilização dessas palavras, o que você consegue aprender sobre a brevidade da vida com base nesses versículos?

Provérbios 21.6
Isaías 44.22
Oseias 6.4; 13.3

Veja Eclesiastes 3.1-8, que diz haver um tempo para todas as coisas. Tente expressar o significado dessa passagem com um exemplo atual. Por exemplo: "Tempo de colher" pode significar um tempo de receber o pagamento ou uma gratificação. Marque os "tempos" que você já vivenciou.

Perguntas para Juntar as Peças

1. De acordo com o Expansionary Institute, a expectativa de vida de uma mulher agora é de 80 anos. Quantos anos lhe restam caso isso seja verdade em relação a você? Como você se sente?

2. Como o fato de saber que você é uma "névoa" traz liberdade a você e aos seus pensamentos? Como isso muda sua lista de afazeres?

3. Que legado você quer deixar? O que você quer que digam a seu respeito em seu funeral?

4. Se quiser, leia em voz alta sua declaração pessoal de missão. Como você acha que essa declaração a ajudará a fazer escolhas no futuro?

5. Quando eu era jovem, recebi o seguinte conselho: "Faça o que gosta de fazer, o que faria mesmo sem receber um pagamento, e sempre será bem-sucedida". Você concorda ou discorda?

6. Como aproveitar ao máximo seu dom pode ser uma proteção em caso de morte de um cônjuge ou divórcio? Como a visão de querer que Deus a use para a glória dEle provoca um impacto nas decisões e escolhas de sua carreira?

Capítulo 6: Decida Ser Bem-Sucedida em cada Estação

Um Lugar mais Profundo
Leia estes versículos sobre nossa herança em Cristo, nossa posição na família dEle e nosso lugar em sua promessa. Como saber de tudo isso afeta sua visão de si mesma e da vida?

Gálatas 3.18
Hebreus 9.15
1 Pedro 1.3-7
Efésios 1.13,14,18-23
Colossenses 3.23,24
Hebreus 12.14-17
Colossenses 1.12
Gálatas 4.7
Efésios 5.5

Deus cuida de você em cada estação da vida. Leia o Salmo 139.
O que mais Deus sabe? Hebreus 13.8 declara: "Jesus Cristo é o mesmo ontem, e hoje, e eternamente". Como essa declaração é um conforto ou uma fonte de força?

Perguntas para Juntar as Peças

1. Reveja o quadro "As Cinco Estações da Mulher". Qual estação lhe parece mais desafiadora e por quê?

2. Avalie o grupo. Pergunte que conselho você recebeu ou que conselho pode compartilhar a fim de ajudar uma mulher a atravessar cada estação com segurança, usando a estação para o crescimento em vez de ser oprimida por ela.

3. Filhos e casamentos também passam por fases e estações. Para as mulheres com muitos filhos, qual fase da criação de filhos foi mais desafiadora? Quando você acha que um casamento precisa de mais atenção e por quê?

4. Mulheres solteiras também passam por fases de transição na vida. Como você pode resolver a lacuna emocional entre mulheres solteiras e casadas a fim de que façam amizade e apoiem umas as outras?

5. A Palavra de Deus é como um cinto de segurança quando estamos atravessando as estações da vida. Peça que cada integrante do grupo compartilhe versículos que as ajudaram em tempos difíceis. (Seria bom que trouxessem cópias dos versículos para que cada participante fique com um conjunto de cartões de versículos que poderão ajudá-las quando a vida se tornar um desafio.)

Capítulo 7: Decida Viver por Amor

Um Lugar mais Profundo

Veja novamente os versículos na seção "Esclarecendo a Vontade de Deus" neste capítulo. Se sua Bíblia tiver referências cruzadas para cada versículo na seção, procure-as e escreva um resumo com uma ou duas palavras para ajudá-la a se lembrar do que Deus quer de sua vida. Ao ler as referências cruzadas, você ganha uma perspectiva mais ampla sobre um assunto. Por exemplo: Romanos 12.1,2 fala sobre a santificação. Ler referências cruzadas pode lançar luz sobre como é uma vida santificada, principalmente quando seguimos a sequência de versículo a versículo, como pistas para chegar a um tesouro. Tente criar um conjunto de duas ou três perguntas para cada versículo na lista da seção "Esclarecendo a Vontade de Deus". Isso pode se tornar um termômetro, verificando sua temperatura espiritual e atitude em relação a Deus. Por exemplo: Porque sou santificada, eu me pergunto: "Estou sendo vigilante sobre o que vejo, o que ouço e em que participo a fim de que a chama de luz em mim não se apague?"

Perguntas para Juntar as Peças

1. Que instrumento de culpa usado por Satanás funciona melhor com você?

2. Como o fato de saber que você é sal e luz pode ajudar a combater esse instrumento de Satanás?

3. Quando você passou pelo período mais difícil para manter seus limites pessoais sadios?

4. Faça uma lista com as dez pessoas que mais ganharam direito ao seu tempo. Qual seria um limite que você pode estabelecer para garantir que elas terão melhor acesso a você? Por exemplo: Uma assistente pessoal pode transferir ligações dos seus filhos sem perguntar nada. Você pode ter um telefone celular *apenas* para receber ligações dos seus filhos ou do seu marido.

5. O que você aprendeu sobre ouvir a voz de Deus que pode ajudá-la a discernir entre a culpa nociva e a boa convicção?

Capítulo 8: Decida Cuidar do Eu

Um Lugar mais Profundo
Leia os versículos abaixo sobre o templo que Salomão edificou para Deus. Para cada referência, escreva um resumo de duas a cinco frases para lembrá-la do que é o templo ou como deve ser tratado.

1 Reis 5.3-6
1 Reis 7.13-51
1 Reis 5.13-18
1 Reis 8.1-66
1 Reis 6.1-38

Qual foi a resposta de Deus?

1 Reis 9.1-9

Os capítulos 2—7 de 2 Crônicas são referências cruzadas desse mesmo evento. Há informações novas ou diferentes sobre essa passagem?

Como esses versículos causaram um impacto no modo como você se vê, sabendo que você é chamada de templo do Espírito Santo?

Leia estes versículos sobre o sábado. Faça uma anotação curta da informação contida em cada versículo. Como resultado, há alguma mudança que você queira fazer no estilo de vida?

Êxodo 16.23,25,26
Levítico 23.3,32
Mateus 12.1-12
Êxodo 31.14-16
Levítico 25.4
João 5.1-17
Levítico 16.31
Isaías 58.13,14

Davi foi um homem cuja vida era estressante. Como os salmos descrevem o descanso?

Salmos 16.9
Salmo 91
Salmos 55.6
Salmo 116
Salmo 62

O que Jesus disse sobre o descanso?

Mateus 11.28,29
Marcos 6.31

O que os escritores do Novo Testamento dizem sobre o modo de lidar com fardos pesados, ansiedades e estresse?

Atos 15.25-29
Hebreus 13.17
2 Coríntios 11.9; 12.13,14
1 Pedro 5.7
Filipenses 4.6,7
1 Tessalonicenses 2.9
2 Tessalonicenses 3.8

Há pontos em comum entre o que Davi, Jesus e os outros escritores disseram?

Perguntas para Juntar as Peças

1. O que a deixa estressada?

2. Sabendo que você é o templo de Deus, há algum mau hábito que precise abandonar ou bons hábitos que precise começar a praticar?

3. Que presente você mais precisa se permitir receber? (Conexão emocional, contentamento, cuidado físico, oração, celebração ou esperança?)

4. Compartilhe algumas opções de sua lista pessoal de celebrações. Escolha uma para fazer hoje. Se fez alguma na semana passada, como se sentiu? Por quê?

5. Você aprendeu alguma lição na seção "Um Lugar mais Profundo" que provocará um impacto em seu estilo de vida?

6. Escolha uma parceira de responsabilidade que lhe perguntará toda vez que encontrá-la no próximo mês: "Você está cuidando do templo?"

Capítulo 9: Decida Ser Ousada

Um Lugar mais Profundo

Na seção abaixo, marque todas as referências a quem é Jesus com um X. Marque todas as referências de quem Jesus diz que você é com um coração. Sublinhe todas as referências a "permanecer" e "estar". Circule todas as promessas ou resultados de permanecer ou estar. Que novo entendimento ou lembrete essa atividade trouxe à sua mente?

João 15.1-16

[1] Eu sou a videira verdadeira, e meu Pai é o lavrador. [2] Toda vara em mim que não dá fruto, a tira; e limpa toda aquela que dá fruto, para que dê mais fruto. [3] Vós já estais limpos pela palavra que vos tenho falado. [4] Estai em mim, e eu, em vós; como a vara de si mesma não pode dar fruto, se não estiver na videira, assim também vós, se não estiverdes em mim. [5] Eu sou a videira, vós, as varas; quem está em mim, e eu nele, este dá muito fruto, porque sem mim nada podereis fazer. [6] Se alguém não estiver em mim, será lançado fora, como a vara, e secará; e os colhem e lançam no fogo, e ardem. [7] Se vós estiverdes em mim, e as minhas palavras estiverem em vós, pedireis tudo o que quiserdes, e vos será feito. [8] Nisto é glorificado meu Pai: que deis muito fruto; e assim sereis meus discípulos. [9] Como o Pai me amou, também eu vos amei a vós; permanecei no meu amor. [10] Se guardardes os meus mandamentos, permanecereis no meu amor, do mesmo modo que eu tenho guardado os mandamentos de meu Pai e permaneço no seu amor. [11] Tenho-vos dito isso para que a minha alegria permaneça em vós, e a vossa alegria seja completa. [12] O meu mandamento é este: Que vos ameis uns aos outros, assim como eu vos amei. [13] Ninguém tem maior amor do que este: de dar alguém a sua vida pelos seus amigos. [14] Vós sereis meus amigos, se fizerdes o que eu vos mando. [15] Já vos não chamarei servos, porque o servo não sabe o que faz o seu senhor, mas tenho-vos chamado amigos, porque tudo quanto ouvi de meu Pai vos tenho feito conhecer. [16] Não me escolhestes vós a mim, mas eu vos escolhi a vós, e vos nomeei, para que vades e deis

fruto, e o vosso fruto permaneça, a fim de que tudo quanto em meu nome pedirdes ao Pai ele vos conceda.

Perguntas para Juntar as Peças

1. Você consegue pensar em uma época em que o perfume da obediência causou um impacto em sua vida? Compartilhe com o grupo.

2. O que você aprendeu sobre a prioridade da Palavra de Deus e sua relação com a obediência?

3. Que método de estudo bíblico você quer experimentar para que a Palavra de Deus faça parte de sua vida?

4. Você consegue se lembrar de uma época em que ações pecaminosas, suas ou de outra pessoa, resultaram em maus pensamentos? Você pode dar um exemplo de declaração ofensiva ou discussão que resultaram do fato de alguém (você ou outra pessoa) não andar em obediência? Compartilhe com outro membro do grupo e orem uma pela outra.

5. Quando é mais difícil para você obedecer?

6. Compartilhe seus sentimentos acerca desta frase: "Prestar contas só funciona se a pessoa tem o desejo de obedecer". Você concorda ou discorda? Por quê?

Capítulo 10: Decida Deixar um Legado

Um Lugar mais Profundo

Em Atos 1.8 está escrito: "Mas recebereis a virtude do Espírito Santo, que há de vir sobre vós; e ser-me-eis testemunhas tanto em Jerusalém como em toda a Judeia e Samaria e até aos confins da terra".

Somos testemunhas de quem Jesus é. Leia sobre João Batista em João 1.1-37. O que você consegue aprender com João que possa ser aplicado à sua própria vida hoje?

As epístolas contêm muitas referências a luz. Leia os versículos abaixo e escreva quem ou o que é a luz e seu propósito.

Romanos 13.12
Efésios 5.8-14
1 João 1.7; 2.9,10
2 Coríntios 4.4
Hebreus 10.32
1 Tessalonicenses 5.5
2 Coríntios 6.14
1 Pedro 2.9

Perguntas para Juntar as Peças

1. Descreva as pessoas que poderiam vê-la como uma embaixadora. A partir de uma tempestade de ideias, cite maneiras de ser uma embaixadora mais eficaz para elas. (Aprender o idioma dessas pessoas, visitar seus lares, descobrir suas necessidades, etc.)

2. Escolha uma pessoa e uma forma de ser uma embaixadora. Comece orando e reservando um horário para essa pessoa.

3. Como você pode ter "olhos do para sempre" para o seu mundo? O que a ajudará a se lembrar de priorizar as pessoas?

4. Decidir ser uma mulher que pode ser usada por Deus de fato tem a ver com estar disponível. Que atitudes ou ações você mudou desde que começou este estudo?

5. Como seu autoconceito mudou? Qual "Você é" foi mais significativo para você e por quê?

6. Como você acha que ter uma visão mais precisa, do ponto de vista de Deus, contribui para que tome melhores decisões?

7. Faça uma lista com as 10 decisões que você acha que Deus queira que você tome a fim de ser o que Ele quer que se torne;

NOTAS

Capítulo 1 — Decida Decidir
[1] Pam Farrel, *Hats Off to You* (Eugene, OR: Harvest House Publishers, 1999), p. 28.
[2] Conferência da Women of Faith, San Diego, CA, julho de 1998.
[3] Lorraine Glennon, ed., *100 Most Important Women of the 20th Century* (Des Moines: Ladies Home Journal Books, 1998), p. 113.
[4] John Robinson e Geoffrey Godbey, *A Time for Life* (University Park, PA: Pennsylvania State Press, 1997), p. 44.
[5] Os Guinness, *The Call* (Nashville, TN: Word, 1998), p. 46.

Capítulo 2 — Decida Ser Autêntica
[1] Dana Demetre, *The Lifestyle Solution Workbook* (San Diego, CA: Lifestyle Dimensions, 1998), p. 43.
[2] Ibid., p. 43.
[3] Veja 1 Crônicas 29.10-13; Salmos 28.7; 121.3; 2 Timóteo 1.12; 1 Tessalonicenses 5.24; 2 Coríntios 1.20.

Capítulo 3 — Decida Superar
[1] Gary McIntosh e Samuel Rima, Sr., *Overcoming the Dark Side of Leadership: The Paradox of Personal Dysfunction* (Grand Rapids, MI: Baker Books, 1979), p. 11,12.
[2] Ibid., p. 14.

Capítulo 4 — Decida Revelar a Verdade
[1] Poor Man's College Quotation disponível em www.starlingtech.com/quotes.

[2] www.yahoo.com/quotations.
[3] Ruth Tucker e Walter Liefeld, *Daughters of the Church* (Grand Rapids, MI: Academie Books, 1987), p. 336.
[4] Ibid., p. 337.
[5] Ibid., p. 338.
[6] J. I. Packer, *Knowing God* (Downers Grove, IL: InterVarsity Press, 1973), p. 37.

Capítulo 5 — Decida Fazer o Melhor

[1] "Dilbert", United Feature Syndicate, inc., 1997 Day Runner, Inc.
[2] Pam Farrel, *Woman of Influence* (Downers Grove, IL: InterVarsity Press, 1996), p. 103.
[3] Os Guinness, *The Call* (Nashville, TN: Word, 1998), p. 79.
[4] Ibid., p. 45.
[5] Dr. Archibald Hart, *Adrenaline and Stress* (Dallas, TX: Word, 1995), p. 138.
[6] Ibid., p. 177.

Capítulo 6 — Decida Ser Bem-Sucedida em cada Estação

[1] Patsy Clairment, Barbara Johnson, Marilyn Meberg e Luci Swindoll, *Joy Breaks* (Grand Rapids, MI: Zondervan Publishing, 1997), p. 241.
[2] John Robinson e Geoffrey Godbey, *A Time for Life* (University Park, PA: Pennsylvania State Press, 1997), p. 110.
[3] www.lifetimetv.com
[4] Kim Clark e Lenore Schiff, "Do You Really Work More?", 29 de abril de 1996, www.pathfinder.com?fortune.html
[5] www.prnewswire.com
[6] Robinson e Godbey, *A Time for Life*, p. xvii.
[7] Ibid.
[8] Veja http://slashdot.org/features/00/02/13/2257216.shtml
[9] Robinson e Godbey, *A Time for Life*, p. 34.
[10] Brenda Hunter, *Where Have All the Mothers Gone?* (Grand Rapids, MI: Zondervan, 1982), p. 92, 93.
[11] Ibid., p. 90.

Capítulo 7 — Decida Viver por Amor

[1] Naomi Beard, *Following Christ Beyond Your Cultural Walls*, Women's Ministry Symposium, março de 1998, p. 49.
[2] www.libertynet.org/~edcivic/welfheri.html.
[3] Beard, *Following Christ*, p. 50.
[4] www.libertynet.org/~edcivic/welfheri.html.
[5] Beard, *Following Christ*, p. 51.
[6] www.niaid.gov/factsheets/womenhiv.htm.
[7] Beard, *Following Christ*, p. 54.
[8] www.ojp.usdoj.gov/ovc/ncvrw/2001/stat_over_12.htm.
[9] www.pdxcityclub.org/report/domvio.htm#link2.
[10] Lorraine Glennon, ed., *100 Most Important Women of the 20th Century* (Des Moines, IA: Ladies Home Journal Books, 1998), p. 20.

[11] www.nationalcampaign.org/pr09.asp.
[12] Miriam Neff e Debra Kingsporn, *Shattering Our Assumptions* (Minneapolis, MN: Bethany House, 1996), p. 29, 30.
[13] Lauri McIntyre, Conferência NEWIM, Riverside, CA, 5 de fevereiro de 1999.

Capítulo 8 — Decida Cuidar do Eu
[1] Tom Peterson, *Living the Life You Were Meant to Live* (Nashville, TN: Tomas Nelson, 1998), p. 201.
[2] Pastor to Pastor, *Budgets and Burnout*, audiotape vol. 1, 1993. Focus on the Family, Colorado Springs, CO, 80995.
[3] Dr. Archibald Hart, *Adrenaline and Stress* (Dallas, TX: Word Publishing, 1995), p. 12.
[4] Entrevista pessoal, 1º de fevereiro de 1999.
[5] Dean Ornish, M. D., *Love and Survival* (Nova York, NY: HarperCollins Publishers, 1998) p. 25.
[6] Ibid., p. 29.
[7] J. S. House, K. R. Landis e D. Umberson, "Social Relationship and Health", *Science*, 1998, p. 241:540-545.
[8] L. G. Russek e G. E. Schwartz, "Perceptions of Parental Caring Predict Health Status in Midlife: A 35-Year Follow Up od the Harvard Mastery of Stress Study", *Psychosomatic Medicine*, 1997, 59 (2):144-149.
[9] T. E. Oxman, D. H. Freeman, Jr., e E. D. Manheimer, "Lack of Social Participation or Religious Strength and Comfort as Risk Factors for Death after Cardiac Surgery in the Elderly", *Psychosomatic Medicine*, 1995, 57:5-15.
[10] Ornish, *Love and Survival*, p. 53; para mais informações sobre essa pesquisa veja D. Spiegel, *Living Beyond Limits: New Hope and Help for Facing Life Threatening Illness* (Nova York, NY: Times Books, 1993).
[11] J. W. Pennebaker, *Opening Up: The Healing Power of Confiding in Others* (Nova York, NY: William Morrow, 1990), p. 118, 119.
[12] Ornish, *Love and Survival*, p. 95.
[13] Hart, *Adrenaline and Stress*, p. 96, 97.
[14] Ornish, *Love and Survival*, p. 59, 60.
[15] Entrevista com Michael Roizen, M. D., 12 de janeiro de 1999. A RealAge Company tem um site em www.realage.com.
[16] Dana Demetre, *The Lifestyle Solution Workbook* (San Diego, CA: LifeStyle Dimensions, 1998), p. 41.
[17] Ibid., p. 86.
[18] Ibid., p. 147.
[19] Virtue, *Make Your Home a House of Prayer*, janeiro de 1999.
[20] USA Today WWW search *Health Magazine*.
[21] Karen Peterson, *A Chuckle a Day Does Indeed Help Keep Ills at Bay*, www.usatoday.com.
[22] Ibid.
[23] Hart, *Adrenaline and Stress*, p. 28.

Capítulo 9 — Decida Ser Ousada
[1] *Strong's Exhaustive Concordance WordSearch.*
[2] Ministérios Walk Thru the Bible: www.walkthru.org.
[3] Conferência NEWIM, 6 de fevereiro de 1999.
[4] Ibid.
[5] Conferência Chosen Women, maio de 1997, Pasadena, CA.

Capítulo 10 — Decida Deixar um Legado
[1] What Would Jesus Do? [O que Jesus faria?]
[2] Para material de origem básico, veja *The Teacher's Commentary*, 1983, Scripture Press Publications, Inc., licenciado por Victor Books.
[3] Ibid.
[4] Ruth Tucker, *Stories of Faith* (Grand Rapids, MI: Daybreak Books, 1989), p. 312 e o site de Ethel Waters "Colored Reflections".
[5] Os Guinness, *The Call* (Nashville, TN: Word, 1998), p. 31.
[6] Ibid., p. 20.
[7] Marcos 8.34
[8] Romanos 8.28
[9] Gálatas 5.13
[10] Efésios 4.4
[11] Colossenses 3.15
[12] 1 Tessalonicenses 4.7
[13] Hebreus 9.15
[14] 1 Pedro 2.21
[15] 1 Pedro 3.9
[16] Marcos 9.35
[17] Robertson's Word Pictures, WordSearch
[18] Tucker, *Stories of Faith*, p. 94.
[19] Ibid., p. 96.
[20] Ibid., p. 127.